Umgang mit Pferden

Sibylle Luise Binder

Umgang mit Pferden

Eine praktische Verhaltenskunde

25 Farbfotos
42 Schwarzweißfotos
12 Zeichnungen

VERLAG
EUGEN
ULMER

Foto Seite 2: Pferdegesichter sind ausdrucksstark – doch dieses Pony „gähnt" nicht und „lacht" auch nicht. Es flehmt – ein starker Geruch ist ihm in die Nase gestiegen.

Die Deutsche Bibliothek – CIP-Einheitsaufnahme

Binder, Sibylle Luise:
Umgang mit Pferden : eine praktische
Verhaltenskunde / Sibylle Luise Binder
– Stuttgart : Ulmer, 1994
ISBN 3-8001-7293-3

Wollgrasweg 41, 70599 Stuttgart (Hohenheim)
Printed in Germany
Lektorat: Ulrich Commerell, Britta Schultheiss
Herstellung: Ursula Stammel
Einbandgestaltung: Atelier Reichert, Zuffenhausen
Satz: Steffen Hahn GmbH, Kornwestheim
Druck: Gulde-Druck, Tübingen
Bindung: Dieringer, Gerlingen

Vorwort

Dieser Tage brachte mir mein Vater ein Dia, das er beim Räumen in alten Kästen wiedergefunden hatte. Es zeigt mich, vielleicht fünf oder sechs Jahre alt, am Koppelzaun der Araberstuten im Haupt- und Landgestüt in Marbach, mit strahlendem Gesicht und im Flirt mit einer Araberstute. Ich kann mich nicht mehr daran erinnern, aber ich vermute, daß ich damals meine Umgebung mit der Frage „Warum?" genervt habe. Mir hat es nie gereicht, nur zu wissen, daß etwas „so" ist, ich wollte immer wissen, „warum" das so ist!

Als ich dann – schon ziemlich erwachsen – endlich dazu kam, mir meinen Kindheitstraum „Reiten" intensiv zu verwirklichen, war ich schon berufstätig. Ich war Werbetexter und etwas vom faszinierendsten an meinem Job war wieder das „Warum", die Werbepsychologie. Warum reagieren Menschen so und nicht anders? Welche Signale sind es, auf die wir anspringen, was macht uns etwas sympathisch, was versetzt uns in welche Stimmung? Diese Fragen beschäftigten mich im Beruf – und ich übertrug sie auf meine Reiterei. Ich wollte wissen, warum Pferde sich so und nicht anders verhalten und ich hatte das Glück, mit Alfred Casper auf dem Birkhof in Donzdorf einen Reitlehrer und Pferdemann gefunden zu haben, dem ich mit vielen „Warums" auf die Nerven gehen durfte. Seine Antworten waren meist kurz, aber von Witz und ungeheurem „Pferdeverstand". Sie brachten mich zum Nachdenken und zum Nachlesen und aus dem heraus erwuchs die intensive Beschäftigung mit Psychologie und Verhaltensweise des Pferdes.

Anfangs war es ganz mein „Privatvergnügen". Ich las, was ich dazu finden konnte und schon bald beschränkte sich mein Interesse nicht mehr nur auf das Verhalten von Pferden, sondern auf die gesamte Verhaltensforschung. Ich fragte, wen ich nur in die Finger bekommen konnte und ich beobachtete, wo immer ich mit Tieren zusammen war.

Irgendwann einmal, als wir nach einer Reitstunde unter Reitern zusammen saßen, ergab es sich dann. Jemand erzählte von einem speziellen Problem, das er mit seinem Pferd hatte und ich – damals fast noch etwas schüchtern – wandte ein, daß das ja aus dem und dem Grund entspringen könne ... Mein Gegenüber war interessiert, wir unterhielten uns über Verhalten, das Thema für den Abend war gegeben. Weiter dachte ich auch damals noch nicht. Es kam später – als ich schon anfing, mich im „Hippojournalismus" breitzumachen. Ich hatte ein paar Geschichten veröffentlicht, als ich mich im Stall darüber ärgerte, daß jemand den Pferden den Orientierungssinn absprach. Grzimek habe nämlich geschrieben ... Ich widersprach und schrieb am gleichen Abend spontan meine erste Geschichte über den Orientierungssinn von Pferden – nicht nur das, was ich bis dahin selbst beobachtet und in Pferdebüchern gelesen hatte, sondern auch das, was in der Verhaltensforschung mittlerweile über den Orientierungssinn bekannt ist und was deutlich beweist, daß der sagenhafte Orientierungssinn der Pferde nicht nur „Reiterlatein“ ist. Die Geschichte erschien kurz darauf und hatte ein gutes Echo. Ich wurde aufgefordert, doch einmal über „Schrecken und Scheuen“ zu schreiben – und damit war mein „Schicksal“ besiegelt. Es ist jetzt über fünf Jahre her und seitdem pflege ich mindestens einmal im Monat eine Geschichte über Pferdeverhalten zu schreiben, die dann in einer Fachzeitschrift erscheint.

Seitdem habe ich viele Leserbriefe bekommen, werde oft angesprochen und stelle immer wieder fest, daß das Thema nicht nur mich fasziniert. Seitdem habe ich aber auch so ziemlich alles gelesen, was zu diesem Thema in Büchern oder Zeitschriften erschienen ist und habe immer wieder feststellen müssen, daß die „Pferdemenschen“ offensichtlich zu wenig über ihren Gartenzaun schauen. Sie sind oft gute Tierärzte und Verhaltenskundler, sie sind ganz oft hervorragende Praktiker, aber da Pferde in der klassischen Verhaltensforschung praktisch nicht vorkommen (es gibt zu wenig freilebende, die als „Studienobjekte“ dienen könnten), ist manche „Erkenntnis“ und mancher wissenschaftliche „Fortschritt“ nicht bei den Pferdeleuten angekommen. Ich glaube, daß aber manches analog zu übernehmen ist und daß der Vergleich zwischen dem Verhalten von Elefanten- und Pferdeherden manchen Rückschluß auf die Pferde zuläßt. Daher habe ich mich bemüht, neuere Thesen zu diskutieren und Erkenntnisse umzusetzen.

Was aber hinter allem steht: Pferde faszinieren mich immer noch wie dereinst, als ich am Marbacher Koppelzaun stand. Ich möchte immer noch mehr über sie wissen – und je mehr ich über sie erfahre, desto mehr begreife ich sie als Bereicherung. Ihr Dasein und meine Faszination gibt mir die Chance, meine eigene, sehr reflektierte, kontrollierte Dimension zu erweitern. Sehr oft lerne ich im Stall sogar etwas über Menschen und über mich und ganz oft empfand ich Respekt vor der Schöpfung, die etwas so sanftes, schönes, friedliebendes wie das Pferd geschaffen und mir die Chance gegeben hat, damit umzugehen.

Ich bin dankbar, daß es Pferde gibt und ich bin dankbar für die vielen Pferdemenschen, mit denen ich zu tun hatte, die mir geholfen haben, Pferde zu begreifen. Ich bin dankbar für die vielen guten Gespräche, für die fröhlichen Erzählstunden im Stall.

Speziell dankbar bin ich Alfred Casper, bei dem alles angefangen hat und bei dem ich soviel gelernt habe. Er ist ein Horseman, der Wissen mit Gefühl verbindet – und ich wäre froh, wenn ich irgendwann soviel über Pferde wüßte, wie er wahrscheinlich schon wieder vergessen hat. Dankbar bin ich aber auch Freund Bernd, der Horsemanship lebt. Ich habe viel von ihm gelernt und wenn ich für ein nächstes Leben zu wählen hätte, dann würde ich gerne Pferd bei ihm. Meiner Freundin Karin danke ich schließlich für die Geduld, mit der sie mit mir über Pferde diskutiert, für ihre vielen schönen, fröhlichen Geschichten von ihren Pferden und dafür, ihr beim Reiten zusehen zu dürfen. Die Harmonie, die sie und ihre Pferde ausstrahlen, ist für mich immer wieder eine tiefempfundene Freude und zeigt mir, daß „Einigkeit“ zwischen Roß und Reiter machbar ist.

Nicht vergessen darf ich schließlich meinen „Hajo-Dottore" – Dr. Hajo Riesser, der mit unendlicher Geduld und der ihm eigenen Präzision mein Manuskript gegengelesen und meine Fehler korrigiert hat. Er hat sich nie gescheut, mir „Wahrheiten" zu sagen. Auch wenn sie mir nicht immer angenehm waren, so haben sie mir doch stets geholfen und ich habe sein Bemühen immer sehr zu schätzen gewußt. Last but not least – meine Eltern. Mein Vater hat mich manchmal „treten" müssen, auf daß ich meine Termine halte, meine Mutter hat mir Mut gemacht, das Projekt anzugehen und beide hatten immer das Engagement, alles andere stehen und liegen zu lassen, wenn ich etwas gelesen haben wollte. Ohne sie wäre es nicht gegangen und dafür wollte ich einmal „Danke" sagen.

Stuttgart, im Sommer 1994
Sibylle Luise Binder

Inhaltsverzeichnis

Das Pferd – ein Produkt der Evolution

Eohippus, Stammvater der heutigen Pferde.

„Phylogenese" – Stammesgeschichte – heißt das wissenschaftliche Gebiet, das sich mit dem „Herkommen" einer Art beschäftigt und ihren Spuren durch die Jahrtausende folgt. „Phylogenese" klingt hochwissenschaftlich, vielleicht sogar ein bißchen trocken und langweilig. Das erinnert etwas an den Biologieunterricht in der Schule, und vielleicht fragen Sie an dieser Stelle, warum Sie sich damit beschäftigen sollen, wo Sie doch „nur" etwas über das Verhalten von Pferden erfahren wollen.

Ganz einfach: Weil das, was heute als Freizeitpartner unter unserem Sattel dahertrabt, nicht irgendwann fertig vom Himmel gefallen ist. So wenig wie wir Menschen. Wie alles Leben ist auch das Pferd ein Produkt einer Entwicklung über Millionen Jahre, die ihre Spuren hinterlassen hat. Nicht nur an der Anatomie, sondern mindestens ebenso sehr im Verhalten, in dem, was man die „Psychologie des Pferdes" nennen kann.

Das Wissen um diese Entwicklung macht das Pferdeverhalten verständlich und eröffnet den Blick in eine Dimension, die uns Menschen vielleicht auch etwas über uns und unser Verhalten erklären kann. Darum also dieser Ausflug in die Phylogenese und in die Evolutionstheorie.

Und weil er ja von Pferden handeln soll, haben wir Glück: Kein anderes Haustier ist stammesgeschichtlich so gut erforscht, denn von keinem anderen wurde so umfangreiches fossiles Material gefunden. Die frühesten Pferdeformen sind aus dem Eozän zu uns gekommen – also ca. 60 Mio Jahre alt. Damals war vom Menschen noch nicht einmal die Rede, er betrat nach Jahrmillionen erstmals die Weltbühne. Zu dieser ganz frühen Pferdeform gab es 1840 in der Nähe von London den ersten Fossilienfund, nach dem diese Art den Namen „Hyracotherium" erhalten hat. Viel mehr weiß man nicht über sie – sie scheint schon sehr früh in Europa wieder ausgestorben zu sein. Doch gleichzeitig bildete sich in Nordamerika eine andere Form: Eohippus, wohl der Stammvater der heutigen Pferde und aller anderen Equiden.

Über Eohippus weiß man eine ganze Menge. So z.B., daß die Vertreter dieser Art eine Schulterhöhe von ca. 25-45 cm aufwiesen und noch Mehrzeher waren. Das Vorderbein hatte vier, das Hinterbein fünf Zehen, wobei der erste und fünfte Zeh schon in der Rückbildung war. Diese Tier-

gruppe hatte bereits eine erhebliche Ausbreitung. Aus ihr entsprangen dann Aufspaltungen: 11 verschiedene Arten aus der Frühzeit der Equiden sind bekannt.
Diese „Winzlinge“ waren Waldtiere, ihr Lebensraum, auf den sie sich eingestellt und indem sie sich entwickelt hatten, waren die riesigen tropischen und subtropischen Wälder, die zu dieser Zeit den amerikanischen Kontinent überzogen. In ihm fanden sie Futter und konnten sich vor Feinden verstecken, in ihnen war es möglich, geborgen den Nachwuchs aufzuziehen. Doch im Lauf der Jahrmillionen erwärmte sich das Erdklima, die großen Wälder gingen zurück, der Lebensraum der ersten Equiden wurde zur Steppe und das kleine Waldtierchen mußte sich um des Überlebens willen total umstellen. Die vielen Zehen, im Wald wahrscheinlich nützlich, waren nun auf dem harten Steppenboden eher hinderlich, denn hier galt die Überlebensstrategie „Verstecken“ nicht mehr. Wo denn? Keine dichten Bäume, keine Strauchgruppen waren da. Mancher Bewohner der Steppe ging in dieser Entwicklungszeit „in die Luft“ – wahrscheinlich hat sich die Flugfähigkeit der Vögel hier vollends entwickelt. Andere wieder gingen unter die Erde, verbargen sich in Höhlen und suchten Schutz in Gangsystemen. Die Equiden fanden einen anderen Weg: sie wurden schnell. Schneller als die Freßfeinde, denen sie sich von nun an durch Flucht entzogen. Dabei ging es nicht nur um das eigene Überleben, sondern noch viel mehr um das Überleben der ganzen Art. Denn nur die, die es schafften, schnell genug zu flüchten, blieben am Leben und konnten sich fortpflanzen. Das begünstigte die Entwicklung vom Mehrzeher zum Einhufer, denn auf hartem Steppenboden ist derjenige, der mit dem entsprechenden „Schuhwerk“ durchstarten kann, eindeutig im Vorteil. Es begünstigte aber auch die Entwicklung des Gehirns – denn nun mußte das Sehvermögen nicht länger nur dem Entdecken von Futter dienen, sondern auch als „Feindwarnsystem“ tauglich sein. Der Gehörsinn wurde wichtig, denn der Feind lernte ja auch „tarnen und täuschen“ und war nur noch durch das Zusammenspiel der Sinne rechtzeitig zu entdecken. Und schließlich – mit einer geradezu zwingenden Logik – mußte „Familiensinn“ entwickelt werden.
So problematisch es oft ist, sich diese Entwicklungsgeschichte vorzustellen, so einfach ist es in diesem Fall. Stellen Sie sich vor, Sie müßten in einer Umwelt, in der es vor Bedrohungen nur so wimmelt, überleben. Sie müßten nicht nur ihren Feinden aus dem Weg gehen, sondern auch nach Futter suchen und ihren Nachwuchs großziehen. Das alles sieht schon nach einem 24-Stunden-Job aus, und selbst dabei hätten Sie vermutlich schlechte Chancen. Denn wenn gerade mal Futtern angesagt ist – wie paßt man dann auf, daß sich nicht von hinten irgend ein hungriges Tier anschleicht und Sie als Futter betrachtet? Fressen und gleichzeitig sichern also. Und wenn der Nachwuchs gefüttert werden soll, dann auch füttern und gleichzeitig sichern. Aber was, wenn Sie schlafen? Verstecken geht nicht, schlafen und gleichzeitig sichern geht auch nicht – es gibt nur eine Chance, mit diesem Problem fertig zu werden: Sie suchen sich einen Kameraden, mit dem Sie Aufgabenteilung betreiben können. Während Sie schlafen, sichert er. Während er frißt, sichern Sie. Gemeinsam haben Sie eine Chance, zu überleben. Und wenn Sie noch einen dritten

Altruismus: Selbstlosigkeit

und vierten dazu gewinnen können, der mit Ihnen diese schwierige Aufgabe angeht, steigen wahrscheinlich Ihre Chancen und die Ihres Nachwuchses, unter ständiger Bedrohung zu überleben, im Quadrat.

Doch Zusammenleben mit anderen Individuen bedingt immer soziale Anpassungsfähigkeit. Man muß aufeinander Rücksicht nehmen, man muß die Signale des anderen verstehen, man muß sich mit ihm verständigen können und man muß manchmal den eigenen Überlebenswillen zurückstellen, um dem Überleben der ganzen Gruppe zu dienen. Zusammenleben ist ein Wechselspiel zwischen *Egoismus und Altruismus* und erfordert ein nicht zu kleines Hirn, in dem Erfahrungen und Strategien gespeichert und verarbeitet werden können.

Für die Pferde bestand schon sehr früh die absolute Notwendigkeit, dies alles zu entwickeln. Und wenn man nun einmal bedenkt, wie lange sie schon ihr Überleben als Herdentier gesichert haben, dann wird auch klar, daß diese jahrmillionenalte Geschichte nicht von den sechs Jahrtausenden, die sie nun mit uns Menschen und unter unserem Schutz leben, aufgehoben werden kann. Das Bedürfnis nach dem Schutz der Herde, nach dem Zusammensein mit anderen Pferden sitzt viel tiefer als eine Akzeptanz des Menschen. Doch an diesem Punkt angekommen, muß etwas auffallen. „Entwicklung" schreibt und liest sich so einfach. Doch das, was dahinter steht, gehört zum faszinierendsten der Schöpfung und zu dem, was für uns Menschen am schwersten zu begreifen ist.

Als Charles Darwin, dessen Evolutionstheorie wohl zum Großartigsten gehört, was je ein Mensch erdacht hat, seine „Entstehung der Arten" geschrieben hatte, löste er damit einen wahren „Glaubenskrieg" aus. Anzunehmen, daß der Mensch vom Affen abstamme, war für das Religionsverständnis der Menschen dieser Zeit ein sehr großer Schritt. Das Vorstellungsvermögen war bei vielen restlos überstrapaziert; und als Beweis für das „Nichtstimmen" seiner These wird heute noch manchmal das Fehlen des „Missing Link", des Verbindungsgliedes zwischen Mensch und Affen, angeführt. Wenn der Mensch tatsächlich vom Affen abstamme, so Darwins Gegner, dann müsse es doch einmal einen Menschen gegeben haben, dessen Eltern Affen gewesen seien...

Doch dies ist zu einfach. Denn die Evolution macht keine großen Sprünge. Sie vollzieht sich in Jahrmillionen und beginnt ihre Entwicklungen im allerkleinsten, nämlich in der Zelle. Doch um dies verstehen und fortführen zu können, müssen wir uns ein wenig in die Biologie stürzen.

Meine erste Biologiestunde begann dereinst mit der Frage des Lehrers: „Was lebt?" Einer von uns sagte: „Was sich bewegt!", worauf unser Lehrer einen Bleistift über sein Pult kugeln ließ und ironisch fragte: „Lebt der?" Die Definition „Leben" ist gar nicht so einfach. Erlauben Sie mir daher, den Hippologen und Verhaltensforscher Wilhelm Blendinger zu zitieren, der schrieb: „Ein lebendes Wesen ist eine eiweißhaltige Substanz, die durch innere chemisch-molekulare Vorgänge elektrische Aktionsströme erzeugt, deren Impulse ihrerseits wieder nach dem Prinzip der Rückkoppelung den Aufbau derselben chemischen Substanzen aus sie umgebenden Substraten und mit Hilfe der Sonnenenergie bewirken. Die damit

Kausal – ursächlich Ursache
-itätsprinzip: Prinz. des Zusammenhanges von Ursache u. Wirkung

verbundene innere Wechselwirkung bedingt eine Eigengesetzlichkeit, die wir Seele nennen, ein so beschaffener Körper ist beseelt. Er ist aufgrund seiner Eigengesetzlichkeit dem Kausalitätsprinzip nicht mehr absolut, sondern nur noch relativ unterworfen." Und die kleinste „eiweißhaltige Substanz", die nach diesen Vorgaben „funktioniert", ist die Zelle, aus der wiederum der Gesamtorganismus aufgebaut wird.

Wir Menschen sind ebenso wie die Pferde und ebenso wie Pflanzen ein Organismus, der aus Millionen hochspezialisierter Zellen zusammengesetzt ist, von denen jede einzelne einem ganz bestimmten Zweck zu folgen hat, um im Zusammenspiel das zu ermöglichen, was wir „Leben" nennen. Und in jeder Zelle tragen wir (und alle anderen lebenden Organismen) unsere ganzen Erbinformationen mit uns herum, den „Bauplan", nach dem wir geworden sind. Er ist in Form von Desoxyribonukleinsäure (DNA) vorhanden, die unter einem Elektronenmikroskop aussieht wie eine extrem lange, verschlungene Leiter. Sie wird „Doppelhelix" genannt und in ihr ist der Erbcode niedergelegt, den Genetiker mittlerweile in eine Art „Maschinensprache" übersetzen können. Bei einem Bakterium besteht diese „Sprache", die die Lebensvorgänge steuert, pro DNA-Strang aus ca. 1,5 Millionen „Buchstaben". Bei einem Menschen sind es etwa 3,5 Millionen, die die Grundinformationen für den Aufbau der Zellen enthalten. Einige tausend Buchstaben zusammen ergeben ein Gen, das genaue Anweisungen für den Aufbau der Aminosäuresequenzen bestimmter Proteine und Regulator-Sequenzen enthält.

Zellen vermehren sich durch Teilung – wobei es bei der Fortpflanzung noch etwas raffinierter zugeht: Vor der Verschmelzung von Ei und Samenzelle erfolgt die sog. „Reduktionsteilung" beider Zellen, bei der der Chromosomensatz halbiert wird. Aus der weiblichen und der männlichen Erbmasse wird eine neue Doppelhelix aufgebaut. Ist dieser Vorgang vollendet, beginnt die Zellteilung. Normalerweise wird dabei der in der DNA niedergelegte lineare Code exakt kopiert. Darauf beruht die Stabilität der Gene von einer Generation zur anderen.

Doch manchmal treten „Kopierfehler" auf. Dann werden ein oder mehrere Nukleotide (= „Buchstaben") durch andere ersetzt, folglich werden andere Proteine aufgebaut, und die „Funktionsweise" der Zelle verändert sich. In den meisten Fällen wirkt diese Veränderung nicht gerade positiv. Irgendetwas „funktioniert" dann nicht mehr so, wie es sollte. Dadurch wird die Überlebens- oder Fortpflanzungsfähigkeit des Individuums eingeschränkt, der Prozeß der natürlichen Auslese eliminiert solche „Fehler" also gleich wieder.

Manchmal kommt es auch vor, daß solche Mutationen Vorteile bringen. So war es vermutlich mit der, die bei dem Nachkommen mehrzehiger Equiden eine „Verkümmerung" eines oder mehrerer Zehen mit sich brachte. Er war durch diese Veränderung vermutlich „schneller" als die Artgenossen, seine Fortpflanzungschancen stiegen, er hatte mehr Nachkommen als andere, und all diese Nachkommen trugen seinen veränderten Erbcode, der sie gegenüber denen, die noch mit dem „alten" Genpotential ausgestattet waren, bevorzugte, weiter. Dadurch kam es zu einer natürlichen Selektion, die auf die Dauer den alten Phänotyp zugunsten des neuen geringfügig änderte. Solche winzig kleinen Veränderungen waren es, die die

Evolution ausgemacht haben. Sie bestätigen Darwins Theorie von der natürlichen Selektion und dem Überleben des Tauglichsten.
Der Forscher John D. Eccles war davon so begeistert, daß er schrieb: „Vorteilhafte Genmutationen werden selektiert, unvorteilhafte eliminiert. Von einem reinen Zufallsprozeß, der Genmutation ausgehend, können also durch natürliche Selektion all die wunderbaren strukturellen und funktionalen Besonderheiten der lebenden Organismen mit ihrer erstaunlichen Angepaßtheit und Findigkeit entstehen. Formuliert man die Evolutionstheorie so, handelt es sich um einen rein biologischen Vorgang, dessen Wirkungsmechanismen man inzwischen im Prinzip verstanden hat, und sie hat verdientermaßen Anerkennung gefunden, da sie für die Entwicklung aller lebenden Formen aus einer einzigen, extrem einfachen Urform des Lebens eine befriedigende Erklärung liefert."
Danach ist auch die Frage nach dem „Missing Link" erledigt – es gab nicht eine, sondern sehr, sehr viele Zwischenstufen. Die Entwicklung ging über Jahrmillionen, sie vollzog sich „schleichend" über mehr Generationen, als wir uns vorstellen können. Und wahrscheinlich sind weder die Pferde noch wir Menschen bereits am Ende dieses Weges angekommen. Noch immer passen wir uns unserer Umwelt an, noch immer „überlebt" nur der, der es schafft, „Nischen" zu finden und noch immer vollziehen sich in unserem Organismus ständig solche „Kopieraktionen", bei denen immer wieder „Fehler" auftreten können, die vielleicht die positive Veränderung des Erbgutes bewirken, die in ein paar tausend Jahren unseren Nachkommen das Überleben sichern wird.
Aber inzwischen haben menschliche Entwickler dem großen Schöpfungsgeschehen schon etwas abgeschaut. Eine neue Generation von Technikern geht z. B. bei der Konstruktion von strömungsgünstigen Wasserrohren schon so weit, ein „Evolutionsmodell" auf dem Computer nachzuvollziehen. Natürlich sehr viel kleiner und weniger differenziert als es die Natur kann – aber anstatt z.B. bei einem zu entwickelnden Knick im Rohr einfach alle Möglichkeiten durchzuspielen, lassen sie den Zufallsgenerator über die nächste „Mutation" entscheiden. Bewährt sie sich, wird sie übernommen. Wenn nicht, geht es zurück zum Ausgangspunkt und weiter mit der nächsten „Mutation". Ist die erfolgreich, wird sie als neuer Ausgangspunkt betrachtet und mit der nächsten „Mutation" weitergetestet. Auf diese Art verkürzt sich die Entwicklungszeit und die Ergebnisse beweisen, daß das Verfahren kaum zu überbieten ist.
Doch zurück zu den Pferden, diesen Produkten der Evolution. Die Anwendung der Evolutionstheorie erklärt ja auch, warum es so viele Arten von Equiden gibt. Nehmen wir z. B. die Zebras, die sich vor allem durch die Färbung ihres Felles von den Pferden unterscheiden. Wissen Sie, warum Zebras gestreift sind? Das hat nämlich auch mit „Survival of the fittest" zu tun – gestreifte Equiden treten da auf, wo die Tsetsefliege zuhause ist und die gefährliche Schlafkrankheit überträgt. Versuche haben ergeben, daß Tsetsefliegen durch Streifenmuster offensichtlich irritiert werden, denn Tonnen, die mit einem Lockstoff gefüllt und dazu gestreift waren, wurden bedeutend weniger angeflogen als einfarbige Tonnen mit demselben Lockstoff. Offensichtlich schützt also das Streifenmuster vor der Krankheits-

übertragung. Also war das erste Individuum mit Streifen gegenüber denen, die keine Streifen hatten, im Vorteil, konnte sich folglich erfolgreicher vermehren, sein „Streifen-Gen“ weitergeben und damit eben das Fellmuster fest im Genpotential der Art verankern.
Es waren andere Umstände, aber dasselbe „Strickmuster“, nach dem sich dann noch innerhalb der „Art“ Equiden verschiedene Rassen entwickelt haben: jede von ihnen paßte sich erfolgreich ihrer speziellen Umgebung an.
Und wenn man nun einmal dieses „Gesamtkonzept“ über die Jahrtausende beobachtet, dann sind wir Menschen in dieser Zeit wahrscheinlich Zeuge einer weiteren evolutionären Entwicklung des Pferdes geworden: vom Arbeits- zum Freizeitkameraden. Denn vielleicht war dies nicht nur „Umzüchtung“, sondern auch ein Stück weit „Überlebensstrategie“: vor ca. 6000 Jahren fand sich für die Pferde die menschliche Gesellschaft als „Nische“, in der sie sich trotz eines immer enger werdenden Lebensraumes behaupten konnten. Als sich dann in diesem Jahrhundert ihre „Funktion“ in dieser Nische aufhob, haben sie den nächsten Schritt geschafft – sie wurden behütete Freizeitkameraden und haben damit ihr Überleben gesichert. Und da wir Menschen zudem Spaß an der Vielfalt der Arten haben, ist sogar gesichert, daß ihr ein sehr breites Genpotential erhalten bleibt: vom Pony zum Schwarzwälder Fuchs wird für die nächsten Jahrzehnte weiterhin Entwicklung möglich sein.

Die Welt – wie das Pferd sie wahrnimmt

Pferde sehen anders

Beim erstenmal habe ich an ein Wunder oder einen Trick geglaubt: obwohl ich hinter dem Rücken meines Reitlehrers angaloppiert war, obwohl kein Spiegel mich einfangen konnte, kam doch blitzschnell sein: „Sibylle, durchparieren und nochmal neu angaloppieren – du bist auf dem falschen Fuß unterwegs!" Ich war so verdattert, daß ich noch eine Runde Kreuzgalopp fabrizierte, um dann – wieder hinter seinem Rücken – den zweiten Versuch zu starten. Der gelang. Aber schon der nächste war wieder nichts und wieder hörte ich sein: „Sibylle, Kreuzgalopp!" Da bog ich dann doch mal in die Mitte ab und fragte ihn, wie er das denn gesehen habe. Er grinste gutmütig und witzelte in seinem breiten Schwäbisch: „I seh halt wie meine Pferd' – rundrum!" Inzwischen bin ich darauf gekommen, daß er zwar keinen „Rundumblick" wie seine Pferde hat, aber die kennt und daher wußte, daß die von mir gerittene Stute beim ersten Versuch unter einem Reiter wie mir immer auf ihrer Schokoladenseite, also rechts, angaloppieren würde.
Aber was mich seitdem fasziniert, ist das Gesichtsfeld des Pferdes, dieser sagenhafte „Rundumblick". Pferde sehen die Welt anders als wir Menschen – eine Erfahrung, die jeder, der mit Pferden zu tun hat, bestätigen kann. Der große Unterschied zwischen unserem und „pferdischem" Sehen beginnt im Kopf. Für das Sehen sind nämlich nicht in erster Linie die Augen zuständig, sondern das Hirn. Man kann es sich am besten am Beispiel eines Computers verdeutlichen: was würde es nützen, ihm irgendwelche Informationen zu füttern, wenn er sie nicht verarbeiten kann? Was täte er mit Tastatureingaben, wenn dahinter nicht ein Rechner und ein bestimmtes Programm zur Umsetzung wären? Ebenso ist es mit dem Sehvermögen – die Augen nehmen Informationen auf, das Hirn verarbeitet sie. Erst dort entstehen die „Bilder", die ja nichts anderes als die „Auswertung" der Informationen sind, die die Augen ans Gehirn weitergegeben haben.
Die Anatomie der Augen, ihre Stellung und ihr Aufbau, sind für die Zusammenarbeit mit dem Hirn angelegt. Es müssen ja die Informationen aufgenommen werden, die das Gehirn verarbeiten kann und muß. Und darin gibt es zwischen Pferd und Mensch erhebliche Unterschiede. Sie beginnen bei der Stellung der Sehachsen: Unsere stehen parallel bzw. nach vorne konvergierend, d.h. sie werden gemeinsam auf einen bestimmten Punkt gerichtet. Jedes Auge liefert seine Informationen über diesen fixierten Punkt ans Gehirn, das aus dem Winkel und Lichteinfall ein scharfes, dreidimensionales Bild zusammensetzt. Diese Möglichkeit, „scharf" zu sehen, war für den Menschen in seiner Entwicklung offensichtlich von so großem Vorteil, daß er seine ganze Augenanatomie darauf ausgerichtet hat. Seine

Der Hengst Wettstreit v. Wedekind hat seine Augen und Ohren nach hinten ausgerichtet

Augen sind „nebeneinander" mitten im Gesicht untergebracht.

Anders beim Pferd – eines steht links, eines rechts, da kann logischerweise die Sehachse nicht konvergieren. Sie tut es auch nicht, sondern ist im Gegenteil divergierend, d. h., jedes Auge deckt einen bestimmten Bereich ab, von dem es Informationen ans Gehirn weitergibt. Es gibt keine Überschneidung, damit auch keine Möglichkeit, durch den „Überschneidungswinkel" bestimmte Verhältnisse zu bestimmen und: bei dieser Art des Sehens werden mit einem Blick bedeutend mehr Informationen gesammelt. Aus diesem Mehr an Informationen ergibt sich eine Zwickmühle, die wir uns wieder am Computerbeispiel deutlich machen können: mehr Informationen in derselben Zeit verarbeiten zu wollen, bedarf entweder eines schnelleren „Rechners" und eines größeren Speichers oder der Reduzierung des Verarbeitungsprogrammes auf die wesentlichen Punkte. Genau dies scheint beim Pferd geschehen zu sein. Der Vorteil, den ihm sein „Rundumblick" bietet, liegt auf der Hand: es muß sich nicht umdrehen, um zu bemerken, was in seinem Rücken vorgeht, also kann es ungestörter

Anvisieren, losrennen – vielleicht gibt's ein paar Leckerli? Die Pferdeohren sind dabei ganz aufmerksam gespitzt.

fressen und schneller sichern. Es muß ja nur einmal den Kopf heben, um genau zu wissen, was um es herum geschieht. Aber: die Welt drumherum wird nicht so scharf gesehen wie beim Menschen. Vermutlich ist das, was das Pferd als „Bild“ seiner Welt hat, etwas, das uns an eine unscharfe Panoramaaufnahme erinnern würde.

Daß dies eine evolutionäre Entwicklung ist, die mit dem Umzug aus dem Wald auf die Steppe zusammenhängt, ist sogar belegbar: Hyracotherium oder Eohippus hatten die Augen nämlich noch beinahe in der Mitte des Kopfes. Im Wald war der „Rundumblick“ weder nötig noch praktisch.

Doch mit der Stellung der Augen und der Sehachse ist es noch nicht genug an Unterschieden zwischen Menschen- und Pferdeaugen. Die Pupille ist ebenfalls anders aufgebaut. Bei uns Menschen ist sie rund, beim Pferd oval. Um genau zu sein: die Pferdepupille ist ein horizontal stehendes Oval mit einer leichten Neigung nach vorne unten, was den Rundumblick ebenfalls erleichtert.

Wissenschaftler vermuten, daß diese ovale Pupille noch für eine andere Fähigkeit des Pferdeauges steht: seine Lichtunempfindlichkeit. Als Bewohner schattenloser Steppe durfte es sich ja vom gleißenden Licht der Sonne nicht blenden lassen – da, wo wir Menschen die Augen zusammenkneifen, um unsere runde Pupille vor dem fast schmerzenden Lichteinfall zu schützen, scheint die ovale Pupille des Pferdes überhaupt keine Probleme zu haben. Was auch erklären würde, warum man noch nie von einem Pferd gehört hat, das schneeblind geworden wäre. Und daß Pferde Sonnenblenden brauchen könnten, gehört nach dem Wissen um ihre Lichtunempfindlichkeit auch ins Reich der Märchen und Sagen.

Das Ohrenspiel dieser Marbacher Zuchtstute verrät Interesse. Aber sie überlegt noch, ob es sich lohnt.

Ein Auge links, ein Auge rechts – das ergibt für jedes Auge einen Winkel von fast 180° Sicht.

Wenn ich vorher von einer „Reduzierung“ der Informationsverarbeitung gesprochen habe, könnte das den Gedanken: „Ein Pferd sieht schlechter als der Mensch!“ als Schluß nahelegen. Dem ist aber keineswegs so – ein Pferd sieht an-

Pferdepupillen sind nicht rund wie unsere, sondern oval, was sich bei diesem Pony deutlich zeigt.

ders und hat einige Fähigkeiten, von denen wir Menschen nur träumen können. Dazu gehört auch etwas, was Pferdeaugen für den menschlichen Betrachter so tiefgründig-faszinierend macht. Bei entsprechendem Lichteinfall schimmert etwas in ihrem Hintergrund, hat geradezu ein eigenes, fast schon fluoreszierendes Leuchten, erinnert im weitesten an Katzenaugen – und hat mit denen sogar etwas zu tun. Hinter der Netzhaut des Pferdes ist nämlich eine Leuchtschicht, das Tapetum lucidum, angebracht. In ihr liegen Kristalle, die einfallendes Licht reflektieren. Auf diese Art werden durch die Netzhaut einfallende Lichtstrahlen aufgefangen und noch einmal gegen die Netzhaut „gespiegelt“. Dieser doppelte Reiz ist besonders bei ganz schwachem Licht sehr wichtig – hätte der erste Durchtritt des Lichts in der Netzhaut nicht ausgereicht, eine entsprechende Meldung ans Gehirn zu geben, tut es der zweite. Zudem kann die ovale Pferdepupille sehr weit geöffnet werden, was einen zusätzlichen Vorteil bei der Aufnahme schwachen Lichtes bietet. Aus diesem Zusammenspiel resultiert eine „Nachtsichtigkeit“ der Pferde, mit der wir Menschen absolut nicht mehr konkurrieren können.

Mein alter Reitlehrer hat auch das gewußt. Als wir uns einmal bei einer Hochzeitsfeier verbummelten und beim Aufbruch mit Erschrecken feststellten, daß es schon stockdunkel war, blieb er beim Gedanken an die vor uns liegende Strecke im Wald ganz ruhig: „Unsere Pferde finden schon heim – wir dürfen sie eben nicht stören." Und tatsächlich: am hingegebenen Zügel marschierten unsere Pferde durch die Nacht, wichen sicher Hindernissen aus, die wir Menschen in der Dunkelheit nicht mehr sehen konnten und fanden ohne Umwege ihren vertrauten Stall. Doch als wir in die hellerleuchtete Stallgasse einbogen, wirkten unsere Vierbeiner etwas irritiert.

Denn auch ihre „Dunkelsichtigkeit" ist das Produkt eines Kompromisses, der beim Menschen die Entwicklung in gerade entgegengesetzter Richtung verlaufen ließ. Wenn unser Urahn des Morgens aus seiner dunklen Wohnhöhle ans Sonnenlicht kroch, blinzelte er zweimal, und schon hatten sich seine Augen auf die Helligkeit eingestellt – eine für ihn geradezu überlebenswichtige Fähigkeit, denn ein längerer Umstellungsprozeß hätte ihn wehrlos gemacht. Doch um diese Fähigkeit zu bekommen, mußte er eben inkaufnehmen, daß seine Pupillen sich nicht so weit öffnen konnten, ihm Dunkelsichtigkeit zu erlauben. Beim Pferd war die „Umstellungsfähigkeit" bedeutend weniger wichtig. Es nächtigte nicht in Höhlen, in seiner Umgebung gab es kaum abrupt wechselnde Lichtverhältnisse. Der morgendliche Sonnenaufgang ließ ebenso Zeit für die Adaption wie der abendliche Sonnenuntergang.

Dies hat aber für unsere reiterliche Praxis ernstzunehmende Folgen. Wir Menschen denken uns nichts, wenn wir abends im Stall alle Lichter einschalten – aber wenn wir dabei einmal die Pferde beobachten, vergeht es uns hoffentlich. Die zucken zusammen, blinzeln und wirken irritiert und aufgeschreckt, denn in diesem Moment sind sie geblendet, was für das stets in Furcht lebende Pferd echter Streß ist. Im Straßenverkehr kann dies sogar ganz unangenehm werden: aus der Dunkelheit ins gleißende Licht einer Straßenlaterne ist zwar für uns Menschen kein Problem, aber für das Pferd, das oft genug wegen dieser Blendung scheut. Am schlimmsten kann es für eine fohlende Stute sein. Die meisten wollen nicht gestört werden, weswegen sie fast grundsätzlich die Ruhe der Dunkelheit abwarten, um sich niederzulegen und ihr Fohlen zu gebären. Kommt nun die Stallwache und schaltet die komplette Beleuchtung an, ist die Stute total geschockt und gestreßt. Die Folgen kann man sich auch ohne wissenschaftliche Untersuchung ausrechnen: erhöhte Adrenalinausschüttung und Verkrampfung, die ja auch das immer noch an der Nabelschnur von der Mutter partizipierende Pferdekind trifft. Erfahrene Züchter wissen dies und begegnen dem Problem mit einer Doppellichtschaltung in ihrem Stall: erst einmal eine kleine Leuchtstoffröhre, die dem Menschen das Zurechtfinden ermöglicht und das Pferdeauge nicht schockt. Und wenn die Adaption daran vollzogen ist, was durchaus ein paar Minuten dauern kann, wird die große Beleuchtung nachgeschaltet.

Andersherum kann es aber auch Probleme geben – Pferde mögen es nicht, aus dem hellen Licht ins Dunkle geritten oder geführt zu werden. Das macht z. B. Brandalarm bei Nacht im Pferdestall so problematisch. Kaum hat man es geschafft, die Pferde aus ihrem hellen (= brennenden) Stall ins sichere Dunkel zu scheuchen, streben sie wieder ins Licht und in ihr Unglück. Wenn es möglich ist, sollte selbst im Notfall der „Sammelplatz" noch ähnlich beleuchtet werden wie der Stall. Und wo das nicht hilft, hilft eben totale „Verdunkelung": dem Pferd werden die Augen verbunden. Das ist zwar auch nicht angenehm, aber immer noch besser als Verbrennen. Doch auch in der täglichen Praxis kann diese Hell-Dunkel-Problematik eine Rolle spielen. So zum Beispiel, wenn man aus einem dunklen Wald auf die helle Wiese reiten möchte. Viele Pferde – und nicht die schlechtesten! – zögern einen Moment, denn sie sind vom hellen Licht geblendet und wollen nicht „blindlings" weitergehen. Umgekehrt kann man es auch immer wieder erleben: in den Wald oder in eine schattige Halle hinein ist für viele Pferde ebenfalls mit einem Zögern verbunden. Ihr Instinkt warnt sie vor dem Schatten, in dem sie einen potentiellen Angreifer, der sich dort versteckt haben könnte, nicht gleich erkennen können.

„Strafen" wäre hier natürlich die denkbar schlechteste Methode. Vielseitigkeitsreiter, die auf ihren Strecken oft genug mit Hell-Dunkel-Gegensätzen zu tun haben, wissen, daß dieses Problem sich nur durch Vertrauen lösen läßt. Und hier kann man dann wirklich vom „blinden Vertrauen" reden. Wenn ein Buschpferd z. B. ohne zu zögern in einen dunklen Wald hineingaloppiert oder gar aus dem Schatten über ein Hindernis ins Licht springt, dann steckt dahinter meist ein Vertrauensverhältnis, das dem Pferd sagt: „Wohin ich dich auch schicke, dir wird dabei nichts geschehen! Also spring zu – es geht klar."

Doch kommen wir zurück zum „Normalsehfall" und auf eine weitere Fähigkeit pferdischen Sehens, die wir Menschen uns nun gar nicht mehr vorstellen können. Versuchen wir es einmal mit viel Phantasie: Stellen Sie sich vor, Sie stünden auf einer weiten Steppe mit Büschen und Sträuchern und hätten den „Rundumblick" des Pferdes. Zudem wüßten Sie, daß da draußen irgendwo irgendwer oder irgendwas darauf lauert, Sie zu frühstükken. Jeder Busch, jeder Strauch, jeder Halm im Wind könnte ein Raubtier verbergen, hinter jedem Felsklotz, in jeder Bodensenke könnte es sein und seine Farbe wäre wahrscheinlich dem Hintergrund angepaßt. Sie würden ganz genau hinsehen und: ihr Hirn bekäme Arbeit. Denn was Sie da anliefern würden, wäre eine unüberschaubare Informationsfülle, die genau auf „gefährlich" oder „ungefährlich" selektiert werden müßte. Versuchen Sie, sich in diese Situation hineinzudenken, und wenn Ihnen dabei das Stöhnen: „Das würde mich verrückt machen!" entfährt – kein Wunder.

Und wenn Sie es sich nicht vorstellen können – ich kenne für mich eine vergleichbare, wenn auch nicht so gefährliche Situation: Auf Reisen versuche ich immer wieder, in einer fremden Stadt innerhalb kurzer Zeit möglichst viel zu sehen. Ich hetze von einem Kunstwerk zum anderen, schaue da eine romanische Kirche und dort ein barockes Schloß an, besichtige da ein Bild und dort ein Denkmal. Wenn ich dann abends ins Hotelbett sinke und die Augen schließe, sehe ich die Bilder dieser Stadt wieder vor meinem „geistigen Auge". Sie kreisen, versuchen sich zu verbinden und einzuordnen, und mir wird klar, daß mein Gehirn nun offensichtlich im Versuch, der Informationsfülle Herr zu werden, auf Volldampf arbeitet. Die unzähligen Einzelinformationen dieses Tages haben zu einer Reizüberflutung geführt, die regelrecht „abgearbeitet" werden muß.

„Reizüberflutung“ wäre es vermutlich auch, wenn das Pferd den ganzen Tag im Rundumblick seinen Lebensraum so betrachten würde. Darum wendet das Gehirn einen Trick an: es selektiert vor. Nur der Teil der einlaufenden Information, der Auskunft über Gefährdung geben kann, wird überhaupt verarbeitet. Klingt schwer vorstellbar? Ist es aber gar nicht. Etwas ähnliches beobachten Werbepsychologen am Menschen. Wenn Sie z. B. eine Zeitschrift lesen, enthält die neben der Information, an der Sie interessiert sind, einen recht hohen Prozentsatz an Werbung, die Sie nur bedingt oder gar nicht interessiert. Ihre Augen streichen darüber und nehmen die „Bilder“ durchaus auf – aber Ihr Hirn selektiert und sorgt dafür, daß die damit verbundene Information gar nicht zur Weiterverarbeitung kommt. Ihre „Konzentration“ auf das Wesentliche verhindert die Aufnahme des Unwesentlichen. Die Werbepsychologen versuchen nun, in ihrer Werbung diesen Selektionsmechanismus auszutricksen – sie bemühen sich, in der Werbung Bilder und Texte abzubilden, die Ihr Interesse wecken und damit durch die Selektion rutschen. Wie gut oder wie schlecht ihnen das gelingt, können Sie selbst feststellen, indem Sie sich einmal zu erinnern versuchen, welche Werbung Ihnen z. B. aus der heutigen Tageszeitung „hängengeblieben“ ist, oder was Sie auf Ihrem Weg ins Büro an Großwandplakaten gesehen haben. Sie werden schnell feststellen, daß Sie einen Teil dieser Reize „wegselektiert“ haben, um sich damit vor einer Reizüberflutung zu schützen.

Beim Pferd funktioniert dieser Mechanismus ein bißchen anders als bei uns. Bei ihm geht es nicht um „Sachinformationen“, sondern um Bewegung. Der Hippologe Wilhelm Blendinger drückte es so aus: „Eine Besonderheit in der Sehweise des Pferdes ist die der menschlichen offensichtlich überlegene Bewegungssehschärfe.“ Man kann sich ihr Funktionieren so vorstellen: Alles, was im Panoramablickfeld das Pferdes unbewegt steht und sich in der Form nicht verändert, wird wegselektiert und nicht weiter beachtet. Nur das, was sich bewegt, wird wahrgenommen und genau beachtet. Diese Beschränkung auf das Wesentliche erlaubt dann aber eine für uns Menschen kaum vorstellbare „Detailgenauigkeit“. Eine über den Weg huschende Eidechse ist dabei ebenso in der Optik wie das winzige Mäuschen und ein sich im Winde drehendes Blatt, dessen Bewegung ja von einem Angreifer ausgelöst worden sein könnte. Wie genau die „Bewegungssehschärfe“ ist, ist beim Pferd leider noch nicht wissenschaftlich festgestellt. Aber man hat zumindest von Kampffischen einen Wert: sie sehen Bewegungen, die sich in 1/18 Sekunde vollziehen – wir Menschen haben dagegen keine Chance. Und Hippologen vermuten, daß Pferde nicht viel schlechter als Kampffische Bewegungen wahrnehmen können.

Doch das, was da als „Bewegung“ erkannt wird, ist vor allem Formveränderung. Es gibt nämlich in der Natur keinen Körper, der sich von der Stelle rühren kann, ohne dabei seine Form zu verändern. Denken Sie an ein galoppierendes Pferd: es krümmt den Rücken, hat alle vier Beine unter dem Schwerpunkt, streckt dann den Rücken und mit ihm alle Beine, es ist also einer ständigen Veränderung seiner Form unterworfen. Ebenso eine anspringende Raubkatze: Zusammenkrümmen, alle Beine unter den Schwerpunkt, den Rücken anspannen und dann – wie von einer Sehne abgeschleudert – die totale Streckung. Auch hier: Formveränderung. Darauf, diese zu erkennen, ist das Pferd spezialisiert.

Diese Fähigkeit entstand in einem „Rüstungswettbewerb" ohnegleichen: irgendwann einmal war da ein Pferd, das besonders gut Bewegungen in seiner Umgebung erkennen konnte. Es bemerkte den angreifenden Freßfeind früher als die anderen, konnte also immer rechtzeitig fliehen, dadurch länger überleben und mehr Nachkommen in die Welt setzen, die diese Bewegungssehfähigkeit in höherem Maße als andere hatten und weitergaben. Gleichzeitig schliefen aber die Freßfeinde nicht. Irgendwann war da nämlich ein Säbelzahntiger, der seinen Bewegungsablauf auf Samtpfoten so zu verlangsamen verstand, daß die daraus resultierende Veränderung seiner Körperform den Selektionsmechanismus des Pferdegesichtssinns außer Kraft setzte. Dieser Tiger konnte dadurch natürlich mehr Beute als andere Artgenossen machen, folglich länger bestehen und mehr Nachkommen in die Welt setzen, die seine Jagdstrategie perfektionierten. Der „Gegenschlag" der Pferde war dann wieder Heraufsetzung der Bewegungssehfähigkeit – wann immer der eine eine für ihn vorteilhafte Überlebensstrategie entwickelt hatte, mußte der andere kontern, und auf diese Art wurden die Arten im Wechselspiel ihrer Entwicklung zu echten Spezialisten, denn die, die dieses Entwicklungspotential nicht hatten, starben früher oder später aus.

Dummerweise führt diese in jahrtausendelanger Entwicklung erworbene Fähigkeit der Pferde heute zu einem echten Nachteil. Es sind ja nicht mehr die Säbelzahntiger und Wölfe, die Pferden gefährlich werden, sondern eher Kraftfahrzeuge. Und gegen deren „Annäherung" ist es in keiner Weise gerüstet, im Gegenteil. Die Annäherung eines Autos zeigt sich für uns in seinem „Größerwerden" – das erkennen wir mittels unserer konvergierenden Sehachse und der daraus möglichen „Winkelberechnung" des Gehirns. Das Pferd hat diese Fähigkeit nicht, und da bei einem Auto keine Formveränderung stattfindet, kann es einfach nicht abschätzen, daß es ihm näher kommt. So hat man schon erlebt, daß Pferde vor einem Mäuschen scheuten und dabei mit einem Auto kollidierten. Dieses Problem haben übrigens nicht nur Pferde – die große Zahl von Unfällen mit Rotwild auf unseren Straßen ist wahrscheinlich demselben Phänomen zuzuschreiben.

Bleibt als letzter Punkt des Gesichtssinnes die Frage nach dem Farbsehen. Heute noch geistert die Behauptung, daß Pferde ihre Welt nur in Schwarzweiß sehen, durch manche Reiterköpfe. Dem ist nicht so und das wissen wir seit Bernhard Grzimeks Untersuchungen zum Farbsehen der Pferde. Demnach erkennen Pferde Gelb, Grün, Rot und Blau. Doch wie, das ist die große Frage. Um sie wenigstens annähernd zu beantworten, müssen wir uns erst einmal generell mit dem Farbsehen beschäftigen. Das, was wir als „Farbe" empfinden, ist nichts anderes als eine Abfolge elektromagnetischer Wellen, die von der Sonne ausgestrahlt wird. Ebenso wie Wärme, Funkwellen, Radiowellen, Röntgenstrahlen – nur mit dem Unterschied, daß unser Auge bzw. unser Sehzentrum im Gehirn darauf eingestellt ist, das, was mit einer Wellenlänge zwischen vier und sieben Zehntausendstel Millimeter ankommt, als „Farbe" zu erkennen. Die kürzesten Wellen in diesem Bereich

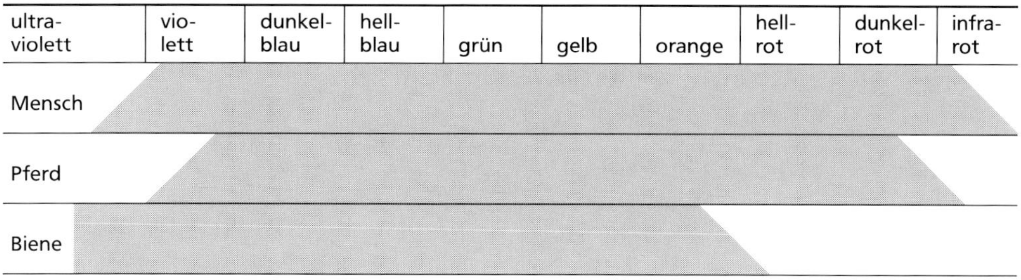

Ein Vergleich zwischen dem Farbspektrum eines Pferdes, einer Biene und des Menschen läßt die Unterschiede erkennen.

sehen wir als violettes, die längsten als rotes Licht, und dazwischen liegen alle anderen Farben des Spektrums. Wobei unser menschliches Farbspektrum das größte bisher bekannte ist. Aber es ist nicht das einzig mögliche – das der Bienen beginnt z. B. bei einem noch kürzeren Wellenbereich, weswegen sie ultraviolettes Licht sehen können. Dafür endet ihr Spektrum mit Dunkelrot und bei uns erst kurz vor dem infraroten Bereich.

Aus dem resultiert schon, daß unser Satz „Die Rose ist rot!" eigentlich falsch ist. Es müßte heißen: „Für einen Menschen erscheint die Rose rot." Eine Biene sieht die Rose nämlich vermutlich anders. Und ein Pferd wahrscheinlich auch. Womit wir nun wieder am Ausgangspunkt wären: Sieht das Pferd nur, daß die Rose einen höheren „Grauwert" hat als z. B. ein hellblaues Vergißmeinnicht oder kann es die Farbe „Rot" tatsächlich erkennen? Grzimeks Untersuchungen lassen letzteres vermuten. Er hat bei einem Vergleich mit graugetönten Flächen unterschiedlicher Helligkeit festgestellt, daß Pferde offensichtlich nicht nur nach Helligkeitsgrad, sondern auch nach Farbqualität unterscheiden können. Der Farbenbereich der Pferde scheint allerdings etwas kleiner zu sein als der menschliche.

Laut Grzimek nehmen Pferde aber Grün und Gelb deutlicher wahr als Rot und Blau, was ja mit den menschlichen Erfahrungen gar nicht übereinstimmt. Aber logisch wäre: Grün und Gelb sind z.B. die Farben einer blühenden, nährstoffreichen Wiese. Sie von weitem zu erkennen, hätte echte Vorteile für das Pferd. Blau und Rot hingegen – was ist in der Natur schon blau oder rot? Blau für Wasser stimmt ja nur in den seltensten Fällen, die meisten Wasserstellen oder Flüsse erscheinen keineswegs blau, sondern eher braun-grün. Rot kommt fast gar nicht vor, zumindest nicht in großen Flächen.

Wie wir uns auch anstrengen – wir werden uns nicht vorstellen können, wie das Pferd seine Welt genau sieht. Aber das, was wir darüber wissen, hat Konsequenzen für unsere Praxis. Das beginnt z. B. damit, daß Rot offensichtlich eine „Warnfarbe" ist. Sehr viele Pferde reagieren auf große rote Flächen mit Erschrecken und Scheuen – vielleicht, weil in ihrer Umgebung eine solche Fläche eigentlich nichts zu suchen hat. Ob es daher psychologisch unbedingt geschickt ist, im „roten Rock" zu reiten, möchte ich hier in Frage stellen. Wahrscheinlich wäre eine Farbe aus dem grün-gelben Bereich dem Pferd bedeutend sympathischer. Und wer sei-

nen Stall in fröhlichem Rot streicht, tut seinen Pferden auch keinen Gefallen – auch hier wäre eine weitgehende Anpassung an seine natürliche Umgebung eher angezeigt.
Vollends wichtig wird das Farbsehen der Pferde dann in der Springausbildung und beim Parcoursbau. Es ist ein Erfahrungswert, daß Pferde an blau gestrichenen Hindernissen besonders viele Fehler machen – die Farbe ist für sie schlecht zu erkennen und folglich auch schlecht zu taxieren. Ebenso scheint Dunkelrot eher erschwerend zu wirken. Hat man nun junge Pferde auszubilden, empfiehlt sich der Einsatz gut sichtbarer, d.h. weißer, schwarzer, grüner und gelber Stangen. Ebenso sollten diese Farben in den Kursen, die der leichteren Klasse zuzurechnen sind, dominieren. Routinierte Cracks dagegen sollten ruhig auch über dunkelroten und dunkelblauen Stangen trainiert werden – wer die sicher springt und gut zu taxieren weiß, wird im Ernstfall sicherlich dann weniger Probleme im Parcours haben.
Als Resümee zum Schluß dieses Kapitels bleibt ein Satz: Pferde sehen nicht schlechter als der Mensch – aber sie sehen anders! Die Berücksichtigung dieser Tatsache ist Grundvoraussetzung für die Partnerschaft zwischen Pferd und Mensch. Sie kann beiden Teilen Kummer ersparen – dem Pferd die Aufregung durch die falsche Farbwahl, dem Menschen den Ärger, den Scheuen vor einer ihm nicht sichtbaren Winzigkeit oder Zurückzucken am Waldrand bewirken kann. Das verbindende Glied zwischen zwei so verschiedenen „Augenwesen" bleibt das Vertrauen. Und Vertrauen basiert in vielen Fällen auf dem Wissen um den anderen.

Immer ganz Ohr – der Gehörsinn der Pferde

Wer Augen hat, zu sehen und Ohren hat, zu hören, der kann seine Welt mit wachen Sinnen aufnehmen – eine Platitüde? Ja, sicherlich, aber eine, die der tieferen Betrachtung und des Nachdenkens lohnt. Daß wir und unsere Mitgeschöpfe uns ein „klares Weltbild" machen können, haben wir einer evolutionären Entwicklung zu verdanken, die zu einem faszinierenden Zusammenspiel der Sinne führte. Entstand bei einem Organ durch Spezialisierung ein „Manko", so wurde das durch eine entgegengesetzte Spezialisierung eines anderen Organs ausgeglichen. Das Faszinierende daran ist, daß bei der Entwicklung zwar viele Wege zum Ziel des Überlebens und Fortpflanzens führten, daß sich die „Lösungen" dann aber doch immer wieder auf einige einfache Grundprinzipien reduziert haben.
Nehmen wir wieder das „Weltbild": man muß sehen und hören können. Das eine möglichst scharf und auf den Punkt, das andere möglichst umfassend und weitreichend. Und aus den Informationen, die sich aus diesem Zusammenspiel ergeben, wird dann das „Weltbild" zusammengesetzt. Bei uns Menschen steht für das „scharf und auf den Punkt" das Auge. Beim Pferd liefert das aber Informationen zum „Rundum", sehr umfassend und sehr weitreichend. Weil aber dieses „Panoramabild" der Schärfe entbehrt, muß beim Pferd ein anderes Organ für die Detailinformationen sorgen: das Ohr.
So kennen wir alle unsere Pferde: mit ganz gespitzten, nach vorne auf uns gerichteten Ohren schauen sie uns an. Was dabei für sie zu hören ist, ist für uns Men-

schen kaum vorstellbar. Denn abgesehen von der „Drehbarkeit" der Pferdeohren sind sie wie ein Trichter aufgebaut. In diesem Trichter fängt sich der Schall und wird noch verstärkt, was auch kleinste Geräusche hörbar macht.

Um das in eine vorstellbare Dimension zu bringen, drängt sich mir der Vergleich mit einem technischen Gerät auf, das wir alle kennen: dem Fernseher. Die heute gängigen Bildröhren bauen ungefähr 50mal in der Sekunde ein neues Bild auf. Damit sind sie schneller als unser Auge – denn bei mehr als 18 Bildern in der Sekunde kann unser Auge die Übergänge zwischen den einzelnen „Standbildern" nicht mehr wahrnehmen, unsere Optik läßt sich täuschen und erkennt die Bildfolge als „bewegt". Das Pferd würde an einem Fernsehbildschirm zumindest mehr „Flimmern" und „Ruckeln" als wir erkennen, denn sein Bewegungssehmoment liegt bei einer Frequenz von etwa 20 bis 25 Bildern pro Sekunde.

Die Wissenschaftler vermuten, daß zwischen dem Seh- und Hörmoment ein echter Zusammenhang besteht. Vielleicht, weil die entsprechenden Gehirnzonen auf eine bestimmte „Verarbeitungsgeschwindigkeit" der angelieferten Informationen getaktet sind. Jedenfalls liegt auch das untere menschliche Hörmoment ungefähr in diesem 18 Sekunden-Bereich: Eine Schallwelle, die mit 18 Schwingungen pro Sekunde am Ohr ankommt, können wir Menschen gerade noch wahrnehmen. Der Hippologe Wilhelm Blendinger wußte dazu für das Pferd folgendes: „Wenn, wie wir Grund haben anzunehmen, der optische Moment des Pferdes bei etwa 20 bis 25 Frequenzen/Sek. liegt, ist damit zu rechnen, daß sein akustischer Moment ebenfalls

Der Hannoveraner-Hengst Wettstreit v. Wedekind als „Ohrenmodell": Ganz aufmerksam, beide Ohren nach vorne gerichtet, ist er auf den Fotografen konzentriert.

höher ist als der menschliche. Daraus kann man die Folgerung ableiten, daß das Pferd beispielsweise das dem menschlichen Ohr entgehende Piepsen einer Maus im Gebüsch noch vernimmt. Etwas Derartiges könnte gelegentlich ein für den Reiter unerklärliches Scheuen bedingen. Es gibt jedenfalls keine Veranlassung anzunehmen, daß Erschrecken nur durch optische, nicht aber durch akustische Eindrücke verursacht wird."

Wettstreit hört mit dem einen Ohr auf das Klicken der Kamera vor sich und mit dem anderen auf ein Geräusch hinter sich.

Dazu kommt eben noch, daß Pferdeohren sich drehen können. Das erlaubt die fein eingestellte Lokalisation eines ankommenden Geräusches. Man kann es als Reiter leicht selbst austesten: wenn man auf einem aufmerksamen Pferd sitzt, reicht ein kleines Wispern schon, um es dazu zu bringen, zumindest ein Ohr in Richtung Reiter zu bewegen.

Das feine Zusammenspiel des Gehör- und Gesichtssinnes beim Pferd hat, wenn man es wieder einmal vor dem Hintergrund der Entwicklungsgeschichte des Pferdes betrachtet, eine kaum zu übersehende Logik. Es war das Wechselspiel zwischen dem Freß- und dem Wachtrieb mit der immerwährenden Forderung nach höchster Effizienz, das dazu geführt hat. Man muß bedenken: Futter ist in der Welt der freien Pferde knapp und das, auf das sie spezialisiert sind, ist noch nicht einmal besonders nährstoffreich. Das Gleichgewicht zwischen der zeit- und kraftaufwendigen Suche nach Futter, dem Fressen und der freien „Kraftressource" für Flucht- und Wachvorgänge muß sorgfältig eingehalten werden. Wer zuviel Kraft und Zeit aufwendet, sich zu sichern, kommt nicht ausreichend zum Fressen und wird zu schwach, im tatsächlichen Bedrohungsfall schnell genug fliehen zu können. Darum wird das „Überwachen" der Umgebung mit möglichst wenig Aufwand betrieben. Und darum mußte sich das Zusammenspiel zwischen Augen und Ohren so spezialisiert entwickeln.

Denn wenn das Pferd den Kopf im Gras hat und frißt, kann es trotz seiner hervorragenden Augen nicht alles „übersehen". Dann könnte sich leicht ein Freßfeind nähern. Natürlich: ein Pferd frißt selten alleine und könnte sich darauf verlassen, daß ein Herdengenosse „Augenkontrolle" der Gegend vornimmt. Aber hier scheint es zu heißen: „Vertrauen auf andere ist gut, eigene Kontrollmöglichkeit ist besser".

Darum wird die Gegend eben auch „abgehört" und zwar sehr genau und effizient. Ein Knistern im Gras – zunächst einmal dreht sich ein Ohr in die Richtung und versucht, das Geräusch einzufangen und auf eine eventuelle Gefährlichkeit einzuordnen. Ist die Information dieses einen Ohres ein Hinweis auf „Könnte gefährlich sein!", wird sofort auch das andere in diese Richtung gedreht, um noch Genaueres zu erfahren. In vielen Fällen reicht das schon als „Entwarnung", weil sich das Knistern z. B. als das Huschen eines kleinen Tieres herausstellt. Dann kann ohne Verzögerung und ohne Beunruhigung weitergefressen werden, die ganze Aktion hat weder einen zu großen Zeit- noch Kraftverlust gekostet. Doch wenn das Geräusch immer noch nicht als ganz ungefährlich zu identifizieren ist, wird es Zeit, nachzuschauen. Dazu wird dann erst einmal der Kopf gehoben.

Er muß noch nicht gedreht werden – die nach hinten gerichteten Ohren und die Augen, die einen Teil des hinter dem Körper liegenden Bereiches abdecken können, reichen meist schon aus, zu erkennen, was vorgeht. Wenn nun aber die entdeckte „Gefahr" in diesem Moment noch größer erscheint, dann ist meist auch schon „Fluchtbereitschaft" angesagt. Dann werden z. B. der Hals und Kopf mitgedreht und auch die anderen Herdenpferde werden aufmerksam und fangen zu sichern an. Nun reicht das kleinste ominöse Geräusch, die ganze Herde wie auf ein Signal in die sofortige Flucht zu treiben. Das erfordert natürlich auch einen sehr differenzierten Gehörsinn. Wilhelm Blendinger berichtet darüber: „Auch der Reiter kann die Fähigkeit des Herausfilterns (von Geräuschen, Anmerkung d. Autorin) beobachten. Wenn man bei stürmischem Wetter mit geschlossenem Mund ein leises hm-hm vor sich hinsummt, vernimmt es das Pferd. Man kann das aus der Reaktion der Ohren und der Verlangsamung der Gangart entnehmen. Dies ist um so erstaunlicher, als der Reiter infolge des Windgeräusches seine eigene Stimme nicht zu hören vermag."

Dieses „Herausfiltern" von Geräuschen beruht natürlich zum einen auf den anatomischen Besonderheiten des Pferdeohres wie Drehbarkeit und Trichter. Zum anderen ist es aber auch „psychologisch" bedingt, und das können wir Menschen durchaus nachvollziehen. Dazu fällt mir

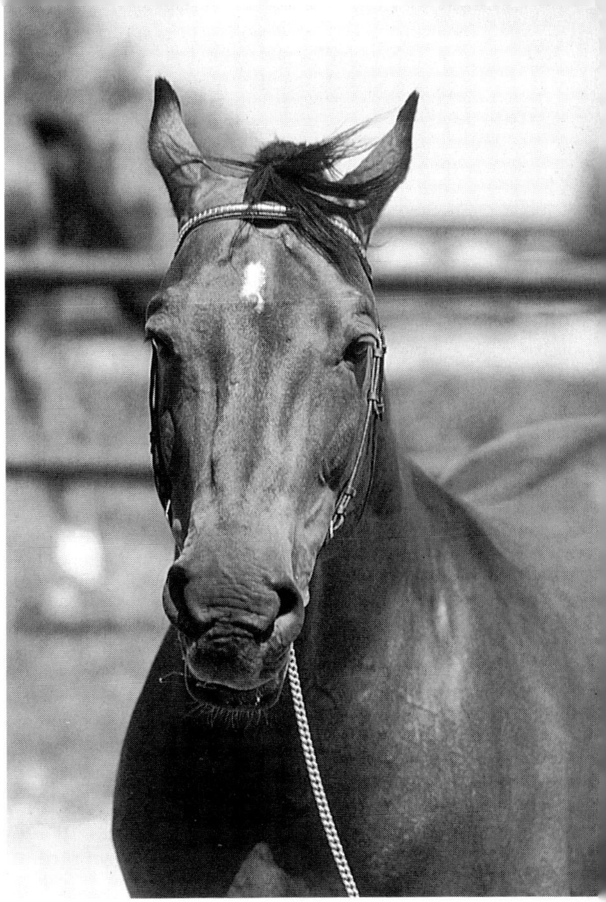

Wettstreit hört seine Umgebung an – wahrscheinlich erlaubt ihm diese Ohrenstellung ein „Rundumhören" nach allen Seiten

eine Geschichte ein, die der ehemalige Bremer Hafenarzt Horst Falliner von einem Kapitän zu erzählen wußte: „Ich hatte einmal mit einem Kapitän noch kurz vor dem Auslaufen eine Angelegenheit zu besprechen, während das Schiff schon seeklar gemacht wurde. Während draußen an Deck die auf Rollen laufenden stählernen Lukendeckel hydraulisch geschlossen wurden, was mit dem infernalischen Lärm vor sich ging, der nun mal

Wettstreit hört etwas interessantes hinter sich. Beide Ohren konzentrieren sich auf das Geräusch, gleichzeitig sind die Augen nach hinten gerichtet

entsteht, wenn mehrere Tonnen Stahl auf mehrere Tonnen Stahl krachen, zuckte der Kapitän mit keiner Wimper, sondern sprach ruhig weiter, obwohl sein Schiff bei jedem Krachen erzitterte. Als aber der Steward, der nebenan in der Pantry einen Kaffee bereitete, etwas laut mit dem Geschirr klapperte, sprang der Kapitän wie von der Tarantel gestochen hoch, riß die Tür auf und schnauzte den Steward an: „Du sollst doch mit dem Porzellan meiner Frau vorsichtig umgehen, Herrgott noch mal!" Ich war sehr beeindruckt von dieser Fähigkeit, akustische Phänomene unabhängig von ihrer Phonstärke nur nach ihren objektiven Inhalten zu differenzieren."

An dieser Stelle pflegen geübte Mütter sanft zu lächeln. Denn auch sie haben meist die Fähigkeit entwickelt, über die Geräusche des Fernsehers, über ein Gespräch oder Straßenlärm das feinste Piepsen aus Babys Zimmer nicht nur hören, sondern auch einordnen zu können.

Das Ganze nennt sich dann „selektives Hören" und fällt in einen Bereich, der z. B. Werbepsychologen beschäftigt und erheblich anstrengt. Es hat wieder etwas mit der „Informationsverarbeitung“ zu tun und mit dem, was man „Reizüberflutung“ nennt. Jeder hat das wohl schon einmal erlebt: ein Abend in der Disko oder in einer lauten, aber interessanten Gesellschaft. Man hört dahin, hört dorthin, nimmt dieses auf, kümmert sich um jenes – eine ungeheure Informationsfülle stürmt auf das Gehör ein. Irgendwann einmal bekommt dann so mancher Kopfschmerzen oder fühlt sich müde und zerschlagen – spätestens, wenn er im Bett liegt und einzuschlafen versucht. Dann nämlich versucht das Gehirn auf Hochtouren, diese Informationsfülle zu verarbeiten, wehrt sich gegen die Überflutung und setzt mit den Kopfschmerzen ein deutliches „Stop, jetzt reicht's mir!“ Normalerweise bemerken wir diese „Stopstelle“ gar nicht, denn wir filtern unbewußt. Wir sehen und hören nur das, was für uns in diesem Moment relevant ist. Weswegen dieses Phänomen eben die Werbepsychologen sehr zu interessieren hat, denn für wen von uns sind z. B. die Radiowerbespots schon relevant? Steht an ihrem Anfang nicht irgendein Geräusch, das uns „interessiert“, hören wir geradezu „automatisch“ weg und die im Spot vermittelten Informationen kommen erst gar nicht über die Reizschwelle, die uns aufmerksam macht.

Eben so muß man sich das bei Pferden vorstellen. Geräusche wie z. B. das Rauschen eines Baches werden das Pferd – so es nicht gerade durstig ist – gar nicht weiter interessieren, sie werden automatisch „weggefiltert“, um die Aufmerksamkeit auf das wahrscheinlich viel leisere Knistern im Gras oder Rauschen im Blattwerk richten zu können, von dem ja wirklich eine Bedrohung kommen könnte. Ebenso werden sich unsere heutigen „Stallpferde“ daran gewöhnt haben, daß ihre Menschen eine ganze Menge von Geräuschen produzieren, die für sie keine weitere Bedeutung haben.

Unser „Fotomodell“ Wettstreit hat dafür des öfteren den Beweis geführt. Wenn der Stalldienst in seinem Heimatgestüt morgens das Radio anschaltet und fröhliche Rhythmen durch den Stallgang dröhnen, interessiert das Wettstreit meist wenig und hält ihn noch nicht einmal vom Weiterdösen ab. Aber wenn in diese Musik das leise Quietschen des Haferwagens auf dem Hof dringt, das das Nahen des Futtermeisters verkündet, ist Wettstreit sofort hellwach und geneigt, seiner Freßgier und Ungeduld durch ein Hufdonnern gegen die Boxenwand Ausdruck zu geben.

Doch das soll nun nicht heißen, daß Krach und laute Musik im Pferdestall „gar nix machen“. Im Gegenteil: Pferde sind, wie das Vorhergehende belegt, „Ohrentiere“. Sie hören mehr und feiner als wir Menschen und sie sind darauf eingerichtet, sehr aufmerksam „hinzuhören“. Wahrscheinlich kann man sie durch Krach „stressen“, und bestimmte Geräusche wie z. B. Kreischen auf sehr hohen Frequenzen werden wahrscheinlich sogar an der Schmerzgrenze des Pferdes landen, das ja bekanntlich „höher“ hört als wir. Außerdem haben die hohen Frequenzen „Warnwert“ – wie auch bei uns Menschen. Wann hebt sich die Stimme des Menschen über ihr gewohntes Level in den hohen, schrillen Tonbereich? Wenn er z. B. erschrocken „aufkreischt“, wenn er (besser in diesem Fall: sie!) nach jemandem oder etwas ruft und höchste Aufmerksamkeit erregen will. Bei Pferden ist das ähnlich: ihre normale akustische „Konversation“ liegt in unserem Tenor-

bzw. Altbereich und ist zudem sehr leise. Ein dunkles Schnobbern, ein kaum hörbares Auspusten, ein glucksendes Geräusch des Wohlbehagens sind die Geräusche, die „Sicherheit“ signalisieren. Doch schon der aggressive Hengstschrei liegt in seiner Frequenz höher, er soll nämlich nicht nur der Stute, sondern auch einem eventuellen Rivalen in der Nähe sagen: „Hier bin ich! Und wenn du dich mit mir einlassen willst, dann bereite dich auf Dresche vor!“ Ein angegriffenes, verletztes Fohlen „schrillt“ in den höchsten Tönen, eine nicht paarungsbereite Stute „quietscht“ ihre Warnung an den Hengst, daß er gleich ihre Hufe zu spüren bekommt, wenn er nicht von ihr abläßt, ebenfalls auf hoher Frequenz.

Wer also seine Pferde einigermaßen „ruhig halten“ möchte, tut gut daran, seine Stimme ruhig zu halten, die Töne tief zu wählen und keinen Lärm rund um den Stall zu veranstalten. Was allerdings gar nicht gegen Musik in Stall und Halle sprechen muß! Im Gegenteil! Wettstreit z. B. ist ein ausgesprochen musikalisches Pferd. Die Gitarre, die jemand am Sommerabend auf dem Hof spielt, lockt ihn garantiert an sein Fenster, wo er dann mit ausgesprochen entspanntem Gesicht und fast schon vor Behaglichkeit hängenden Ohren zuhört. Ein anderes, mir bekanntes Pferd mochte Bachs Cembalomusik – die klaren Rhythmen, der beruhigende Fluß der Melodien lullten es ein wie die zärtlichen Schmuseworte seines Besitzers. Bei Kühen wurde sogar festgestellt, daß sich in einem mit Mozart beschallten Stall die Milchproduktion erhöht. Dummerweise ging das Experiment trotzdem schief, weil die Stallknechte Mozart weniger als die Kühe zu goutieren wußten.

Auf jeden Fall scheint eine gewisse „Abwechslung“ im alltäglichen Hörbild Pferden ebenfalls sehr genehm zu sein. Denn absolute Ruhe birgt die Gefahr absoluter Langeweile und damit des Abstumpfens. Rücksicht auf die Hörgewohnheiten und Höreigenheiten des Pferdes heißt nämlich, ihm auch gewisse „Reize“ durchaus zu bieten und: zu bedenken, daß es eine andere Reizschwelle hat. Womit wir wieder bei Blendingers Anfangsworten wären: Pferde hören mehr, und es ist nicht auszuschließen, daß sie auf akustische Warnungen ebenso mit Scheuen reagieren wie auf optische. Strafen Sie also nicht, wenn Ihr Pferd im Gelände einmal „explodiert“, obwohl Sie den Anlaß weder sehen noch hören können! Beruhigen Sie mit leiser Stimme, summen Sie ihm vielleicht an Stellen, an denen es unruhig werden könnte, etwas vor und lenken Sie damit seine Aufmerksamkeit auf Sie. Und wenn Sie mit einem sehr wachen, sehr nervösen Pferd „liiert“ sind und ein Faible für Dressur haben: das Summen mit geschlossenen Lippen als Beruhigung ist, wenn man es ein bißchen übt, noch nicht einmal für gestrenge Richter am oberen Ende des Dressurvierecks hörbar und kann manchmal helfen, das nervöse Ohrenspiel und die Aufregung des vierbeinigen Sportgenossen etwas ruhiger werden zu lassen.

Supernasen

Samtweich-warme Schnuffelnasen, in deren Nähe es so ganz besonders ausgeprägt und angenehm nach Pferd riecht – welcher Reiter kommt an der Nase seines Pferdes vorbei, wen reizt sie nicht, zart darüber zu streicheln oder gar sein Gesicht daran zu lehnen? Die Nase des Pferdes – sie ist etwas ganz Besonderes. Nicht nur, weil sie so groß ist und für den Tastsinn des Menschen so sympathisch, sondern auch, weil sie so hervorragend funktioniert. Allerdings – wie auch schon bei den Themen „Sehen und Hören" angeführt – haben wir Menschen Probleme, uns vorzustellen, was Pferde eigentlich wie riechen, denn wahrscheinlich funktioniert die Pferdenase anders als unsere. Sie ist größer, sie ist anders geformt, sie hat vermutlich mehr Riechfäden als unsere – soviel wäre zur Anatomie zu sagen, und daraus geht schon hervor, daß der Geruchssinn der Pferde ein für sie sehr wichtiger und sehr fein ausgeprägter Sinn ist. An dieser Stelle müssen wir uns wohl endgültig mit der Tatsache, daß unsere vierbeinigen Freizeitgefährten im „Reich der Sinne" besser ausgestattet sind als wir, abfinden. Denn was ihre Nasen angeht, können wir schon mit einem Wassereimer austesten, wie gut sie sind. Pferde brauchen nämlich nicht durch Trinken zu „probieren", ob ihnen das angebotene Wasser genehm ist – ihnen reicht es, einmal die Nase über den Eimer zu halten, um dann zu entscheiden, ob sie trinken oder sich lieber (naserümpfend) abwenden wollen.

Hier gleich ein Praxistip: Es gibt Pferde, die in Sachen Wasser sehr „markentreu" sind. Ihr „Ich kann das nicht riechen" (ergo auch nicht trinken) geht nämlich so weit, einen fremden Eimer abzulehnen. Und von absoluten Spezialisten, die sich schlichtweg weigern, anderes Wasser als das von zu Hause gewohnte zu trinken, wurde auch schon berichtet. Woraus sich zumindest für die ersten Turnierauftritte eines jungen Pferdes, die Folgerung ergibt, sowohl die gewohnten Eimer (und wenn sie keine kennen, weil der Heimatstall mit Selbsttränken ausgestattet ist, dann muß rechtzeitig zuhause die Gewöhnung an den Eimer erfolgen) auch einen Kanister vom „gewohnten" Wasser mitzunehmen. Letzteren sollte man allerdings als „Notreserve" sehen. Erst einmal anbieten, was auf dem Turnierplatz geboten wird – wenn's gerne getrunken wird, ist es gut, wenn nicht, muß man ja nicht nervös werden. Gleich „für immer" beim gewohnten Angebot zu bleiben, wäre allerdings nicht empfehlenswert, denn schließlich kann die diesbezügliche „Markentreue" nicht unbedingt in Reiters Interesse sein.

Daß ich nun das Thema „Geruchssinn" gerade am Wasser aufgehängt habe, ist kein Zufall, denn Wasser steht für eines der Phänomene der Pferdenase. Schon in der ältesten Hippoliteratur, die es überhaupt gibt, nämlich bei Xenophon, kann man lesen: „Man sagt, daß sich die Strauße und Trappen in der Wüste deshalb in der Nähe von wilden Eseln aufhalten, weil diese, wie Reisende beobachtet haben, ein ungemein feines Witterungsvermögen für Wasser haben." Und mir berichtete ein alter „Südwester", der sein halbes Leben zu Pferd im heutigen Namibia verbrachte, daß für ihn die Frage, ob Pferde Wasser riechen können, keine sei – er habe oft beobachtet und erlebt, wie sie zielbewußt verborgene Wasserstellen angesteuert hätten. Teilweise sei ihnen das sogar auf sehr weite Entfernungen gelungen. Die Tatsache sei aber bei den Reitern dort so bekannt gewesen, daß sie die Wassersuche bei längeren Ritten grundsätzlich ihren Pferden überlassen hätten. Womit wir auch die Erklärung hätten, warum Pferde einen so feinen Geruchssinn mitbekommen haben: Die Ressour-

Pferde können Wasser schon über weite Entfernungen wittern – für die Herden in der ungarischen Pußta auch heute noch eine wichtige Eigenschaft.

ce Wasser ist in der Steppe kostbar und nicht unbedingt da vorhanden, wo es etwas zu fressen gibt. Außerdem trocknen Wasserlöcher aus, andere wiederum bilden sich neu – ein „kartographisches" Wissen über die Lage des Wassers alleine könnte nicht ausreichen, denn dann müßte beim Austrocknen einer Wasserstelle viel Zeit für das Suchen einer neuen aufgewendet werden. Riecht man nun als Pferd Wasser über weite Entfernungen, verkürzen sich natürlich die Suchwege, und damit verringert sich der für das Trinken erforderliche Energieaufwand.

Die Ausprägung des Geruchssinns ist offensichtlich eine Frage der „Übung" und Notwendigkeit – man muß nämlich annehmen, daß unsere domestizierten Pferde, die ja selten gezwungen sind, Wasser zu suchen und auch sonst wenig Verwendung für ihren Geruchssinn haben, stärker abgestumpft sind als freilebende Pferde. Was aber nichts an der Tatsache ändert, daß ihr „Weltbild" mit vom Geruch bestimmt wird – und ihre Nase eine ganz wichtige Rolle im Sozialverhalten spielt. Legen Sie doch einmal Ihre Nase an eine Pferdenase! Sie werden, wie schon vorher festgestellt, merken, daß es da besonders gut und intensiv nach Pferd duftet. Und wenn Sie zu den Glücklichen gehören, die eine ganz feine Nase haben, werden Sie

Oben: Wenn man ganz konzentriert einen Geruch aufnehmen will, muß man dazu schon einmal die Augen zumachen und gezielt in die Richtung schnuppern.
Unten: Die beiden fühlen sich in der Nähe des vertrauten Kameraden „sicher", also können sie im Liegen dösen.

im Vergleich zwischen dem Geruch zweier Pferdenasen feststellen, daß es da Unterschiede gibt. Denn wahrscheinlich wird in der Nüsterngegend ein besonders charakteristischer Duftstoff gebildet, den jedes Pferd individuell ausbildet.
So wie wir Menschen auch – und sogar wir können den „Eigenduft" eines anderen Menschen erkennen. Ein Forscher an der University of California in San Francisco hat das mit Babys ausgetestet. Wenn er Neugeborenen ein Läppchen, das entweder mit Wasser oder mit der Milch ihrer bzw. der Milch einer anderen Mutter getränkt war, unter die Nase hielt, zeigten sie durch ihre Reaktion deutlich, daß sie den „Mutterduft" erkannt hatten und speziell auf ihn ansprachen. Und daß sich diese Fähigkeit mit dem Erwachsenwerden nicht ganz verliert, sondern wahrscheinlich nur ins Unbewußte zurücktritt, zeigt sich an unserer Sprache – nicht umsonst sagen wir von jemanden: „Den kann ich nicht riechen!"
Es wäre ja auch seltsam, wenn die Evolution bei uns oder bei den Pferden diese „Kommunikationsmöglichkeit" ausgelassen hätte, wo sie doch bei anderen Spezies extrem darauf setzt. So z. B. bei den Insekten, denen weder eine Laut- noch eine mimische Sprache gegeben ist. Sie „unterhalten" sich größtenteils über Düfte, ihr ganzes Sozialverhalten (das ja – wie z. B. bei Bienen und Ameisen – sehr differenziert ist) ist von den „Pheromonen" (d. h. speziellen Duftstoffen) abhängig. Sie „riechen die Gefahr", sie werden durch die Pheromone ihrer Königin zum Arbeiten oder zum Kämpfen animiert oder durch andere gar in ihrer Geschlechtsentwicklung beeinflußt. Warum also sollten Duftstoffe bei uns gar keine Rolle spielen?
Beim Pferd tun sie es im Sozialverhalten sehr ausgeprägt. Der spezifische Eigengeruch, der sich in der Nüsterngegend bildet, stellt so etwas wie einen „Duftnamen" dar. „Name", weil dieser Duft ein ganz be-

Kommunikation unter Pferden – in der Nüsterngegend wird der spezifische Eigengeruch besonders deutlich.

Oben: Müde vom Spielen hat sich der kleine Haflinger Cari gelegt – er vertraut darauf, daß Mutter und die Herde über ihn wacht. Unten: Wenn erwachsene Pferde ausgelassen miteinander spielen, sieht das schon manchmal gefährlich aus.

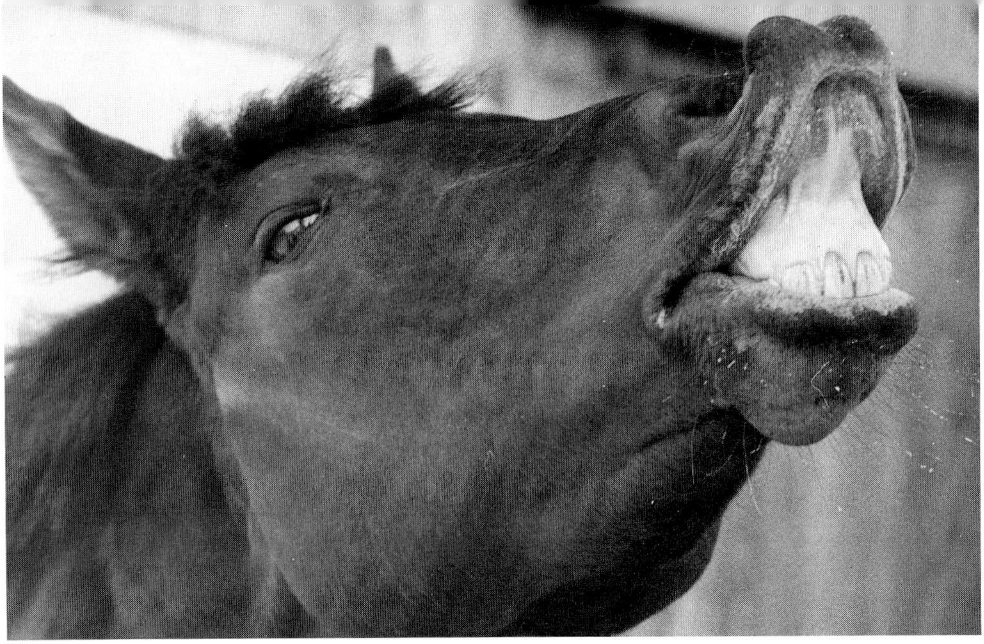

Ihm ist ein besonders ausgeprägter Duft in die Nase gestiegen. Er „flehmt", d.h. durch Hochziehen der Oberlippe werden die Nüstern geschlossen, der Duft bleibt in der Nase und macht eine Identifizierung und Zuordnung möglich.

stimmtes Individuum identifizierbar macht, was in der Kommunikation der Pferde untereinander offensichtlich eine wichtige Rolle spielt. Ich konnte das auf der Koppel des Gestütes Niep bei Krefeld beobachten: Die Brüder Madjar und Mikolosch begrüßten sich nach einer Trennung, indem sie sich dicht neben den Nüstern gegenseitig berochen. Anscheinend war das, was sie da vom jeweils anderen in die Nase bekamen, für sie zur Identifizierung mindestens so wichtig wie das Aussehen und die Stimme.

Vermutlich tragen auch wir Menschen „Duftnamen" – jedenfalls scheinen Pferde das so zu empfinden. Meine alte Stute pflegt nämlich etwas irritiert zu reagieren, wenn ich einmal in „City-Aufmachung" in den Stall komme. Denn dabei veränderte sich nicht nur meine ganze Optik, beginnend beim Wechsel von Anorak und Reithose zum Kostüm, über den Gang, der in Reitstiefeln natürlich anders ausfällt als in Pumps, sondern ich war meist auch „parfümiert". Für sie muß es gewesen sein, wie wenn mir jemand begegnet, der zwar mit der Stimme meiner besten Freundin spricht, ihr aber sonst nicht ähnelt.

Bei jungen oder neuen Pferden sollte man vor allem während der Phase, in der Kennen und Vertrauen aufgebaut werden, daran denken, keinen „Du nahst in so trügerischer Gestalt"-Effekt aufkommen zu lassen, indem man für diese Zeit auf allzugroße Sauberkeitsorgien verzichtet. Das T-Shirt von gestern – so verschwitzt und verschmuddelt es auch sein mag – ist mit seiner Geruchsimprägnierung für das Pferd als Anknüpfungspunkt für weiteres

Kennenlernen sicher geeigneter als ein frisch gewaschenes Hemd mit dem schon wieder neuen Geruch nach Vizir oder Persil.

Geschmackssinn

Lala liebt's bittersüß: Chicorée und Karotten, Rote Bete und Apfel sind ihre Leibgerichte, bei denen sie ihre sonstige Zurückhaltung vollkommen vergißt und sich gierig darauf stürzt.
Ihr Geschmackssinn wird offensichtlich von diesen ihr ja sehr bekömmlichen Dingen stark angesprochen, was darauf schließen läßt, daß ihre Instinktsicherheit unter der Domestikation noch nicht allzusehr gelitten hat. Denn der Geschmackssinn dient vorwiegend der Unterscheidung zwischen bekömmlichem und unbekömmlichem Futter. Diese physiologisch wichtige Entwicklung wurde offensichtlich über psychologische Faktoren gesteuert: Etwas schmeckt entweder gut oder schlecht. Bei nicht domestizierten Pferden scheint dieses Empfinden mit dem Bekömmlichkeitsaspekt zu korrespondieren. Was ihnen gut schmeckt, ist in fast allen Fällen auch gut bekömmlich, während unangenehmer Geschmack sehr oft an etwas Unbekömmlichem hängt.
Einen Teil dieses Instinktes scheinen sich aber unsere Hauspferde bewahrt zu haben, wie man leicht auf der Koppel feststellen kann: Das Gras an den sogenannten „Geilstellen“ (d.h. Stellen, an denen Kot abgesetzt wurde) scheint ihnen gar nicht zu schmecken. Wahrscheinlich hat es durch die Überdüngung einen unangenehmen Geschmack angenommen und wird darum nicht gerne gefressen. Was durchaus gesund ist, denn gerade an diesen Stellen wäre die Gefahr besonders groß, die Parasiten des Pferdes, das vorher dort gemistet hat, mit dem Gras aufzunehmen.
Leider scheint der Geschmackssinn sonst ein Opfer der Domestizierung geworden zu sein. Vielleicht durch die Eintönigkeit des üblichen Heu-Hafer-Speiseplans entwickeln manche Pferde geradezu eine Gier nach Abwechslung. Sie knabbern an Holz – und lassen sich oft noch nicht einmal durch schädliche Imprägnierungen davon abhalten. Ebenso ist es mit Zweigen, wobei z.B. Wilhelm Blendinger der Meinung war, daß das Knabbern an Zweigen und Rinden ein Grundbedürfnis des einstigen Waldbewohners Pferd sei, dem man nicht unbedingt und total entgegenwirken sollte. Denn neben der Befriedigung dieses instinktiven Verlangens sei – bei entsprechender Auswahl der Zweige – sogar ein Stück Gesundheitspflege damit verbunden. Gerade im Winter enthalten Zweige und Knospen Vitamine und Mineralstoffe, an denen es dem Pferd sonst eher mangelt. So stecken z.B. in den Blättern und Zweigen der Rotbuche (Vagus silvatica) viele wichtige Mineralstoffe, insbesondere Kalk. Und es scheint fast kein Pferd zu geben, dem Rotbuche nicht schmeckt. Anders dagegen ist es mit der Hainbuche (auch Weißbuche oder Hornbaum genannt). Die meisten Pferde fressen ihre Zweige nicht gerne – und wenn sie es doch tun, haben sie meist unter der abführenden Wirkung zu leiden.
Übrigens können Zweige appetitanregend wirken und manchmal auch andere Futtermittel ersetzen. Blendinger berichtet dazu aus seiner Erfahrung: „Im Kriegswinter 1941/42 war die Einheit... mit etwa 1000 Pferden wochenlang von den rück-

Futter schmeckt auch aus dem Sack!

wärtigen Versorgungslinien abgeschnitten, so daß Futtermittel nicht herangebracht werden konnten. Zur Verpflegung der Pferde wurden deshalb in den umliegenden großen Birkenwäldern täglich Bäume gefällt, die Äste abgesägt und in die Quartiere gefahren. Mit großem Appetit verzehrten die Pferde alle feinen Zweige und schälten die Rinden von den stärkeren Teilen peinlich ab. Dabei hielten sie sich in ausgezeichnetem Futterzustand und blieben völlig gesund."

Und weil Abwechslung bekanntlich das Leben und Fressen erst richtig schön machen, sollten Sie Ihr Pferd ruhig einmal als „Bio-Entsorger" einsetzen: Wenn zum Beispiel im Garten das Beschneiden von Buchen, Birken oder Weiden ansteht, gönnen Sie ihm die frischgeschnittenen Zweige ruhig! Wozu Sie dann neben dem gesundheitsfördernden noch einen anderen Effekt bekommen: Das Pferd ist für eine ganze Weile gut beschäftigt und langweilt sich nicht.

Praxistip: Schenken Sie Ihrem nervösen Turnierpferd doch einmal einen Strauß! Frische Weiden- oder Buchenzweige, in einem Wassereimer zum Frischhalten transportiert, machen manchem, der vor lauter nervöser Hampelei das Fressen vergißt, wieder Appetit, und die Beschäftigung mit den Zweigen wirkt ablenkend und beruhigend.

Tastsinn

Das erste, was uns dazu einfällt, sind natürlich unsere Hände. Mit unseren sensiblen Fingerkuppen können wir Dinge ertasten, verschiedene Oberflächenbeschaffenheiten erfühlen, Temperaturunterschiede erkennen – wir haben einen sehr ausgeprägten Tastsinn, tun uns aber schwer, uns einen ähnlichen beim Pferd vorzustellen, denn da, wo wir „Hautsensibilität" haben, sitzen beim Pferd Hufe – aus Horn bestehend! Wie wenig man damit fühlt, können wir mit dem Versuch, einen Fingernagel als „Sensor" einzusetzen, testen.

Das aktive Tasten ist also dem Pferdefuß gar nicht möglich, weil er ja durch das ihn umgebende Horn geradezu „abgekapselt" ist. Trotzdem scheint zumindest passives Tasten möglich zu sein, was man auch daran merkt, daß unbeschlagene Pferde deutlich vorsichtiger auftreten.

Doch Tastsinn reicht ja viel weiter als aktives „Be-greifen". Der Tastsinn ist nämlich der einzige Sinn, der absolut nicht abzuschalten ist. Wir können die Augen schließen, um damit den Gesichtssinn außer Funktion zu setzen, wir können uns die Ohren zuhalten oder zustopfen und damit den Gehörsinn inaktivieren. Aber unseren Tastsinn können wir nicht manipulieren, denn für ihn ist nicht nur ein Organ zuständig, sondern Millionen. In jedem Quadratzentimeter Haut sitzen hunderte von Nervenenden, die Empfindungen wie Wärme, Kälte, Schmerz, Berührung, Druck oder Zug registrieren und an das Gehirn zur Verarbeitung weitergeben.

Wie sensibel Pferdehaut ist, weiß jeder Reiter: Schon die kleinste, sanfteste Berührung wird vom Pferd wahrgenommen, ob das nun unser Streicheln oder das Krabbeln von Fliegenbeinen ist. Demnach kann man sagen, daß der passive Tastsinn beim Pferd fein ausgebildet ist. Und wenn es auch mit den Extremitäten nichts „begreifen" kann, so kann es doch mit den Lippen befühlen. Dafür sind diese beweglichen, mit vielen Nervenenden ausgestatteten Lippen wohl auch vorgesehen, deswegen wachsen an der Unterlippe zudem die langen Tasthaare, die zusätzliche Berührungsempfindungen übermitteln. Bei Menschen ist das übrigens ähnlich: Die größte Dichte der Tastkörperchen und damit das feinste Tastgefühl besitzt der Mensch an den Lippen und vor allen Dingen an der Zungenspitze. Daher benutzen Säuglinge zum Tasten vorzugsweise die Lippen.

Mit den sensiblen Pferdelippen ist also auch für aktiven Tastsinn bei Pferden gesorgt. Wie gut der ist, kann man übrigens mit einem kleinen Experiment leicht selbst feststellen: Schmuggeln Sie Ihrem Pferd doch einmal eine Distel ins Heu! Sie werden feststellen, daß alle Halme drumherum gefressen wurden, aber die Distel liegt immer unberührt noch da. Sogar kleinere Gegenstände wie z. B. Glasperlen und Pfennige kann das Pferd beim Fressen durch seine feinfühligen Lippen aussortieren.

Pferdehaut ist sensibel. Zartes Streicheln dient der Kontaktaufnahme und fördert das Vertrauen zwischen Roß und Reiter.

Diese Tatsache freut besonders die Tierärzte, denn im Gegensatz zu anderen Haustierarten wie z. B. Kühen, kommt es bei Pferden ausgesprochen selten vor, daß sie mit dem Fressen Fremdkörper aufnehmen.

Für die Reitpraxis ergeben sich daraus gewisse Konsequenzen: Pferde sind, wie wir im vorigen festgestellt haben, eben nicht „dickfellig". Sie reagieren, wenn wir sie mit der Gerte berühren, sie bemerken es durchaus, wenn wir den Sporen „dranhaben". Deswegen ist der alte Reitlehrerrat „Einmal richtig statt ein paarmal antatschen!" immer noch goldrichtig, wenn es um den Umgang mit der Gerte geht. Wenn Strafe schon sein muß, dann lieber einmal – wobei zu bedenken ist, daß die Hautsensibilität des Pferdes unserer recht ähnlich ist! Denn was die Zahl der Nervenzellen betrifft, die Empfindungen weiterleiten können, ist das Pferd nicht schlechter bestückt als wir. Nun ist es zwar fast unmöglich, Schmerzempfinden in Relation setzen und nachvollziehen zu können, aber im Zweifelsfall würde ich immer davon ausgehen, daß das Pferd so schmerzempfindlich ist wie ich und meine „Strafaktionen" mit der Gerte daran bemessen.

Ebenso ist es mit dem Einsatz der Sporen. Ein Tierarzt erzählte mir einmal, daß manche alten Schulpferde einen chronischen Bluterguß an der Stelle haben, an der gewöhnlich die Sporen ansetzen. Doch auch wenn es nicht gleich einen Bluterguß gibt: „Abgehärtet" wird die Haut durch ständigen Einsatz der Sporen ganz sicher, was z. B. Dr. Bernd Springorum, einst Bundestrainer der Vielseitigkeitsreiter, zu einem „Gegner" der Sporen gemacht hat – sie verdürben das Pferd für die Einwirkung des treibenden Schenkels und seien darum nur sehr überlegt und gezielt einzusetzen. Eine Meinung, die ich aus meiner Praxis durchaus teilen kann. Sporen sollten keinesfalls als „Dauertreibmittel" angewendet werden – faule Pferde werden nicht fleißiger, wenn man dauernd „bohrt", heiße Pferde beruhigen sich keinesfalls, wenn die Sporen immer als „Bremskraftverstärker" dienen sollen. Mit seinem feinen Tastsinn verdient es das Pferd, auch feinfühlig behandelt zu werden.

Zeitsinn

Es war zu meinen Anfängerzeiten an einem Sonntag: Um endlich einmal auszuprobieren, was ich schon „alleine" kann, hatte ich mir mein gewohntes Schulpferd, den alten Taifun, erbeten und ritt mit ihm nun fröhlich Runden in der Halle. Ich hatte für mich „open end" angesetzt, wollte reiten, solange es mir eben Spaß machte. Doch Taifun sah das anders: Nach ca. 50 Minuten zog er mir mit einem energischen „Kopf hoch" die Zügel aus der Hand, verfiel in geruhsamen Schritt mit ganz langem Hals und ignorierte all meine Versuche, ihn zu weiterer Arbeit aufzufordern. Nach drei Runden Schritt war's ihm dann endgültig genug, er bog auf die Mittellinie ein, stellte sich ordentlich auf und sagte mir damit deutlich: „Ende der Vorstellung!"

Für den alten Recken war eine Reitstunde eben eine Stunde – und er sah überhaupt keinen Grund, am Sonntag länger unter einem solchen Anfänger wie mir zu arbeiten. Meinen Reitlehrer wunderte das nicht, er sagte nur amüsiert: „Der Taifun ist eben schon lange im Geschäft, der weiß, wann es genug ist." Ich fragte natürlich prompt: „Woher weiß der das denn?" Und bekam die verschmitzte Antwort: „Wahrscheinlich guckt der immer auf die Hallenuhr!" Das glaubte ich schon damals nicht und heute glaube ich es noch weniger, denn vor wenigen Tagen erzählte mir meine Freundin lachend von ihrem ersten „Allein-Geländeausflug" mit ihrem neuen Schimmel. Sie sei verspätet kurz nach 15 Uhr in den Stall gekommen, und leider sei die Pferdepflegerin, die sie eigentlich zu ihrem Ausritt hätte begleiten sollen, schon weg gewesen. Einen Moment habe sie überlegt, ob sie nun auf den Platz oder wirklich ins Gelände gehen sollte, denn sie kannte dieses Gelände noch nicht. Doch dann sei ihr eingefallen, daß ihr Madjar sich ja auskennt. Er ist 14 Jahre alt und dort im Stall aufgewachsen. Als ehemaliges Vielseitigkeitspferd hat er sein ganzes Konditionstraining auf den Strecken rund um sein Heimatgestüt absolviert. So verließ sie sich einfach darauf, daß er schon wissen würde, wo es lang gehe. Tatsächlich sei es dann ein wunderschöner Ausritt geworden. Sie habe ihn am langen Zügel marschieren lassen, er habe sich zielbewußt seine Wege gesucht. Nach ungefähr einer Stunde wurde sie dann doch etwas unruhig, weil sie sich nun völlig fremd fühlte und keine Ahnung mehr hatte, in welche Richtung es denn nach Hause ginge. Madjar indessen habe seinen ruhigen Schritt etwas beschleunigt, sei um eine Ecke gebogen, und sie hätte erfreut die Allee wieder gesehen, die auf den Stall zuführt. Zielstrebig sei er in den Hof marschiert, habe in seine Box geschielt, und sie sei von der Pflegerin lachend empfangen worden: „Gerade rechtzeitig zum Abendessen!" Um halb fünf wird dort nämlich gefüttert – und es war genau 10 Minuten vor halb. Madjar hatte für Pünktlichkeit gesorgt.

Hat Madjar eine Uhr? Die Frage ist eindeutig zu bejahen: Madjar hat eine innere Uhr. Ebenso wie Taifun, ebenso wie Ihr Pferd, ebenso wie der Hofhund, die Katze und wie Sie und ich. Leben braucht Rhythmus und aus dem ergibt sich dann „Zeitgefühl". Die Zeiteinteilung ist nicht etwas willkürlich vom Menschen Festgelegtes, sondern wahrscheinlich aus dem Gefühl für die Zeit entwickelt. Der Tag hat 24 Stunden; in dieser Zeit hat die Sonne einmal ihre Bahn gezogen. Die Stunde hat 60 Minuten, die Minute 60 Sekunden –

letzteres korreliert ja mit unserem Herzrhythmus, der üblicherweise bei ca. 60 Pulsschlägen pro Minute liegt, bzw. bei unseren gut trainierten Vorfahren bei 60 gelegen hat.
Doch wichtiger als diese „kleinen" Zeiteinheiten sind für uns erst einmal die großen: Tag- und Nachtrhythmus. Der scheint nämlich für fast alles Leben auf dieser Erde eine ganz wichtige Rolle zu spielen. Pflanzen öffnen bzw. schließen ihre Blütenblätter in diesem Rhythmus, ungeschlüpfte Küken verbrauchen schon im Ei tagsüber mehr Sauerstoff als nachts, und bei uns Menschen kennt man mittlerweile rund 150 physiologische Prozesse, die im 24-Stunden-Rhythmus ablaufen.
Jahrelang glaubte die Wissenschaft, daß dieser Rhythmus nicht von einer inneren Uhr, sondern alleine vom Wechsel zwischen Tag und Nacht gesteuert wird. Doch inzwischen haben Experimente anderes bewiesen. Günter Karweina beschreibt es in „Der sechste Sinn der Tiere" wie folgt: „Sperrt man eine Pflanze, etwa eine Feuerbohne, in einen ständig dunklen Raum, laufen alle Lebensvorgänge auch weiterhin nach dem bei Tageslicht geltenden Stundenplan ab – Wurzeln erwachen aus dem Schlaf und beginnen ihre Arbeit, Blätter steigen in Tagesstellung empor, Blüten öffnen sich zur vorgegebenen Stunde für die vorgesehene Zeit, dann sinken die Blätter langsam und müde wieder in Ruhestellung, und die Pflanze schläft ein. Dieser Rhythmus des Lebens versagt im Dauerdunkel erst nach mehreren Tagen – wenn die Pflanze in der lebensfeindlichen Dunkelheit stirbt. Es ist der gleiche Zeitsinn wie bei Tieren."
Die Wissenschaftler nennen diesen Rhythmus „circadian", abgeleitet von lateinisch „dies" = Tag und „circa" = etwa, was heißen soll, daß es sich hier nicht um einen minutengenauen, sondern ungefähren 24-Stunden-Rhythmus handelt. Die Uhr könnte man nicht nach ihm stellen, jedenfalls nicht die Uhr, die man am Handgelenk trägt. Aber die innere Uhr wird nach ihm gestellt. Doch wo sitzt diese innere Uhr eigentlich? Ist sie ein Organ? Ein bestimmter Teil des Gehirns? Die Forscher der Spezialdisziplin „Chronobiologie", die sich speziell mit diesen Dingen beschäftigen, hatten eine Zeitlang die Zirbeldrüse, einen Anhang der Gehirnbasis, im Verdacht. Denn sie produziert das Hormon Melatonin – sehr wenig bei Tag, sehr viel bei Nacht und in sehr genauem 24-Stunden-Rhythmus.
Doch Experimente haben ergeben, daß die Zirbeldrüse nicht die „Uhr", sondern nur das „Stellwerk" ist. Sie reagiert auf Lichtunterschiede und hat offensichtlich die Aufgabe, die innere Uhr mit der tatsächlichen Tageslänge zu synchronisieren. Gäbe es sie und die durch sie erfolgende Adaption nicht, hätten wir z.B. noch größere Probleme beim Überschreiten von Zeitzonen – wir Europäer würden uns dann vermutlich nie daran gewöhnen, daß in Amerika die Uhren anders gehen.
Aber wenn es die Zirbeldrüse nicht ist – wo steckt dann die innere Uhr? Inzwischen neigt die Wissenschaft zur Ansicht, daß sie in jeder Zelle des lebenden Organismus vorhanden ist. Denn die chemischen Reaktionen der Zelle, an denen Enzyme beteiligt sind, verlaufen pulsierend wie ein Uhrwerk nach einem ganz bestimmten Rhythmus. Das könnte der „Taktgeber" sein.
Doch der kann offensichtlich noch bedeutend mehr als unsere Armbanduhren!

Madjar von Meissen xx zu seinen aktiven Zeiten unter Dr. Konstantin Graf von Wengersky in einer Vielseitigkeitsdressur

Die beschränken sich in den meisten Fällen auf die 24 Stunden, unsere innere Uhr hat aber dazu noch einen Wochenrhythmus! Von dem berichtet Günter Karweina, indem er die Erzählung eines Psychologieprofessors über seinen Kater Willie weitergibt: „Jeden Montag um 19.30 Uhr erschien er an der Küchentür, verlangte sein Fressen und eilte anschließend zielstrebig von dannen. Was den Professor so neugierig machte, daß er seinem Kater eines Montagabends folgte. Willie durchquerte das Universitätsgelände, wartete an Ampeln diszipliniert auf Grün, erreichte gegen 19.45 Uhr die Frauenklinik, sprang dort auf eine Fensterbank im Erdgeschoß und starrte mit größten Interesse durch das Fenster in den beleuchteten Raum. Zwei volle Stunden lang. Dann trottete er – offensichtlich sehr zufrieden – nach Hause zurück. Professor Eckstein hätte nur zu gern gewußt, was den Kater Willie in jenem Krankenhausraum so fesselte. Aber erst am dritten darauf folgenden Montag wagte auch er vorsichtig einen Blick durch das Fenster – es war ja immerhin eine Frauenklinik. Im Bericht des Professors heißt es: ‚Der Kater weiß, wann Montag ist. Und er weiß ebenfalls, wann es 19.45 Uhr ist. Denn genau zu diesem Zeitpunkt beginnen die Frauen im Aufenthaltsraum der Klinik mit dem Bingospiel, dem Willie zwei Stunden lang fasziniert zusieht.'"

Was Willie an bingospielenden Krankenschwestern so toll fand, hat Professor Eckstein nie herausbekommen. Aber er konnte eindeutig sagen, daß Willie weder von Futter noch von rolligen Katzen, sondern eben von dieser Bingorunde jeden

Montag angezogen wurde. Willie (und mit ihm einige andere Katzen, die ebenfalls eindeutige Beweise für ihr Wissen um den Wochentag lieferten) kann wohl am Wochenablauf erkennen, wann Montag ist; und Taifun, von dem ich eingangs erzählt habe, weiß, wann Sonntag ist. Denn an normalen Wochentagen, an denen er abends im Reitbetrieb eingesetzt wird, erwartet er gegen 17.00 Uhr die ersten Reiter. Sonntags gegen 17.00 Uhr konnte ich aber oft genug beobachten, daß er und mit ihm die anderen Schulpferde „dösen" und offensichtlich gar nicht auf Arbeit eingestellt sind. Sonntag ist eben Ruhetag...

Wahrscheinlich beherrscht die innere Uhr aber sogar den Jahresrhythmus! Ein Freund, dessen Pferd oft in seinem riesigen Garten alleine spazierengehen darf, erzählte, daß der Schimmel seine Wege im Wechsel der Jahreszeiten und mit erstaunlicher Genauigkeit wähle. Im Frühjahr interessiere er sich z.B. auffallend wenig für den hinteren Teil des Parks und treibe sich meist vorne auf der großen Wiese herum. Aber sobald es etwas herbstlich werde, flitze er morgens schon vom Stall weg im Galopp durch das kleine Tannenwäldchen nach hinten zur Mauer. Dort steht nämlich ein Apfelbaum und der gibt ihm die Chance, ein zweites Frühstück aus wohlschmeckendem Fallobst einzunehmen. Es könne nicht der Duft der Äpfel sein, denn der Schimmel pflegte schon vor ihrer Reifung immer wieder einmal zum Baum zu gehen und ihn zu inspizieren.

Eine andere Freundin gestand mir einmal lachend, daß ihre Stute zwischen Mai und September auf Ausritten immer in Richtung des Ortes ziehe. Dort ist nämlich eine Eisdiele, die Mitte Mai öffnet und Mitte September wieder schließt. Meine Freundin kommt an der nie vorbei, ohne sich eine Eistüte zu leisten und weil sie ihr Pferd ungern zuschauen läßt, bekommt das dann immer die Waffel und ist sehr scharf darauf. „Die weiß aber genau, daß sie im Winter gar nicht dahin zu gehen braucht! Die Eisdiele interessiert sie nur im Sommer!"

Den Jahresrhythmus kennen aber nicht nur Reiter, sondern natürlich auch die Chronobiologen. Die haben ihn z.B. an Guppys beobachtet und Günter Karweina berichtet darüber: „Die Lichtempfindlichkeit der Fische schwingt von Monat zu Monat – oft bis auf die Minute genau – sondern folgt auch einem Jahresrhythmus. Und das ist gar nicht so seltsam, handelt es sich beim Jahr doch um den Himmelstakt, nach dem die Erde die Sonne umkreist. Wenn uns Menschen ein Rhythmus, der ein ganzes Jahr braucht, um einmal zu schwingen, etwas weit hergeholt erscheint, dann nur, weil ein Jahr für uns schon eine beachtliche Zeitspanne ist. Aber in der Evolution der Tiere und Organismen ist es nur wie ein Atemzug oder ein Ticken der Weltuhr."

Für uns Reiter entspringt aus dem Wissen um die innere Uhr der Tiere eine Konsequenz: Pünktlichkeit ist in unserem Fall die Höflichkeit des wahren Reiters gegenüber seinem Pferd. Denn Pferde sind „unflexibler" als wir Menschen. Ihr Tagesablauf ist von uns geprägt, und ihr Gefühl der „Lebens-Sicherheit", des Vertrauens in die Menschen, ist abhängig von der Regelmäßigkeit, mit der wir den Tagesablauf prägen. Es sollte pünktlich gefüttert werden (oder warten Sie gerne auf Essen, wenn Sie nicht wissen, ob es überhaupt etwas gibt und Sie schon großen Hunger haben?), um Beunruhigungen zu vermeiden. Bei der Arbeit im Stall und mit dem Pferd sollte für das Pferd ein gewisser „Rhythmus“ zu erkennen sein, auf den es sich durch Gewohnheit einstellen kann. Dadurch können Sie als Reiter dann aber wieder eine gewisse „Flexibilität“ erreichen. Wenn Sie jeden Sonntagmorgen lange spazierenreiten und sich ausführlich mit ihrem Pferd beschäftigen, dann wird es nicht nervös, wenn sie samstags grundsätzlich einen „Kurzdurchlauf“ machen. Ebenso sagt niemand, daß Sie täglich zur gleichen Zeit antreten müssen, aber in Ihrem Wochenplan ist eine gewisse „Regelmässigkeit“ für's Pferd angenehm. Wahrscheinlich mögen Pferde es nämlich so wenig wie wir Menschen, wenn sie ständig unvorbereitet überfallen werden. Und wenn ich an die Pferde in meinem Bekanntenkreis denke, von denen wir sagen, daß sie „Nerven wie Drahtseile“ haben, dann sind es meist die, die an ein „geregeltes Leben“ gewöhnt sind und sich darauf verlassen können, daß ihre Reiter sie weder warten lassen noch durch „Überfälle“ aus dem Takt bringen. Doch aus der inneren Uhr der Pferde im Zusammenspiel mit einem anderen Sinn entspringt noch etwas – darum geht's im nächsten Kapitel.

Wettersinn

Ich hatte einmal eine reitende Freundin, die ihr Winterstrickprogramm nach ihrem Pferd zu richten pflegte. Wenn sich ihr kleiner Norweger schon im Herbst einen ganz dicken Pelz zulegte und aussah wie ein Teddybär, schritt sie mit dicker Wolle zur Tat und stellte, während wir noch im kurzärmligen T-Shirt die letzten Herbstabende genossen, bereits dicke Pullover her, unser Gewitzel durch ein entschiedenes „Es wird ein kalter Winter!“ abwehrend. Schon im Frühling stieg sie dann auf die Sommermode um, wobei die Entscheidung über sehr leicht oder langärmelig für kältere Abende ebenfalls nach ihrem Pferd getroffen wurde. „Wenn er jetzt schon so haart und so wenig nachwächst, wird's ein warmer Sommer!“ verkündete sie.

So sehr wir früher über sie gelacht haben, so sehr weiß ich mittlerweile, daß ihre Art der „Langzeitwetterprognose“ gar nicht so schlecht war. Gerade die sogenannten „Robustpferde“, die meist auch noch auf Koppeln Wind und Wetter ausgesetzt sind, sind hervorragende „Wetterpropheten“ und immer richtig „gekleidet“.

Wobei ich mir hier eine kleine Abschweifung leisten will – ein Thema, das mir ungemein am Herzen liegt: „Pferdekleidung“. Kommt man im Winter in Reitställe, kann man ganze Deckenkollektionen bewundern, und manchmal denke ich, daß mein Pferd dabei der blanke Neid überkommen müßte. Die Arme hat in ihrem ganzen (immerhin über 20jährigen) Leben nämlich noch keinen dieser schikken „Pferdeschlafanzüge“ besessen, obwohl sie in einer wahrhaft kalten Region Deutschlands lebt. Sie hat sich aber auch noch nie erkältet, nicht einmal, wenn sie bei Minustemperaturen und eisigem Wind auf der Koppel war. Sie meinen, die Gute sei ein Robustpferd und besonders abgehärtet? Nein, keinesfalls. Sie ist ein ganz normaler deutscher Warmblüter, der seine Nächte in einer ganz normalen Box verbringt. Trotzdem glaube ich nicht, daß sie je gefroren hat. Sie legt sich rechtzeitig im Herbst ein dickes Winterfell zu und trotzt damit jedem noch so kalten Wind und Schneeregen.

Frieren hat nämlich bei uns „temperierten" Wesen etwas mit dem Verhältnis Hautoberfläche Körpervolumen zu tun. Menschen und Pferde müssen, um ihre Körperfunktionen aufrecht erhalten zu können, eine gewisse Körpertemperatur ohne allzugroße Schwankungen halten. Erinnern wir uns nun an die Breiteller unserer Kinderzeit, dann wissen wir alle, daß der Brei erst einmal von außen abkühlt. Je dünner er auf dem Tellerrand ist, desto schneller wird er kalt. Wollte man ihn dann wieder warm bekommen, würde das einen bestimmten Energieeinsatz fordern.

Ebenso ist es mit uns; bläst uns z. B. kalter Wind ins Gesicht, kühlt die Haut aus und wird durch erhöhte Durchblutung wieder aufgewärmt. Da wir Menschen aber unsere Körperbehaarung schon lange verloren haben, würde unsere Energie nicht lange ausreichen, die nackte, kalte Haut wieder aufzuwärmen, die Kälte würde also weiter in den Körper dringen und damit unsere Funktionen gefährden.

Bei Pferden ist das anders – erstens haben sie ein Fell, und zweitens ist bei ihnen das Verhältnis Hautoberfläche zu Körpervolumen anders als beim Menschen. Der Tierarzt Wilhelm Blendinger wußte dazu: „Gesunde und gut genährte Pferde sind gegen Kälte unempfindlich. Neben mehreren Umständen hängt das vornehmlich mit der relativ geringen, das heißt mit der pro Kilogramm Körpergewicht für die Wärmeabgabe verantwortlichen Körperfläche zusammen. Infolgedessen beträgt die relative Wärmeabgabe nur etwa ein Zwangzigstel von der des Menschen. Umgekehrt kann man sagen, der Mensch friere aus diesem Grund zwanzigmal mehr als das Pferd. Die Kälteunempfindlichkeit des Pferdes übersteigt, wenn man noch das Haarkleid berücksichtigt, unser Vorstellungsvermögen."

So gesehen, dienen Decken keineswegs in erster Linie dem Pferd! Sie machen eigentlich nur dann Sinn, wenn das Pferd für den Reitgebrauch geschoren wurde, oder wenn man lieber Decken wäscht als Schimmel putzt. Ich gehe aber sogar noch weiter: Beim „normalen Freizeitpferd" kann die Decke verwirrend wirken. Pferde – und damit komme ich zum Grundthema des Kapitels zurück – haben nämlich einen ausgeprägten Wettersinn, der ihnen auch in unserer zivilisierten Welt nützlich sein kann. Die „Erwärmung" durch die Decke erschwert wahrscheinlich die Adaption an die Außenverhältnisse. Wenn Sie Ihrem Pferd auch im Winter unbeschwerte Koppelfreizeit gönnen wollen, verzichten Sie am besten auf die Decke. Dann wächst zwar das Winterfell länger, was beim Reiten durchaus störend sein kann, aber ich glaube doch, daß die ausgeglichene Pferdepsyche etwas Rücksichtnahme wert ist.

Womit wir dann wieder zurückkommen zum Wettersinn, der in seiner „Langzeitauswirkung" für Züchter noch wichtiger als für Reiter ist. Der Wettersinn hat nämlich direkt etwas mit der Fortpflanzung zu tun. Wie wir schon vorher festgestellt haben, ist Fortpflanzung oberstes Ziel einer Art, aber nur durch einen hohen Aufwand an Energie und immer mit einem mehr oder weniger großen Risiko für das eigene Überleben (ergo der Fortpflanzungsfähigkeit) verbunden. Stellen Sie sich nun in der Zone, in der Pferde frei leben, einen sehr langen, harten, trockenen Winter vor. Er hat natürlich Auswirkungen auf das Futterangebot im nächsten Jahr: Gutes Futter wird knapp werden, eine Stute wird wahrscheinlich genug zu

tun haben, ihr eigenes Überleben zu sichern. Ein saugendes Fohlen würde ihr Überlebenspotential minimieren, es hätte in seinen ersten Monaten zudem schlechte Karten, weil alle Freßfeinde extrem hungrig sind (wenn's immer nur magere, halbverhungerte Beute gibt) und weil zu wenig Gras da ist – es wäre geradezu „Verschwendung", in eine solche Zeit hinein ein Fohlen zu gebären!
Züchter wie z. B. der Württemberger Thomas Casper wissen, daß es Zeiten gibt, in denen ansonsten unproblematische Stuten schlechter aufnehmen als z. B. im Jahr davor. Thomas Casper, der darüber seine Diplomarbeit geschrieben hat, sagt: „Wahrscheinlich hängt das auch mit den Lichtverhältnissen zusammen." Jedenfalls weiß er, daß man manche „trächtigkeitsunwillige" Stute durch ein entsprechendes Bestrahlungsprogramm „aufnahmefreudiger" machen kann. In diesem Fall erscheint es mir legitim, der Natur etwas ins Handwerk zu „pfuschen", denn schließlich können unsere Zuchtstuten davon ausgehen, auch in schlechten Jahren ausreichend gefüttert zu werden.
Es gibt aber nicht nur diesen „Langzeitwettersinn", der z. B. Trächtigkeit und Behaarung zu entscheiden scheint, sondern auch einen „Kurzzeitwettersinn". Ich konnte den dereinst an einer Stutenherde beobachten; an einem wunderschönen, warmen Sommertag ohne große Fliegenplage drängten die Damen plötzlich alle zum Koppeltor, entfernten sich auch nicht mehr zum Weitergrasen von dort, sondern machten statt dessen den Eindruck, gleich in den Ruf „Wir wollen in unseren Stall!" auszubrechen. Ihr Züchter holte sie schließlich in den Stall und auf meine Frage, warum, brummelte er mich an: „Weil's ein Gewitter gibt!" Ich

Das Winterfell schützt Pferde vor Kälte und erlaubt ihnen auch bei Schnee Spiel und Auslauf auf der Koppel.

schielte ungläubig in den klaren Himmel und dachte an die Bauernregel „Kräht der Hahn auf dem Mist, ändert sich's Wetter oder's bleibt, wie's ist". Doch er bzw. seine Stuten behielten wieder einmal recht – kaum eine halbe Stunde später brach ein Gewitter in den klaren Sommertag ein.
Auch als Reiter konnte ich schon einschlägige Wettersinn-Erfahrungen sammeln: Bei einem Ausritt wurde meine ansonsten so brave Stute plötzlich sehr unruhig und entwickelte einen an ihr ungewöhnlichen „Stalldrang". Neugierig wie ich bin, ließ ich sie marschieren. Obwohl sie zu dieser Zeit zuhause kein wartendes Fohlen hatte, war ihr einziges Begehr ganz offensichtlich, in der Direttissima der Heimat näher zu kommen. Und tatsächlich entkamen wir nur ganz knapp einem Gewitter.

In diesen Rahmen paßt nun auch etwas, was Günther Karweina in seinem Buch berichtet: „Am 6. Mai 1976 stand die Sonne in der Provinz Friaul im Nordosten Italiens hoch an einem wolkenlosen blauen Himmel. Es war außergewöhnlich warm, viele Menschen litten unter der schwülen Hitze, und den Tieren schien es ähnlich zu gehen. Zumindest glaubten viele Menschen, das ungewöhnliche Verhalten der Kreatur darauf zurückführen zu können. Völlig überraschend kamen am Nachmittag Hirsche aus den sicheren bewaldeten Höhen herab und standen ungeschützt auf den Bergwiesen über den Dörfern, ohne jedoch zu fressen. Katzenmütter trugen ihre Jungen vom Heuboden in den Garten und betteten sie in den Gemüsebeeten. Von Unrast schienen auch die Bienenvölker erfüllt, in deren Körben es so laut zuging wie noch nie. Brave Hunde waren gereizt und bösartig. Überall wurden Schlangen beobachtet. Und selbst den Maulwürfen paßte es unter der Erde nicht mehr – sie gruben ihre Furchen plötzlich an der Oberfläche. Noch seltsamer benahmen sich die Tiere in der Dämmerung und nach Einbruch der Dunkelheit. Die Hühner wollten zur gewohnten Zeit nicht in ihre Ställe, sondern flatterten aufgeregt auf den Höfen umher. Jetzt begannen die Hunde zu bellen und zu jaulen. Die Unruhe griff auf die Schweine über. Die Rinder zerrten brüllend an ihren Ketten..."

Wir wissen, was am Abend des 6. Mai 1976 in Friaul geschehen ist: Ein schweres Erdbeben verwüstete die Region. Die italienischen Erdbebenforscher sagten, es sei völlig überraschend gekommen, denn ihre Meßgeräte hatten sie nicht vorgewarnt. Die chinesischen Kollegen schüttelten wohl die Köpfe, denn in China gibt es schon lange ein „tierisches Erdbebenwarnprogramm". In den erdbebengeschüttelten Regionen weiß man schon lange, daß die meisten Erdbeben sich durch ungewöhnliches Verhalten bei den Tieren ankündigen, und dort ist die Bevölkerung darüber aufgeklärt, Beobachtungen wie die in Friaul sofort den entsprechenden Stellen zu melden.

Tiere sind bessere Erdbebenpropheten als jedes von Menschen gebaute Gerät. Inzwischen glaubt man sogar, erklären zu können, woran das liegt. Vor Erdbeben können sich bei entsprechenden Gesteinsformationen große Wolken elektrisch geladener Aerosole bilden. Und die haben Auswirkungen: Versuche mit Menschen, die positiv geladene Ionen (also kleinste Aerosol-Teilchen) einatmen sollten, wurden schnell wieder eingestellt, weil den Probanden regelmäßig elend geworden war.

In Tierversuchen ergab sich dann, daß positiv geladene Aerosole eine verstärkte Ausschüttung des Nervenhormons Serotonin bewirken, das bei Menschen und Tieren schwerste psychische und physische Störungen auslöst. Das seltsame Verhalten der Tiere vor Erdbeben könnte also durchaus durch verstärkte Serotonin-Ausschüttungen ausgelöst sein.

Positive Aerosol-Ladungen gibt es auch vor Gewittern – natürlich (und glücklicherweise) nicht in dem Ausmaß wie vor schweren Erdbeben, aber doch immer noch genug, um Pferde zu „warnen". Und das kann für uns Reiter ja sehr nützlich sein. Wenn also Ihr Pferd bei einem sommerlichen Ausritt plötzlich nervös wird, sich ungewöhnlich verhält, heimwärts drängelt oder Schutz sucht, dann könnte es durchaus sein, daß ein Gewitter im Anzug ist. Und wohl dem, der dann rechtzeitig Heimstatt findet! Dem, der es nicht schafft und vielleicht auch noch der Klasse „Stadtpflanze" wie ich angehört (folglich nicht die Ahnung hat, wie man sich bei schweren Gewittern in freier Natur eigentlich richtig verhält), sei empfohlen, sich an seinem Pferd zu orientieren. So es kein degeneriertes „Stadtpferd" ist, weiß es besser als der Mensch, was es zu tun hat. Es wird bestimmt nicht auf einer Ebene stehenbleiben und darauf warten, bis es als höchste Erhebung von einem Blitz getroffen wird, sondern sich im Gegenteil in eine Senke zu ducken versuchen oder im Wald Schutz suchen. Wie auch immer: Steigen Sie in diesem Fall ab, nehmen Sie ebenfalls Deckung, warten Sie, bis das Gewitter über Sie und Ihr Pferd weggezogen ist, und denken Sie vor allem daran: in solchen Notsituationen ist es nur normal, daß das Pferd seinem Instinkt mehr traut als Ihnen. Versuchen Sie nie, es durch Strafen oder „Gewalt" in die von Ihnen gewählte Richtung zu zwingen. Denn wenn diese Richtung dem Pferd noch gefährlich erscheint, wird es sich mit allen Mitteln wehren und ihr Verhältnis wird einen Knacks bekommen. Wie soll das Pferd denn auch einem Menschen trauen, der es gefährdet? Vertrauen Sie doch lieber dem gesunden Instinkt Ihres Pferdes!

Orientierungssinn

Mein Freund Ewald, seines Zeichens Biochemiker, pflegt manchmal lachend zu sagen: „Irren ist menschlich – und Wissenschaftler sind besonders menschlich!" Weil so manches Experimentierergebnis, das dann als „wissenschaftliche Erkenntnis" in die Fachliteratur eingeht, von der Zeit und der danach kommenden Forschung eingeholt wird, und weil eben doch manches Ergebnis auch eine Frage der Interpretation ist. So ist es auch Prof. Bernhard Grzimek gegangen, was seine Forschungsergebnisse zum Orientierungssinn der Equiden angeht. Grzimek hatte nämlich wie die meisten Menschen, die sich mit Pferden beschäftigen, sagenhafte Geschichten darüber gehört. So zum Beispiel die vom Kavalleriepferd, das auf einer Generalstabsreise im Zug von Potsdam nach Hirschberg in Schlesien transportiert worden war. Beim Ausladen paßte der zuständige Bursche nicht auf – der Wallach riß sich los und verschwand im Galopp. Vier Tage lang hörte man nichts mehr von ihm. Alle Suche, alles Nachfragen rund um Hirschberg blieben erfolglos – der Wallach schien wie vom Erdboden verschluckt. Vier Tage lang – dann tauchte er verdreckt, erschöpft und müde in seinem gewohnten Potsdamer Stall auf. 200 km Luftlinie von dem Ort, an den er im geschlossenen Eisenbahnwaggon hintransportiert worden war! Der Bericht ist belegt und wird von namhaften Hippologen wie z.B. Wilhelm Blendinger zitiert. Prof. Grzimek hat ihn wahrscheinlich auch gekannt und vielleicht war es sogar dieser Bericht, der ihn bewegt hat, einmal dem sagenhaften Heimfindevermögen der Pferde nachzuspüren.
Er tat's, indem er die Araberstuten eines polnischen Gestütes als „Versuchskaninchen" auswählte. Die ersten ließ er mit einem Laster in benachbarte Orte außerhalb der Sichtweite ihres Heimatgestütes transportieren. Dann wartete er, ob sie gen Heimat marschieren würden. Doch keine der Stuten tat ihm den Gefallen. Im Gegenteil: „Wir wollen es ihnen leichter machen, sage ich mir, und bringe die nächste, Hortensia, nur ganze fünf Kilo-

meter vom Gestüt weg. Man kann die Gebäude beinahe liegen sehen. Hortensia schlendert in verkehrter Richtung zum nächsten Dorf (...) Die Stute geht hinter den Scheunen des fremden Dorfes herum, zeitweise macht sie kleine Ausflüge in die Äcker, kommt aber immer wieder zum Dorfe zurück (...) Ich versuche es noch einmal mit der niedlichen dreijährigen Schimmelstute Arabeska, die rührend zahm und fast noch ein Kind ist. Sie wird nicht gefahren, sondern mit verbundenen Augen geführt. Aber auch sie läuft in verkehrter Richtung zum nächsten Dorf und bleibt dort. Es hat keine von unseren Araberstuten aus unbekannter Gegend nach Hause gefunden. Sie haben den sagenhaften Orientierungssinn nicht besessen, den man den Pferden so oft nachgesagt hat und der in so vielen Pferdebüchern spukt," schildert Bernhard Grzimek seine Untersuchungen.

Für ihn war der Punkt damit abgehakt. Nicht so für Wilhelm Blendinger. Der schreibt über die Grzimek-Untersuchung: „In den beschriebenen Versuchsanordnungen dürften zwei Irrtümer unterlaufen sein, so daß keine zuverlässigen Schlußfolgerungen daraus gezogen werden können. Erstens wurde nicht festgestellt, ob die Pferde überhaupt das Bestreben hatten, nach Hause zurückzukehren, und zweitens wurde der Orientierungssinn nicht geübt. Daß Heimwärtsstreben keineswegs selbstverständlich ist, zeigen die vielen Beispiele von Pferden, die aus Versehen in einem unbewachten Moment den Stall verlassen haben und oft nur mit Mühe wieder eingefangen und zurückgebracht werden konnten (...) Man darf also nicht in den fehlerhaften Anthropomorphismus verfallen und von vornherein annehmen, daß es dem Pferd mehr gefallen müsse, im Stall zu stehen, als draußen herumzustreunen. Eher könnte man einen Vergleich mit Kindern ziehen, die sich mit mehr Freude frierend herumtreiben als zu Hause in der warmen Stube zu sitzen. Für entsprechende Versuche müßte man also Pferde verwenden, die nach menschlichem Ermessen das größte Bestreben haben sollten, nach Hause zu gelangen. Dazu wären am ehesten Stuten mit Fohlen bei Fuß geeignet." Und Blendinger ist (ebenso wie ich!) felsenfest davon überzeugt, daß die Stuten auf dem direkten Weg Heim gehen würden und keine Schwierigkeiten hätten, diesen Weg zu finden.

Dies erklärt sich schon aus der Entwicklungsgeschichte des Pferdes und ist an freilebenden Equiden wundervoll zu beobachten. Die Steppe, auf der das Pferd seine Evolutionsgeschichte durchlebt hat, ist kein sehr freundlicher Lebensraum. Trockene Sommer, in denen die Nahrung knapp wird, lange, harte Winter, in denen auch der härteste Huf nur schwer an Gräser kommt – eine Herde, die hier überleben will, muß wissen, wo es etwas zu fressen bzw. zu saufen gibt. Und sie braucht ein großes Revier, um beides immer zu finden. Kilometerweite Wanderungen gehören für das Pferd zu seinem „täglichen Broterwerb" wie für einen Briefträger. Hier haben wir wieder eine der „Effizienz-Energie-Rechnungen" der Natur: Nehmen wir einmal an, zu einem neuen Futterplatz muß eine Pferdeherde 10 km über die Steppe wandern und da-

Pferde lieben abwechslungsreiches Futter. Selbst hoch hängende Beeren können sie erreichen und tun es mit Wonne, wobei wohl neben dem Appetit auf „anderes" auch der Spieltrieb gereizt ist.

bei noch durch das Jagdrevier einer Löwensozietät kommen. Dann wird natürlich durch den Weg zum Futter eine ganze Menge Energie verbraucht, und dieser Weg kann nur dann „sinnvoll“ sein, wenn das Futterangebot am gefundenen Freßplatz den Energieverlust nicht nur aufwiegt, sondern die Bilanz in ein deutliches Plus bringen kann. Denn von dieser Stelle aus muß ja dann die nächste angesteuert werden. „Sinnlose“ Sucherei würde die Energiebilanz ins Defizit bringen und damit das Überleben gefährden.

Das Pferd hat überlebt, weil es Fähigkeiten entwickelte, die ihm bei dieser Überlebensrechnung geholfen haben. Dazu gehört der „sagenhafte“ Orientierungssinn. Um z. B. in einem trockenen Sommer bei der Wassersuche nicht zuviel Energie einsetzen zu müssen, muß man vor allem Fehlversuche vermeiden. Das geht, wenn die Leitstute weiß, wo es Wasser gibt und ihre Herde auf dem direkten Weg dorthin führen kann. Doch wenn Sie nun einmal von Ihren eigenen „Pfadfinderversuchen“ ausgehen, ist schnell klar: ein rein „kartographisches“ Wissen, das auf Erkennen beruht, reicht dazu nicht aus. Damit kommen Sie vielleicht in einer Stadt einigermaßen klar: Wenn Sie in meiner Heimatstadt Stuttgart auf dem Schloßplatz stehen und diesen als Stuttgarter erkennen, wissen Sie wahrscheinlich auch noch, daß das Staatstheater hinter dem neuen Schloß zu finden ist, und können direkt dahin gehen. Aber wenn ich in eine nicht so bekannte Straße gehen muß, brauche ich eine Karte; und um den Weg zu finden, muß ich erst einmal wissen, wo ich im Moment eigentlich bin.

Im riesigen Revier der freilebenden Pferde stehen keine Schlösser und Bauten, die Orientierungspunkte sein können. Vielleicht gibt es bestimmte Landschaftsformationen, vielleicht bestimmte Bäume, an denen Pferde sich orientieren können, aber das allein würde wahrscheinlich nicht genügen. Um sich darin zurechtzufinden, braucht es einen Orientierungssinn, der weiter reicht. Wir Menschen würden in solchem Gelände einen Kompaß und eine Uhr einsetzen, um über unseren Standpunkt Klarheit zu bekommen. Pferde machen es ähnlich, haben aber im Gegensatz zu uns den Vorteil, daß sie sich keiner Instrumente bedienen müssen. Ihr „Kompaßsinn“ ist nämlich fest programmiert, von der Natur entwikkelt und instinktmäßig verankert.

Die Verhaltensforschung hat für den Magnetsinn der Tiere inzwischen eine ganze Menge Belege. Angefangen hat es mit den Brieftauben, bei denen das Vorhandensein eines Orientierungssinns oft genug in der Praxis bewiesen wurde. Es dauerte viele Jahre, bis die Wissenschaftler endlich dahinter kamen, wie dieser funktioniert. Denn die ersten Versuche waren stets schiefgegangen. Dann stellte man fest, daß die ganze Erde von Magnetlinien überzogen ist. Aus der Stärke des Magnetfeldes, in dem ein Meßgerät gerade steht, ist die genaue Position zu errechnen. Nach diesem Prinzip funktionieren zum Beispiel die Orientierungshilfen in Unterseebooten. Wenn, so die Experimentatoren, Tauben nach einem ähnlichen System, also via Magnetkompaß, navigie-

Oben: „Soziale Fellpflege“ nennen es die Verhaltensforscher. „Schmusen“ die meisten Reiter – wie auch immer: Pferde fühlen sich wohl dabei.
Unten: Ob Dressurpferd (links) mit klassischer Kandarenzäumung oder Westernpferd (rechts) mit Bosal – die Grundbedürfnisse sind gleich.

Pferde, die Gelegenheit haben, sich in Orientierung zu üben, haben meist einen hervorragenden Orientierungssinn. Bei diesen auf der Pußta freilaufenden Pferden ist er besonders wichtig und besonders gut trainiert, da sie abends ohne menschliches Zutun wieder in ihren Stall finden müssen.

ren, müßte das dadurch belegbar sein, daß sie nach einer „Verstellung" desselben Orientierungsprobleme haben müßten. So bekam das Versuchsfedervieh einen Magneten umgehängt, der stark genug war, jede Orientierung am Erdmagnetfeld zu verhindern. Doch die Tauben ließen sich nicht irritieren – sie fanden ihren Heimatschlag. Flugs fanden sich Wissenschaftler, die das Postulat „Tauben orientieren sich an der Sonne" zu beweisen bemüht waren. Sie verklebten ihren gefiederten Versuchskaninchen die Augen, doch die fanden trotzdem nach Hause. Am Ende der Versuche stand dann die Erkenntnis, daß die Natur noch viel schlauer gewesen war als es sich die Wissenschaftler hätten träumen lassen. Brieftauben haben nicht nur einen „Magnetkompaß", sondern können sich auch an einem „Sonnenkompaß" orientieren. Und ebenso am „Sternenkompaß". Und sie können nach „Landkarte" fliegen – wenn sie die Landschaft unter sich kennen, orientieren sie sich daran. Ihr Orientierungssinn bedient sich je nach Gegebenheit verschiedener „Instrumente". Ebenso ist es bei vielen Zugvogelarten. Inzwischen kennt man den „Magnetkompaß" und andere Orientierungssinne auch bei weiteren Arten: Von Fischen, bei denen Orientierung an Magnetfeldern nachgewiesen werden konnte, über Raubtiere wie z. B. freilebende Wolfsrudel bis hin zu den Karibus in Alaska, deren Wanderwege „ziel-" und nicht „wegorientiert" sind.

Bei den Equiden stehen die Wildesel und Zebras für den Orientierungssinn in der freien Natur. Je länger man darüber nachdenkt, desto klarer wird einem, daß Überleben ohne diesen Orientierungssinn gar nicht möglich gewesen wäre. Inzwischen hat man sogar durch Experimente festgestellt, daß selbst eine „Säugetierart", der man diesbezüglich sehr wenig zutraute, den Ansatz eines Magnetsinnes besitzt: wir Menschen. Wobei er bei uns mangels Übung meist total verkümmert ist.

Mit dem hat sich der Biologe Robin Baker von der Universität Manchester beschäftigt. Günter Karweina erzählt darüber: „Baker transportierte Studenten in einem Bus und mit verbundenen Augen von der Uni aus auf verschlungenen Wegen über Land und ließ sie dann – immer noch mit verbundenen Augen – die Richtung angeben, in der nach ihrer Ansicht die Universität lag. Bei einem – nicht atypischen – Experiment zeigten 17 von 20 Studenten in eine Richtung, die bis auf 30 Grad genau war. Das gilt statistisch als beweiskräftig. Keiner der Studenten konnte allerdings erklären, wie er sich nach dieser Irrfahrt orientiert hatte. Als sie die Augenbinden ablegten, sollten sie erneut Richtung Uni zeigen. Mit dem Ergebnis, daß jetzt wesentlich weniger Versuchspersonen wußten, wo es langging. Muß man sich etwa stark konzentrieren, um richtig orientiert zu sein? (Tauben schalten den offenbar schwierigen Magnetkompaß ja auch nur an, wenn Sonnen- und Sternkompaß versagen).

Um diese frappierenden Erkenntnisse abzusichern, machte Baker mit seinen Studenten auch den klassischen Kontrollversuch der Magnetsinnforschung bei Tieren: Er verstellte das Magnetfeld der Versuchspersonen. Jeder Student trug bei den bis zu 52 Kilometer weiten Ausfahrten über der Augenbinde noch einen Kopfreifen mit einem Magneten. Und wie die Tauben im gleichen Experiment, so wollten auch die Menschen jetzt mehrheitlich in die falsche Richtung, die ihnen das künstliche Magnetfeld suggerierte. Die Kontrollpersonen im gleichen Bus aber, die ohne es zu wissen nur Magnetattrappen trugen, lagen auch weiterhin richtig mit der Richtung."

Und auch bei Pferden bedarf der Einsatz dieses Sinnes einer gewissen Übung. Wilhelm Blendinger schreibt darüber: „Daß das Heimfindevermögen der Übung bedarf, kann man deutlich beobachten, wenn man Gelegenheit hat, einen Vollblüter zu reiten, der sich Zeit seines Lebens nur auf der Weide seines Gestüts oder auf der Rennbahn bewegt hat. Wenn man mit ihm beginnt, im Gelände zu reiten, wird er sich zunächst völlig hilflos benehmen, wenn man ihm die Zügel überläßt, um zurückzukehren. Aber schon nach wenigen Wochen täglichen Geländereitens wird er nach Hause finden, wie jedes andere Pferd."

Wilhelm Blendinger betonte auch, daß die Klärung des Problemes „Orientierungssinn bei Pferden" einen praktischen Hintergrund habe: Schließlich könne jeder Reiter in eine Situation kommen, in der er sich auf das Heimfindevermögen seines Pferdes sollte verlassen können. „Wie oft ist es schon vorgekommen, daß man sich verspätet hat, in dunkler Nacht heimwärts reiten oder sich in unbekanntem und unübersichtlichem Gelände orientieren muß..." weiß der Hippologe, der sein Leben lang Reiter war. Dann sollte das Pferd wissen, wo es lang geht. Geben Sie dem Ihren also die Chance, diesen „sagenhaften" Sinn auszuprägen!

Vom Liebesleben der Pferde – der Fortpflanzungstrieb

Auch wenn wir zivilisierten Menschen es nicht gerne zugeben, auch wenn unsere Kulturgeschichte alles daran gesetzt hat, besonders diesen einen Trieb zu sublimieren, auch wenn es in unserer Geschichte Zeiten gab, in denen die „totale Unschuld" der Tiere als Beispiel lobgepriesen wurde – wir kommen nicht mehr umhin, klar zu formulieren: Die Sexualität ist Dreh- und Angelpunkt allen Lebens. Denn die bei fast allen männlichen Individuen „lustvolle" Sexualität ist der *Zuckerguß* des Triebes, der im Schöpfungsplan wohl der wichtigste ist: Fortpflanzung heißt die Devise! Fortpflanzung als oberste Prämisse allen Lebens, denn wie man inzwischen annimmt, ist nicht das eigene Überleben, sondern die Fortpflanzung der Art die Triebfeder. Manche Forscher reden dabei sogar von einem „Egoismus der Gene", der Verhalten und Sozialleben prägt.

Wie immer man auch dazu stehen mag – der Fortpflanzungstrieb spielt beim Pferd eine sehr wichtige Rolle. Wilhelm Blendinger schrieb dazu: „Wenngleich der Geschlechtstrieb beim Pferd ... nicht die große Rolle spielt, wie man sie bei Haustieren anderer Art kennt, heißt das nicht, daß die Erotik bei ihnen gering entwickelt wäre. Sie ist im Gegenteil dynamischer und mächtiger als bei vielen anderen Tierarten. Nur tritt sie im allgemeinen selten in Erscheinung, weil bei den meisten männlichen Pferden die Sexualfunktion durch Kastration ausgeschaltet wird, so daß viele Probleme bei den Gebrauchspferden erst gar nicht entstehen können." Doch muß man sich darüber im klaren sein, daß die Kastration, so „bequem" sie für uns Reiter sein mag, die Psyche des Pferdes beeinflußt. Der Wallach ist in seiner Persönlichkeitsentwicklung einer wichtigen prägenden Größe beraubt – grob kann man sagen, daß er wohl sein Leben lang im „Jünglingsstadium" bleibt. Die Domestizierung hat sowieso große Wirkungen auf die Sexualität des Pferdes. Das beginnt mit der Veränderung der Brunstperioden bei Stuten. In der Natur wird durch klimatische Einflüsse die Funktion der Eierstöcke so geregelt, daß die Geburt der Jungen in eine dafür günstige Jahreszeit fällt. Im Winter z. B., wenn es wenig Licht gibt, für die Futtersuche viel Energie eingesetzt werden muß und die Kälte weitere Energie fordert, wird keine Stute rossig werden, denn der hierfür erforderliche Energieaufwand könnte ihr eigenes Überleben gefährden und damit ihre weiteren Fortpflanzungschancen minimieren. Wird aber andersherum im Frühjahr die Futtersuche wieder einfacher, das Licht heller und das Futterangebot nahrhafter, dann ist Fortpflanzung angesagt. Denn dann besteht die Chance, daß nicht nur die Trächtigkeit erfolgreich zu Ende geführt werden kann, sondern daß nach 11monatiger Tragezeit das Fohlen wieder in eine Periode hineingeboren wird, in der es ebenfalls reichlich Futter und Licht gibt (das braucht der Stoff-

Ein wenige Tage altes Fohlen. Fortpflanzung ist die große Triebfeder des Pferdelebens.

wechsel! Es ist inzwischen sogar bei uns Menschen nachgewiesen, daß Mangel an Licht zu depressiven Verstimmungen führen kann). Die Fortpflanzung ist nämlich bei jeder Tierart einer „Optimierungsstrategie“ unterworfen. Die Füchse beispielsweise haben eine familieninterne Regelung. In schlechten Zeiten bleiben die jungen Füchsinnen in ihrem Verband und verzichten auf eigene Fortpflanzung, um stattdessen „Helferdienste“ bei ihrer Mutter und ihren neugeborenen Geschwistern zu übernehmen. Dahinter steckt eine interessante „Effizienzberechnung“: Die unerfahrene junge Fähe hätte selbst schlechte Chancen, Nachwuchs groß zu bekommen. Also wäre ihr „Genpotential“ bei einem eigenen Versuch verschwendet. Hilft sie aber ihrer Mutter bei Geschwistern, dann hat sie (weil die Geschwister ja über dasselbe Genpotential wie sie verfügen) eine höhere Chance, etwas von sich weiterzugeben.
Bei Pferden ist die „natürliche Fortpflanzungsstrategie“ kaum untersucht – es gibt zu wenig freilebende Pferdeherden in zu kleinen Revieren, um hier genauere Erkenntnisse bekommen zu können. Aber man kann durchaus davon ausgehen, daß auch hier bestimmte Mechanismen zum Einsatz kommen, die das Weiterleben der Population und die evolutionäre Fortentwicklung optimieren.
Wir Menschen haben diese Mechanismen durch die Stallhaltung weitgehend außer Kraft gesetzt. Durchgehend gute Fütterung und hervorragende Lichtverhältnisse lösen bei manchen Stuten ganzjährig periodisch auftretende Rosse aus. Wilhelm Blendinger betont ausdrücklich, daß es sich dabei keineswegs um eine krankhafte Eierstockentzündung handeln muß, sondern oft um eine Anpassung an den „immerwährenden“ Frühling in Form von warmem Klima, reichlicher Fütterung, geringer Bewegung und heller, langandauernder Beleuchtung.
Doch für den Reiter einer Stute ist „Rosse“ ein Thema, das er nicht einfach ignorieren sollte. Immerhin muß man im Frühjahr doch jeden Monat einmal mit mehreren Tagen Rossigkeit rechnen. Stuten reagieren darin sehr unterschiedlich. Meine alte Stute, die allerdings recht wenig Rosseperioden durchzustehen hat, weil sie immer sehr schnell nach dem Abfohlen wieder gedeckt wird, ist in dieser Zeit geradezu extrem „zickig“. Sie quietscht schon beim Putzen, schlägt aus, wenn man nur in die Nähe ihres Bauches faßt, giftet ihre Stallgefährtinnen an und ist, wenn sie einmal in dieser Zeit geritten wird, sehr faul und zäh. Alles in ihr scheint darauf ausgerichtet zu sein, sich nun um die Fortpflanzung und nichts anderes mehr zu kümmern. Andere Stuten wiederum zeigen wenig nach außen, aber ein erfahrener Züchter sagte mir einmal, daß man sich nicht täuschen lassen dürfe. Die Rosseperiode sei für jede Stute eine psychische und physische Belastung, auf die der Reiter Rücksicht nehmen sollte.
Weswegen es sich empfiehlt, ein „Periodentagebuch“ für's Pferd zu führen. Denn nach einiger Zeit ist daraus der Zyklus der Stute zu erkennen und nach dem können dann z. B. Turniereinsätze und Wanderritte koordiniert werden. Während der Rosse sollte man Stuten nämlich größere Anstrengungen ersparen. Das spricht allerdings keineswegs gegen einen Sporteinsatz von Stuten! Sie erfordern nur ein wenig mehr „Konditionsarbeit“ – Bewegung und der daraus resultierende Konditionsstand mit wenig Körperfett bei hoher Bemuskelung wirken nämlich wie ein „Ver-

hütungsmittel". Austrainierte Stuten rossen seltener, manche lassen es während ihres Sporteinsatzes sogar ganz.
Wenn die Bedingungen sonst stimmen, ist das nicht tragisch. Unangenehm für die Psyche der Stute kann es aber werden, wenn sie über viele Jahre „aufnahmefähig" ist, ohne Rücksicht auf diese Rosseperioden behandelt und nie gedeckt wird. Manche störende „Zickigkeit", manche psychische Störung können darin ihren Ursprung haben. Mir fällt dazu die Stute Ilona ein, die als Springpferd im Sport gute Erfolge hatte. Doch Ilona lebte auf einem Gestüt; und mit jedem Jahr, das sie älter wurde, signalisierte sie deutlicher, daß sie ihre „Bestimmung" wohl eher im Mutterdasein sah. Sie wurde unter dem Sattel schwierig, konnte geradezu „hysterisch" explodieren und versuchte einmal sogar, ein Fohlen aus der Mutterstutenherde zu „adoptieren", was die Mutterstute natürlich gar nicht gut fand. Schließlich wurde Ilona zur Zuchtstute befördert, doch die ersten zwei Jahre waren leider kein Erfolg. Ilona nahm entweder nicht auf oder resorbierte die Frucht in den ersten Monaten, obwohl sie ordentlich abtrainiert worden war. Körperlich war kein Grund für ihr Problem zu erkennen, es war nur psychisch aus der „Verdrehtheit" der Stute zu erklären. Inzwischen hat sie aber Fohlen gehabt und ist wieder tragend. Sie ist eine gute Mutter geworden und als Zuchtstute bedeutend ausgeglichener und freundlicher denn als Sportpferd.
Ilona macht hier keine Ausnahme; bei Vollblutzüchtern gilt es als Regel, daß eine Stute, die von der Rennbahn ins Gestüt kommt, ca. ein Jahr braucht, um sich auf das Mutterstutendasein einzustellen.
Ich bin, was Reitstuten angeht, mittlerweile sogar etwas „radikal" geworden. Würde mir heute eine Dame zum Kauf angeboten, würde ich sie sehr genau unter dem Gesichtspunkt anschauen, ob sie außer ihrer Eignung zum Reitpferd auch die zur Zuchtstute mitbringt. Im Zweifelsfall wäre mir die sogar wichtiger. Nicht weil ich so gerne züchte, sondern

„Pascha" Wettstreit: Aus Blick und Auftreten des 18jährigen Deckhengstes sprechen Souveränität und Gelassenheit. Er entspricht der Züchterforderung an seinen „Geschlechtstyp" mit seiner starken Hengstausstrahlung.

weil ich die Erfahrung gemacht habe, daß die meisten Stuten nur dann psychisch ausgeglichen sind, wenn sie wenigstens ein paarmal in ihrem Leben ihrer natürlichen Bestimmung, ein Fohlen zu gebären und aufzuziehen, nachkommen durften. Und so halte ich z.B. das Rezept jenes Züchterfreundes, der seine jungen Stuten meist schon vierjährig einmal decken läßt, um erst danach die reiterliche Ausbildung zu vervollkommnen, durchaus für richtig. Trächtigkeiten schaden einer Stute nicht – im Gegenteil!

Sollten Sie also eine nervige Stute haben, dann überlegen Sie, ob ein Jahr „Mutterurlaub" nicht angebracht wäre. Wobei der Schwierigkeit, daß im „normalen" Reitstall schlecht ein Fohlen aufzuziehen ist (und Fohlen auch keine „Einzelkinder" sein sollten), oft dadurch zu begegnen ist, daß die großen Deckstationen meist an Gestüten hängen und mancher Hengsthalter gegen Entgelt bereit ist, eine Gaststute für ein Jahr in seiner Herde aufzunehmen und ihr Fohlen auch weiterhin mit seinen Fohlen mitlaufen zu lassen.

Wenn es um die vierbeinigen Herren geht, möchte ich Wilhelm Blendinger energisch widersprechen, der geschrieben hat: „Man sollte sich jedoch nicht darüber hinwegtäuschen, daß die entsprechende Maßnahme (= Kastration) eine Schändung der Natur ist, die man nur als oft zwar notwendig, aber eben doch nur als ein Übel inkaufnehmen sollte." Sicher – Wallache bleiben in ihrer Persönlichkeitsentwicklung meist zurück, aber die Alternative zum Wallach heißt eben Hengst; und wenn ich die Wahl zwischen einem „babyhaften" Wallach und einem „degradierten" Hengst habe, ziehe ich den Wallach vor – durchaus im Interesse seines eigenen Wohlbefindens.

Man muß sich da einmal eine Statistik vor Augen halten: Im Jahr 1990 wurden in Baden-Württemberg 1642 Warmblutfohlen registriert, davon kann man wohl die Hälfte, also rund 800 Fohlen, als männlich annehmen. Im Jahr 1992, als dieser Jahrgang zur Körung kam, wurden 26 Hengste gekört, das sind also etwa 3 %. Der Rest wäre, wenn man auf die Kastration verzichten würde, also „Reithengst". Und die halte ich – mit Verlaub – für ganz arme Tiere. Denn der Umgang mit Hengsten erfordert Erfahrung und „Händchen". Es liegt in der Natur des Hengstes, daß er ein höheres Aggressionspotential als eine Stute hat, und damit in der Natur der Sache, daß der Hengsthalter eine schmale Gratwanderung im Umgang mit seinem Hengst erlebt. Auf der einen Seite muß er ihn „erziehen" und Sieger in den auftretenden Machtkämpfen bleiben, auf der anderen Seite möchte und soll er die „Ausstrahlung" seines Hengstes erhalten und seine psychische Gesundheit nicht gefährden. „Siegt" er also in den Machtkämpfen zu oft und zu hart, hat er entweder einen Hengst, der „mit dem Rücken an der Wand" kämpft und dadurch extrem gefährlich werden kann, oder – und das ist leider der Normalfall – der Hengst begreift die „Aussichtslosigkeit" und reicht seine innere Kündigung ein. Dann steht einer im Stall, der zwar einen Hals wie ein Hengst hat und manchmal auch noch per Geschrei sein Geschlecht vermeldet, dem aber ansonsten so ziemlich alles egal ist und der nur noch „funktioniert".

Dazu kommt die Problematik der Hengsthaltung – fangen wir im Stall an. Selbstverständlich braucht der Hengst eine Box, die aber keinesfalls in der Nähe einer Stutenbox liegen sollte, um Unruhe auf beiden Seiten zu vermeiden (zudem regt die Anwesenheit eines Hengstes die Rosse der Stute an!). Also bekommen viele Hengste „Einzelhaft" verordnet – für das Herdentier Pferd eine schlimme Strafe! Koppel ist der nächste Punkt. Jedes Pferd sollte Gelegenheit haben, sich immer wieder einmal auf der Koppel auszutoben – möglichst in Gesellschaft anderer Pferde. Hengste kann man aber schlecht in Gesellschaft halten. Mit Stuten geht's nicht, mit Wallachen gibt es oft genug schlimme Kämpfe, und mit anderen Hengsten kann man fast für Schlägereien garantieren, die bei beschlagenen Hufen mit schlimmen Wunden enden. Also ist auch hier für den Hengst „Einzelhaft" angesagt.

Nun fällt mir Zodiaco, der wunderschöne Andalusierhengst einer Freundin, ein. Zodiaco war ein Beispiel dafür, daß Hengsthaltung nicht zur „Verblödung" des Hengstes führen muß. Aber dahinter stand ein ungeheurer Aufwand an Zeit und Einfühlungsvermögen seiner Besitzerin, die oft stundenlang auf seiner Koppel war und sich mit ihm beschäftigte, um ihm die Isolierung von anderen Pferden leichter zu machen. Und auch sie hatte oft genug zu beklagen, daß ihr braver Schimmel unter den Reaktionen im Stall zu leiden hatte. Kam sie in die Halle, „flohen" soundso viele andere Reiter, weil „Hengst" für viele das Synonym für „unberechenbar und gefährlich" ist. Manchmal löste schon sein Erscheinen auf dem Hof Verwirrung aus, andere Pferde (vor allem Stuten) wurden mit Tempo entfernt, Schreckensäußerungen wie „Oh je, da kommt der Hengst!" waren an der Tagesordnung. Und so brav Zodiaco war – seine Ausgänge fanden eben nicht am Halfter, sondern am Steiggebiß statt, denn auch der bravste Hengst kann „ausflippen", wenn er in die Nähe einer rossigen Stute kommt.

Hengsthaltung ist, das möchte ich hier einmal eindeutig aussprechen, eine Sache für ganz erfahrene Horsemen, die wissen, was sie damit auf sich nehmen und ihrem Hengst eine entsprechende Umgebung garantieren können. In allen anderen Fällen geht sie für mich in den Bereich der Tierquälerei. Denn die Unterdrückung des Fortpflanzungstriebes ist für mich eine größere „Schändung der Natur" als die Kastration.

„Erst kommt das Fressen...

... und dann die Moral", sagte jedenfalls Bertolt Brecht. Ich weiß nicht, wann bei Pferden überhaupt von „Moral" die Rede sein kann, aber was eine erstrangige Stellung des Fressens angeht, so erinnere ich mich an die Geburt der kleinen Goldika. Wir hatten die halbe Nacht bei ihrer Mutter im Stall gewacht, endlich war es so weit: Sie legte sich ins Stroh, schon wenige Minuten später lag dieses kleine, feuchte und so ungemein langbeinige Bündel Fohlen neben ihr. Die Ohren klebten noch feucht am Köpfchen, das weiße Sternchen auf der Stirn zeigte noch strubbelig den Wirbel, doch schon fing das Baby an, die Beine zu strecken und den Kopf zu heben. Kaum auf der Welt, war es schon von einem Trieb beherrscht: Hunger! Denn der Freßtrieb ist das erste, was in einem Pferdekind erwacht – so beherrschend, daß er es dazu bringt, sofort nach der Geburt die ersten Aufstehversuche zu unternehmen. Wer einmal zugeschaut hat, weiß, wie schwierig das ist. Die Beine versagen noch den Gehorsam, der Kopf ist so schwer, die ungeübten Muskeln scheinen den Körper gar nicht tragen zu wollen – und doch: Schwankend und unsicher, aber sehr zielgerichtet, beginnt das Pferdekind an der Mutter, die inzwischen auch aufgestanden ist, zu suchen. Klein Goldika wußte anscheinend nur, daß das, was sie suchte, irgendwo in einer „Höhle" am Körper der Mutter verborgen ist. Sie fahndete unter den Vorderbeinen der Mutter, die vorsichtig versuchte, sie weiter nach hinten zu schieben, sie verlor bei diesem Schiebeversuch fast das noch so unsichere Gleichgewicht, bohrte mit dem Näschen am Bauch entlang – und endlich, ungefähr eine halbe Stunde nach ihrem Eintritt ins Erdendasein, war sie am Ziel. Die ersten kräftigen Schlucke, dann fiel das Fohlen wieder ins Stroh und schlief zum erstenmal in seinem Leben satt und befriedigt ein.

Währenddessen inspizierte ihre Mutter die Krippe mit dem kräftigenden Mash – bei ihr kam offensichtlich die „Moral", nämlich die mütterliche Sorge für ihr Kind, noch vor dem Fressen. Aber wichtig war ihr das Fressen auch! So wichtig, daß man später, als sie mit ihrem schon größer gewordenen Fohlen die Box teilte, in zwei Krippen Hafer ausgeben mußte – in einer großen für die Stute und einer kleinen für's Fohlen. Und letztere sollte möglichst so klein bzw. durch eine Querstange unterteilt sein, daß erwachsene Pferdenasen nicht hineinreichen, denn sonst ist es sehr wahrscheinlich, daß die gierige Mama ihrem Kind den Hafer wegfrißt.

Die Entwicklung des Freßtriebes hängt natürlich eng mit der Entwicklungsgeschichte des Pferdes zusammen. Erinnern Sie sich noch ans Eingangskapitel über die Urgeschichte des Pferdes? Damals, in den Wäldern, war das Nahrungsangebot wahrscheinlich sehr reichhaltig, aber nicht sehr nahrhaft, denn Blätter enthalten bekanntlich wenig Stoffe, die direkt umgesetzt werden können, weswegen die meisten Blätterfresser geradezu riesige Mengen verzehren müssen. Damals hatten die Equiden wahrscheinlich große Mägen; aber ein solcher macht bekanntlich äußerst „immobil" und war darum beim Umzug auf die Steppe sehr hinderlich. Denn da mußte die Flucht eben jederzeit und in hohem Tempo möglich sein. Zudem veränderte sich das Futterangebot – es gab keine Blätter mehr, stattdessen standen Gräser auf dem Speiseplan. Und wie viele wildlebende Tiere scheinen Pferde ein ausführliches, kräftiges Frühstück zu bevorzugen. Der Verhaltensforscher Klaus Zeeb konnte z.B. beobachten, daß die Dülmener Wildpferde mit Vorliebe morgens ausführlich grasen, während sie sich zur Nachtzeit im schützenden Gehölz aufhalten.

Zu einer Vorliebe der meisten Pferde gehört auch taunasses Gras. Anscheinend schmeckt es besonders frisch und knakkig, und bei manchen Pferden geht dieses „Mögen" so weit, daß sie ihr Heu vor dem Fressen in der Tränke einweichen. Die Kutscher vergangener Zeiten scheinen darauf eingegangen zu sein, denn damals war die Naßfütterung durchaus üblich: Der mit Häcksel vermengte Hafer wurde vor der Fütterung angefeuchtet. Den Pferden hat's geschmeckt, und das alte Vorurteil, daß dadurch die zur Verdauung notwendige Speichelproduktion herabgesetzt werde, ist z.B. durch Wilhelm Blendinger widerlegt, der trocken schrieb: „Mir sind nachteilige Folgen des Naßfütterns nie bekannt geworden." Es spricht im Gegenteil einiges dafür – so z.B., daß durch das Befeuchten von Heu die Staubgefahr vermindert und damit den durch Stallhaltung sowieso empfindlich gewordenen Lungen der Pferde ein Gefallen getan wird.

Beim Anblick einer saftigen grünen Wiese gibt's kein Halten mehr…

Ein weiterer wichtiger Aspekt beim Thema „Ernährungstrieb" ist: Abwechslung! Bei weidenden Pferden kann man das gut beobachten: Sie naschen da einen Halm, rupfen dort ein paar Gräser, ziehen dann weiter, nehmen wieder ein Maulvoll, und je mehr verschiedene Grasarten auf ihrer Koppel gedeihen, desto abwechslungsreicher gestalten sie ihren Speisezettel. Was das angeht, kann einem so manches heutige Stallpferd leid tun: Ernährungsphysiologisch mögen Pellets sinnvoll sein. Sie ersparen dem Stallpersonal auch Arbeit. Aber in diesem Fall scheint mir gestattet, wieder einmal einen ganz „menschlichen" Vergleich zu wählen: Wie würden Sie es finden, wenn man Ihnen immer nur denselben zwar nahrhaften, aber schlichtweg langweiligen Brei vorsetzen würde?

Anscheinend haben die Hethiter hier mehr an ihrer Pferde Genuß gedacht, denn bei ihnen war es üblich, Gerste und Weizen gemischt (meist im Verhältnis 2:1) zu verfüttern. Vermutlich waren aber die Getreidesorten, die sie verwendeten, weicher und kleiner und damit dem wilden Grassamen ähnlicher als unser heutiger Hartweizen bzw. die Hartgerste. Darum ist Hafer wahrscheinlich auch Pferdefutter Nr.1 geworden. Doch darum spricht, außer dem erhöhten Arbeitsaufwand, immer noch nichts gegen eine Zufütterung von Weizen und Gerste. Allerdings: Sie müssen gequetscht bzw. geschrotet werden. Dies verbietet eine längere Lagerung. Zudem ist zu bedenken, daß natürlich auch Weizen und Gerste Eiweißlieferanten sind und folglich im Ernährungsplan des Pferdes entsprechend berücksichtigt werden müssen.

Weitere Erweiterungen der Stallspeisekarte, die zudem problemloser zu beschaffen und zu verfüttern sind, sind natürlich Karotten und Äpfel, Rote Bete und altes, gut getrocknetes Brot. Diese Dinge empfehlen sich auch als Belohnung und können sehr gut das „Zuckerle" ersetzen, gegen das zwar in kleinsten Portionen nicht viel einzuwenden ist, das aber nicht unbedingt gesundheitsfördernd ist. Gegen die heute in vielen Formen angebotenen Belohnungsriegel und „Leckerlis" spricht meines Erachtens nichts, aber es spricht auch nicht viel dafür. Werbeversprechen sollte man hier mit etwas Amüsement betrachten, denn schon die Logik verrät, daß ein 200 g schwerer Riegel in der Freßbilanz des Pferdes nicht unbedingt zu Buche schlägt.

Ausdrücklich und explizit möchte ich aber vor „Großfutterexperimenten" warnen! Leider ist es so, daß manches Kraftfutter von Futterherstellern angeboten wird, die sich sonst um Zufütterung für Schweine und Rinder bemühen und wenig Ahnung von den spezifischen Bedürfnissen des Pferdes zu haben scheinen. Es gibt leider eine ganze Reihe von Produkten, die einen entschieden zu hohen Eiweißgehalt aufweisen und damit für das Pferd sogar gefährlich werden können; Hufrehe und Kreuzverschlag können die Folge sein. Wenn Sie das Gefühl haben, daß in Ihrem Stall zu eintönig oder falsch gefüttert wird, empfiehlt sich entweder ein Gespräch mit einem guten, auf Pferde spezialisierten Tierarzt oder der Kauf eines entsprechenden Fachbuches, wie sie heute in breiter Zahl angeboten werden. Schließlich und endlich sollte man sich aber immer vor Augen halten, daß das, was dem Hengst während der Decksaison, der Stute während der Säugeperiode oder dem Sportpferd in der Turnierzeit vorgesetzt wird, dem „normal belasteten" Freizeitpferd nicht unbedingt auch bekömmlich sein muß!

Womit wir das Thema „hungriges Pferd" erledigt hätten und uns einem anderen, mindestens ebenso wichtigen Aspekt des Themas zuwenden können: Futterstreik! Es kommt immer wieder vor, daß ein sonst gut fressendes Pferd plötzlich das

Futter in der Krippe liegen läßt – und diese Verweigerung ist immer Indiz für eine Störung des Wohlbefindens und auf jeden Fall ein Grund zum Nachdenken. Die erste Frage, die man sich dabei stellen sollte: Gibt es vielleicht psychische Gründe? So pflegen z. B. manche Stuten nach der Trennung von ihrem Fohlen erst einmal zu „fasten", ebenso übrigens auch die Fohlen. Doch der Appetit stellt sich üblicherweise schon nach wenigen Tagen wieder ein, und so besteht zunächst einmal kein Grund zur Sorge. Ein anderer Fall von „Futterstreik" begegnete mir dieser Tage: Ein alter Wallach, der aus seinem gewohnten Stall wegen Bauarbeiten umziehen mußte, reagierte darauf mit Nervosität und Fasten. Ebenso kann „Heimweh" bei einem „neuen" Pferd ein Grund für Futterverweigerung sein. Wenn man sicher sein kann, daß psychische Gründe vorliegen, sollte man entweder versuchen, die Belastung abzustellen und – so dies nicht möglich ist – mit Geduld, Einfühlungsvermögen und etwas „Schonung" reagieren. „Überredung" funktioniert meist nicht, Umstellung des Futterplanes kann noch mehr verunsichern, daher ist Ruhe erste Pferdehalterpflicht.

Anders sieht es aus, wenn Sie psychische Gründe ausschließen können oder unsicher sind. Dann kann der Freßstreik auf eine Krankheit hindeuten; und dann ist es spätestens am zweiten Tag angezeigt, den Tierarzt zu rufen. Stellt der dann tatsächlich eine Erkrankung fest, muß man sich sehr oft auf eine längere Freßverweigerungsphase einstellen, die dann aber durchaus als positive Instinkthandlung einzuschätzen ist. Das Pferd braucht dann all seine Kraft, um z. B. ein erkranktes Organ optimal durchbluten zu können. Verdauung würde davon nur „ablenken", weswegen dieses Fasten sehr oft wie ein „Heilfasten" wirkt. Es wäre daher nicht sinnvoll, das Pferd „überreden" zu wollen und manchmal kann es sogar heilungsfördernde Wirkung haben, das Pferd durch Entfernen der Futterreste zu unterstützen.

Spielen

„Spieltrieb als Ausdruck des Bewegungsdranges um seiner selbst willen ist (...) ein Gradmesser für den entwicklungsmäßigen Hochstand einer Tierart oder eines einzelnen Lebewesens. Man kann deshalb zur psychischen Beurteilung der Pferde ihren Spieltrieb heranziehen. Schon beim Fohlen deutet die Spielfreudigkeit auf später zu erwartende wertvolle Eigenschaften hin. Wenn wir unter den arabischen und englischen Vollblutpferden besonders spielfreudige finden, stimmt das damit überein, daß wir sie mit Recht als ausnehmend edle Pferderassen betrachten (...)", schrieb dereinst Wilhelm Blendinger und kam damit der Einschätzung anderer Verhaltensforscher, die Spielfreude und Spieltrieb als Kennzeichen der Intelligenz werten, entgegen.

Denn das Spiel als solches – als nicht zweckgebundene Bewegung – als Initiative für soziale Kontakte, ist für das So-

Fellchenkraulen mit der Mama geht auch in der Box und fördert das Wohlbehagen von Mutter und Kind.

zialleben sehr wichtig. Fohlen pflegen im Spiel ihre Rangordnungen festzulegen, ihr Bedürfnis nach Nähe zu anderen Pferden zu befriedigen, den „Ernstfall" zu proben und all das zu lernen, was später für das Pferdeleben wichtig ist. Das beginnt mit dem Training der Muskeln und Sehnen bei den Wettrennen auf der Koppel. Netterweise scheinen sie meist von einem Fohlen initiiert zu werden. Plötzlich fällt einem, das bisher brav neben der Mutter graste, ein, daß es nun mal wieder Zeit für eine Runde sein könnte. Dann wird der Schweif gehoben und mal bei der Nachbarin mit ihrem Fohlen vorbeigetrabt. Der in den Wind gedrehte Schweif scheint wie ein Aufforderungssignal zu wirken, denn kurz darauf rasen plötzlich alle Fohlen über die Koppel, von den Müttern zufrieden beobachtet. Mitten aus dem Laufspiel kann sich dann ein Kampfspiel entwickeln – steigen, zwikken, auskeilen – was besonders Hengstchen gerne miteinander treiben. Sie trainieren damit für spätere Machtkämpfe. Bei den Pferdemädchen ist „Schmusen" beliebter, ihr Lieblingsspiel ist anscheinend „Fellchenkraulen". Dazu stellt man sich Nase an Widerrist nebeneinander und knabbert eifrig am anderen. Ist gerade kein gleichaltriges Pferdekind da, geht's natürlich auch mit der Mama, wozu man sich als Fohlen allerdings ganz schön strecken und recken muß. Die Beliebtheit des Spiels läßt sich übrigens auch für den Mensch-Pferd-Kontakt einsetzen: Selbst meine alte, sehr zurückhaltende Stute kann es ungeheuer genießen, von mir den Widerrist und Mähnenkamm gekrault zu bekommen. An manchen Tagen möchte sie soviel Zärtlichkeit dann sogar zurückgeben und beginnt, meine Schulter zu beknabbern.

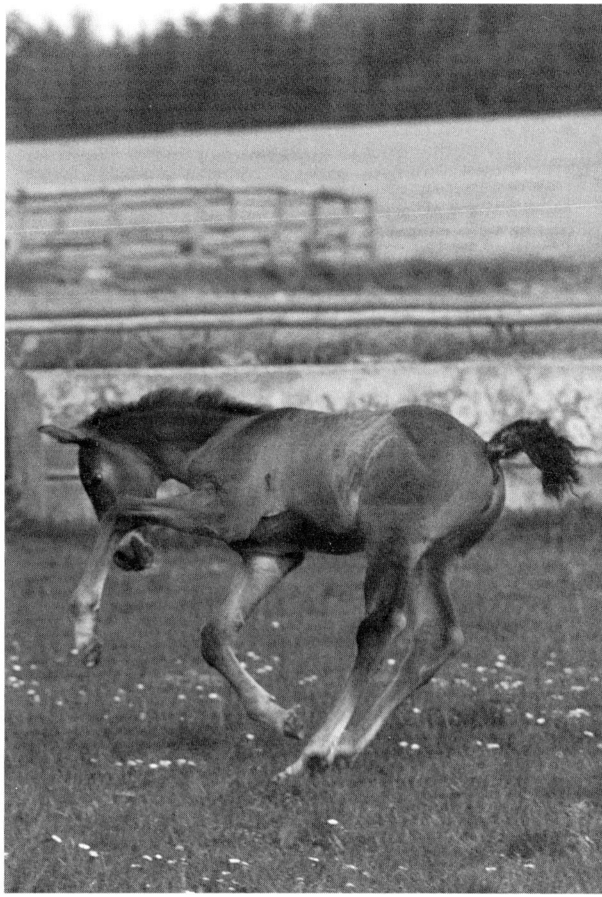

Bewegungsspiele sind für Fohlen sehr wichtig. Beim unbeschwerten Toben werden Muskeln, Sehnen und Gelenke trainiert.

Manches „Pferdespiel" kann aber auch „Mensch-nervend" wirken. So gibt es z. B. viele junge Pferde, die im Gelände aus lauter Spielfreude buckeln und „scheuen" – daß das Spieltrieb und nicht etwa ernsthaftes Erschrecken ist, kann man als Reiter daran erkennen, daß dieselben Herrschaften auf dem Weg aus dem Stall

Pferde und Hunde sind oft Spielgefährten.

wegen einer muhenden Kuh fast einen Handstand machen, aber auf dem Rückweg, wenn sie schon etwas müde sind, an derselben Kuh gelassen vorbeigehen. Unangenehm ist's natürlich, wenn der Reiter sich wegen dieser „Spielerei" plötzlich auf der Erde wiederfindet, aber mir fällt dennoch immer jene Freundin ein, die das fröhliche Buckeln ihres jungen Hengstes mit einem quietschvergnügten: „Guck, der lebt!" zu kommentieren pflegte und sich von der Freude des vierbeinigen Knaben anstecken ließ. Ich gestehe, daß mir selbst der gute Knieschluß und die Gelassenheit abgehen. Da ich aber ungern meine „Youngsters" für ihre Fröhlichkeit strafen möchte, habe ich eine besonders temperamentvoll-spielfreudige Stute meist vor dem Ausritt auf dem Sandplatz ihren ersten „Hopsasa" ausrennen lassen oder sie für ein Viertelstündchen ablongiert.

Wenn andere Spiele nerven, dann ist Kreativität gefragt. So kannte ich einmal einen ausgewachsenen Hengst, dessen größte Freude es war, die nächtliche Ruhe durch Klappern mit der Anbindekette zu stören. Kaum gingen die Lichter im Stall aus, verdrehte er den Hals so lange, bis er die Metallkette vor seiner Box im Stallgang erwischte, dann wurde die mit Schwung hochgezogen und wieder fallen gelassen; und aus dem Stall war ein Gescheppper zu hören, das wie die Einleitung zum Gefangenenchor klang. Daneben einzuschlafen, war fast unmöglich, aber ihm sein Spiel zu verbieten, erschien uns auch nicht fair. Schließlich klebten wir die Kette mit Isolierband ab – er konnte immer noch spielen, aber das Geklapper hielt nicht mehr den ganzen Hof wach.

Interessant ist, daß der Spieltrieb offensichtlich der Gesellschaft bedarf und die optimale Gruppengröße hierfür anscheinend bei ca. 20 Pferden liegt. Bei größeren Gruppen scheint leicht der Überblick verloren zu gehen, was im schlechtesten Fall sogar zu einer Vereinsamung des einzelnen führen kann. Worin Pferde und Menschen sich nun wieder ähneln – immerhin sind beim bewegungsaktivsten unserer Spiele, dem Fußball, ja auch eine

Oben: Der Fuchs droht den Braunen an. Dem Schecken, man sieht's an den Ohren, ist es unbehaglich – auch in der Pferdefamilie ist nicht immer alles „eitel Freude".
Unten: „Bleib mir vom Pelz!" scheint dieses Drohgesicht mit gelegten Ohren und gebleckten Zähnen zu sagen.

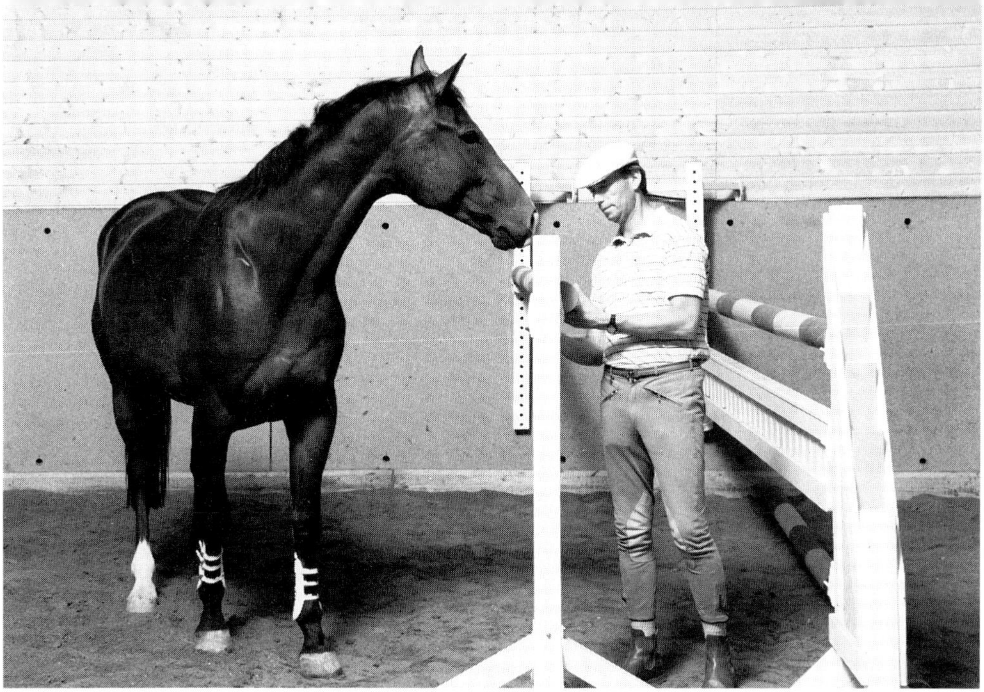

Die Gelegenheit, einmal ganz ohne Reiter die bunten Stangen anzuschauen, daran zu schnüffeln und zwischen ihnen zu spielen, machen das Pferd mit Hindernissen vertraut und nehmen ihm die Angst.

Gruppe, 22 Spieler, am Werk. Und Beobachtungen auf Schulhöfen haben ergeben, daß sich hier selten größere Spielgruppen zusammenfinden. Auch daraus resultiert, daß Pferde eben nicht als „Einzelkinder“ aufwachsen und in „Einzelhaft“ gehalten werden sollten. Bei der Ausbildung des jungen Pferdes kann der Spieltrieb sehr hilfreich sein.

Mit ihm verbunden ist nämlich oft Neugierde – und was hindert uns dran, diese Neugierde z. B. zum Vertrautmachen mit Hindernissen einzusetzen? Warum soll ein Pferd gleich frei bzw. unter dem Sattel springen müssen? Warum nicht erst einmal ein Spielstündchen im Springgarten? Vielleicht sogar mit dem vertrauten Gefährten aus dem Stall? Haschen zwischen den Stangen, Heranführen ans Hindernis mit Belohnung – der Möglichkeiten sind viele. Eine Freundin pflegte z. B. den für junge Pferde manchmal beängstigend wirkenden künstlichen Wassergraben ins Spiel einzubeziehen, indem sie ein Cavaletti davor mit Karotten bestückte. Was man so angenehm kennengelernt hat, verliert den Schrecken!

Oben: So ganz „grün“ sind sich die beiden Haflinger nicht – aber Freundschaft verträgt das. Unten: Was sich mag, das neckt sich. Spielen ist die Lieblingsbeschäftigung vieler Pferde.

Allerdings gibt es ein Spiel, das besonders bei Hengstfohlen beliebt ist und das man sehr konsequent und deutlich unterbinden sollte. Manches Hengstchen neigt zum Steigen und fällt dann seinem menschlichen Spielgefährten regelrecht

„um den Hals". Das mag bei Fohlen „niedlich" sein, aber ich kenne niemanden, der gerne einen ausgewachsenen Hengst am Hals hat! Zudem birgt jedes Steigen die Gefahr des Überschlagens in sich, weswegen man schon dem Fohlen durch ein energisch gesprochenes „Nein" klarmachen sollte, daß dieses Spiel nicht gewünscht ist. Wenn das Verbot durch die Stimme nicht ausreicht, ist hier auch einmal ein Klaps angezeigt. Vorsicht ist auch bei „Verfolgungsspielen" geboten. Junge Hengste sind oft „Rabauken", denen man frühzeitig beibringen sollte, daß der Mensch kein Herdengenosse ist – vor allem keiner, bei dem der Pferdejüngling hoffen kann, beim nächsten Kampf als Sieger hervorzugehen! Eine gewisse Autorität muß hier gewahrt bleiben – ich denke da an jenen Hengsthalter, der manchmal angesichts seiner sehr braven Hengste zu sagen pflegt: „Wenn die eines Tages draufkommen würden, daß sie mich wie eine Fliege zerquetschen können, würde ich aber schlecht aussehen!"

Steigen gehört zum Spielrepertoire der Hengstfohlen, ist beim erwachsenen Pferd aber keine wünschenswerte Gewohnheit!

Familienleben bei Pferd's

Familienleben bei Pferd's – gibt es das? Und wie läuft es ab? Spielen sie auch Vater-Mutter-Kind? Oder praktizieren sie Großfamilie mit Vater-Mutter-Kind-Onkel-Tante? Überhaupt: Wie wichtig ist einem Pferd Familie? Ist es nicht falsch, hier überhaupt von „Familie" zu reden? Müßte es hier nicht stattdessen „Herde" heißen?
Machen wir erst einmal eine Begriffsklärung. Ich glaube, daß man die Begriffe „Familie" und „Herde" bei Pferden fast synonym verwenden kann. Denn in der (natürlich gewachsenen) Pferdeherde sind fast immer alle Herdenmitglieder miteinander verwandt. Die Familie ist auf jeden Fall die Keimzelle der Herde und – wenn man nun wieder die Zusammenhänge aus der Evolutionsgeschichte betrachtet – wohl auch der „Grund" ihres Funktionierens. Wenn jedes Herdenmitglied mit den anderen verwandt ist, lohnt es sich für jedes, des anderen Überleben mit zu sichern, weil in ihm immer auch ein Teil der eigenen Gene lebt und weitergegeben werden kann.

Die kleinste Einheit innerhalb der Pferdefamilie sind, wie bei der Menschenfamilie, Mutter und Kind, also Stute und Fohlen. Zwischen ihnen besteht die engste Beziehung im Pferdeverband. Der Mutterinstinkt, der bei der Stute kurz nach der Geburt durch den Kontakt mit ihrem Neugeborenen aktiviert wird, steht wahrscheinlich über allen Instinkten, ja, sogar über dem Überlebenstrieb. Eine Mutterstute ist bereit, ihr Leben zu riskieren, wenn sie das ihres Fohlens dadurch retten kann. Andersherum ist die Beziehung des Fohlens zur Mutter mindestens ebenso intensiv. Das muß so sein, denn ohne die Stute ist das Fohlen nicht überlebensfähig.

Aber nur die beiden können einander nicht genug sein. Sie brauchen den Schutz des größeren Familienverbandes, denn nur in ihm finden sie die nötige Ruhe und Geborgenheit. Wie Pferdeherden aufgebaut sind, kann man heute, wo es nur noch sehr wenige freilebende Pferdeherden gibt, am besten an ihren nächsten Verwandten, den Zebras, studieren.

Anhand derer versuchten Verhaltensforscher, die Größe einer typischen Equidenherde zu bestimmen. Es gibt sehr große Zebraherden – in der Trockenzeit trifft man sie auf der afrikanischen Savanne an manchen Wasserstellen zu hunderten. Aber was nach einer riesigen Herde aussieht, ist meist ein relativ loses Zusammensein verschiedener Kleinverbände. Denn auch Equiden wie die Zebras haben, wie man erst in den letzten Jahren erkannte, Reviere. Und nach der Größe des Reviers richtet sich die Größe des darin lebenden Verbandes. Sein Ausgangspunkt ist wahrscheinlich ein „Paar": die Leitstute und ein Hengst. Doch dabei bleibt es in den seltensten Fällen, denn die Chance, in diesem Zweierverband erfolgreich Nachwuchs großzuziehen, ist sehr gering. Das Pferdeleben erfordert Wachsamkeit rund um die Uhr. Die Gefahr, von

Die engste Einheit innerhalb der Pferdeherde: Stute und Fohlen.

einem Freßfeind angegriffen zu werden, lauert bei Tag und bei Nacht. Pferd kann eben nur dann sicher sein, wenn es weiß, daß ein anderes Pferd wacht. Stute und Hengst allein würden es nicht schaffen, dauernd genug aufeinander aufzupassen. So ist die „Einehe" bei Pferden keine praktikable Beziehungsform. Eine bunt gemischte Herde kann's aber auch nicht sein, denn die Herren Hengste sind nicht unbedingt darauf eingestellt, in Frieden und Freundschaft miteinander zu leben. Man kann nur vermuten, warum das so ist – analog zu Familien, in denen männliche Individuen miteinander klarkommen. Bei einigen Affenarten ist das der Fall, und da ist es auch unbedingt erforderlich, denn hier werden alle „Männer" eines Rudels zur Verteidigung benötigt. Bei Pferden ist das nicht so. Sie sind Fluchttiere und haben im Normalfall bei jedem Feind eine Chance, ihm durch ihr hohes Fluchttempo zu entkommen. Der Hengst flieht mit – nur im äußersten Notfall, wenn die Herde durch ein sehr junges Fohlen oder ein kränkliches Mitglied in ihrem Fluchttempo behindert ist, hält er ihr den Rücken frei, indem er den angreifenden Freßfeind aggressiv angeht. Sicher: Zwei Hengste könnten da vielleicht mehr erreichen als einer. Aber wo immer zwei (oder mehr) männliche Wesen in einer Sozietät miteinander klarkommen müssen, ergeben sich Machtkämpfe. Das ist auch bei den Herren Affen so, aber die daraus resultierenden Nachteile, wie nachlassende Wachsamkeit in dieser Zeit, Zeitverlust bei der Futtersuche und Unruhe im Familienverband, sind offensichtlich nicht so groß, daß sie die Vorteile der verstärkten Männlichkeit in der Affenherde aufheben würden. Bei Pferden ist es anders: Als Steppentiere haben sie eine ganze Menge Nahrungskonkurrenz und brauchen daher sehr viel Zeit zur Futtersuche. Da kann es sich auch der Hengst nicht leisten, dauernd in Prügeleien verwickelt zu sein.

Darum hat sich bei Pferden die „Haremsfamilie", in der ein Hengst mit mehreren Stuten unterwegs ist, durchgesetzt. Die Größe der Familien ergibt sich aus dem Nahrungsangebot in ihrem Revier, wobei die Regelung der Verhältnisse die jungen Hengste härter als ihre Schwestern trifft. Sobald ihr Sexualtrieb erwacht und sie den Stuten des Verbandes „Anträge" machen, werden sie für ihren Vater zum „Feind". Dann setzen Machtkämpfe ein, in denen die Halbstarken fast keine Chance haben. Sie werden vertrieben und finden sich meist mit anderen Pferdejünglingen, die dasselbe Schicksal erlitten haben, in einen Junggesellenverband. Die Sterb-

Ein größerer Familienverband: Während die einen fressen, sichert mindestens ein anderer aufmerksam die Herde.

lichkeitsrate in diesen „Jungmännerclubs“ belegt die These „Machtkämpfe halten von Wichtigerem ab“. Denn trotz der geballten männlichen Kraft werden diese Herden von Freßfeinden besonders oft angegriffen und müssen viele Mitglieder opfern. Hier findet dann eine natürliche Auslese statt: Nur die schnellsten, fittesten haben die Chance, vollends erwachsen zu werden und sich einmal ein Revier zu erobern, indem sie dann eine Familie gründen können.

Die kleinen Stuten werden nicht vertrieben. Die Väter akzeptieren sie weiterhin und da es in freilaufenden Verbänden wohl kein Inzesttabu gibt, werden sie bei einem guten Futterangebot wahrscheinlich als willkommene Neumitglieder der Herde behandelt. Doch wo ist das Futterangebot schon so gut, daß es ständigen Zuwachs vertragen würde? Meist reicht es gerade für die aus, die eh schon dazugehören. Wachsen nun junge Stuten heran, wird's für die ganze Sozietät immer knapper, und die Futtersuche muß immer weiter an die Ränder des Reviers ausgedehnt werden. Dabei wird die Wahrscheinlichkeit, auf andere Haremsfamilien zu treffen, immer größer. Die junge Stute, in ihrer Familie ja meist am Schluß der Hackordnung rangierend, bekommt von den fremden Haremsherrschern Angebote. Irgendwann einmal wird sie eines annehmen – warum auch nicht? Ihr winkt die Chance, besser ernährt und ranghöher eingestuft zu werden, also wechselt sie den Verband. Auf diese Art wird eine zu enge Inzucht vermieden.

Doch damit dieses Verfahren funktioniert, müssen junge Pferde ihr Sozialverhalten einüben. Es muß so sitzen, daß sie auch in einer fremden Herde als Neuling die „Spielregeln“ beherrschen, denn nur diese Anpassung schützt sie vor lebensbedrohlicher Ausstoßung. Dabei sind diese „Spielregeln“ sehr differenziert. Ihre Einübung kann man auch in unseren Hauspferdeherden beobachten. An den Fohlen nämlich.

Zwei Pferdekinder treffen sich auf der Koppel zum erstenmal. Die Annäherung geht zögernd vor sich: Man schielt um die Mutter herum auf den neuen Spielkameraden, stellt schon mal probehalber den Schweif als Anfrage: „Spielst du vielleicht mit mir?“ und nähert sich langsam an. Sie erinnern an Fechter, die sich begrüßen: Abstand, Sprungbereitschaft, falls ein Angriff erfolgen sollte, die „Waffen“ gesenkt, aber in Kontakt zueinander. Wobei es sich statt „Waffen“ um etwas weniger Bedrohliches handelt: die Nasen. Man beriecht sich erst einmal und dazu muß Nasenkontakt aufgenommen werden, denn oberhalb der Nasenlöcher sitzt bei Pferden eine Duftdrüse, die den Individualduft ausströmt und diese Körpergegend zur „Visitenkarte“ eines Pferdes macht.

Bei beiden Fohlen sind die Ohren noch sehr indifferent-spielend. Sie wissen noch nicht, ob sie einander „riechen“ können. Sobald dies aber festgestellt ist, werden die Ohren freundlich einander zugewandt. Die Silhouette, die dabei entsteht, ist im Instinktprogramm als freundlich abgespeichert. Doch kurz nach diesem ersten freundlichen Kennenlernen wird schon der Status der neuen Freunde abgeklärt. Vor allem Hengstfohlen beginnen sehr schnell, miteinander zu raufen – spielerisch und von den aufmerksamen Müttern beobachtet. Allerdings: Einmischung ist von Mutters Seite aus nicht vorgesehen. Die Stuten scheinen zu wissen, daß da zwar mancher Schlag ausgetauscht, aber keine ernstliche Verletzung erzeugt wird. Denn das unterlegene Fohlen zeigt als Ergebnis dieses Kräftemessens das „Unterlegenheitskauen“, das die Kampfhandlungen sofort beendet. Es entsteht keine Feindschaft, im Gegenteil, sofort im Anschluß daran können die Fohlen wieder freundschaftlich miteinander laufen und spielen.

Bei sehr jungen Fohlen ist es dabei unvermeidlich, daß sie ab und zu auch Trouble mit den „Erwachsenen“ bekommen. Das Fohlen ist beim Laufspiel zu nahe an eine fremde Stute gekommen: Sie legt die Ohren und droht. Fohlen lernt: „Die mag wohl nicht, wenn ich ihr so auf den Pelz rücke!“ Also zieht sich Baby mit „Unterlegenheitsgesicht“ auf den angemessenen Individualabstand zurück, die Stute stellt darauf die Ohren und signalisiert: „Okay – jetzt bist du da, wo du hingehörst!“ Das Fohlen hat damit eine weitere Lektion gelernt: Man darf einander nicht zu nahe auf's Fell rücken, wenn man nicht speziell dazu eingeladen wird. Das ist ein sehr wichtiger Lernschritt, denn das „Familienleben“ kann nur funktionieren, wenn jeder die Bedürfnisse des anderen respektiert. Dies ist besonders wichtig beim Fressen.

Eine Pferdeherde ist nicht darauf programmiert, nacheinander zu fressen. In ihrer natürlichen Umgebung wird das Futter gemeinsam gesucht und gemeinsam gefressen. Warten gibt es nicht und Bevorzugung nur insofern, als die ranghöheren Tiere, die die Herde führen, als „Entdecker“ besonderer Leckerbissen zuerst dran sind. Das wird akzeptiert. Vor allem, weil Pferde nicht auf Vorrat reinhauen: Hat die Leitstute genug von ihrer besonderen Futterstelle, tritt sie zur Seite und läßt alle anderen daran teilhaben.

Futterneid kommt hier praktisch nicht vor und wäre eigentlich auch in unseren Ställen vermeidbar, wenn nämlich beim Füttern die Rangfolge einbezogen wird. Die, die am meisten Radau schlagen, sind nämlich meist die Ranghohen, die natürlich nicht verstehen können, warum sie beim Füttern immer zuletzt dran kommen sollen.

Gerade in Zuchtbetrieben ist es sehr wichtig, daß der pferdebetreuende Mensch sich ein paar Gedanken über das Artverhalten seiner Schützlinge macht. Denn eine Herde, deren Sozialverhalten funktioniert und die darin vom Menschen die nötige Unterstützung erfährt, wird ihren Nachwuchs dementsprechend erziehen. Ein typisches Negativbeispiel dafür sind „Einzelfohlen". Sie sind mindestens so problematisch wie verwöhnte Einzelkinder, denn auch ihnen fehlt der Lernschritt: „Teilen und anpassen" in der frühen Kindheit. Was Hänschen nicht lernt, macht Hans nachher große Schwierigkeit – ein alter, sehr wahrer Satz. Sie kennen die Klage wahrscheinlich auch „Meine(r) kann man einfach nicht mit anderen Pferden zusammen auf die Koppel lassen!" Denn da gibt's böse Prügeleien. „Meine(r)" hat wahrscheinlich als Fohlen nicht gelernt, richtig mit anderen Pferden umzugehen, und benimmt sich daher so gegen die Spielregeln, daß die anderen sich ständig provoziert fühlen. Wenn „Meine(r)" dann außerdem keine kleinen Rangkämpfchen mit anderen Fohlen ausgetragen hat, hat er/sie wahrscheinlich auch nicht gelernt, Unterlegenheitsgesten anzuerkennen bzw. auszuüben, wenn es darauf ankommt. Daraus erwachsen dann die Kämpfe, in denen es wirkliche Verletzungen gibt. Also darf „Meine(r)" nicht mehr mit den anderen auf die Koppel, wird im Stall von ihnen ferngehalten und muß ein Leben leben, das alles andere als artgerecht ist und das dem Pferd eines seiner wichtigsten Bedürfnisse nicht erfüllen kann.

Ebenso kann's mit dem Reiter Probleme geben. Gerade ihm gegenüber muß ja ein gewisser „Individualabstand" eingehalten werden, weil er – im Vergleich zum Pferd – ein verletzbareres Wesen ist. Die Pferde, die ihren Reitern ständig auf den Füßen herumtrampeln oder ihn versehentlich in eine Boxenecke knallen, haben damit (so sie nicht schusselig von Natur aus oder provoziert worden sind) Probleme, die wahrscheinlich darauf zurückzuführen sind, daß sie nicht gelernt haben, Abstand zu wahren. Oft haben sie auch nicht gelernt, sich zu „unterwerfen" und das kann noch viel größere Schwierigkeiten machen.

Beobachtet man einmal erwachsene, aneinander gewöhnte Pferde, fällt auf, daß man ganz selten etwas sieht, was man als „Machtkampf" einstufen könnte. Sie sind tagelang miteinander friedlich, und für den Außenstehenden ist fast nicht zu bemerken, wer denn da nun der „Chef im Ring" ist. Erwachsene Pferde haben nämlich Formen, dies mitzuteilen und anzuerkennen, die sehr subtil sind. Als Herdentiere, die bei drohender Gefahr keine Zeit haben, miteinander zu konferieren, sind sie darauf eingestellt, sehr sensibel miteinander umzugehen. Eine kleine Geste, die dem beobachtenden Menschen vielleicht gar nicht auffällt, sagt für sie mehr als für uns manche stundenlange Diskussion. Doch das funktioniert nur, wenn sie gelernt haben, diese kleinen Gesten zu deuten, wenn ihnen Gelegenheit gegeben wurde, in der frühen Jugend ihr Sozialverhalten zu trainieren.

Dann sind sie auch fähig, die „Überlegenheit" ihres Reiters ohne sichtbare Machtkämpfe hinzunehmen. Ich erinnere mich da an eine Fuchsstute, die ein sehr erfahrener Freund eines Tages anvertraut bekam. „Sie kann alles, aber sie ist äußerst aggressiv!" hatte man ihm gesagt. Es dauerte Wochen, bis er dahinter kam, daß ihre Aggression aus einer Verwirrung heraus entsprungen war. Die Stute war ein Einzelfohlen gewesen. Sehr geliebt, sehr verwöhnt, Spielkamerad einer ganzen Menschenfamilie. Man hatte ihr weder Gelegenheit gegeben, das Sozialverhalten in einer Pferdeherde zu erlernen noch hatte sie als Fohlen je Widerstand von Menschen erfahren. Es war ja so „niedlich", wenn das Baby stieg und die Vorderbeine auf die Schultern der Menschen legte! Daß das am erwachsenen Pferd alles andere als „niedlich" sein würde, hatten die unerfahrenen Aufzüchter wohl nicht bedacht.

Sie blieb ein Problemfall ihr Leben lang. Wo bei anderen, psychisch normalen Pferden ein etwas schärfer gesprochenes Wort reichte, mußte es bei ihr ein Schlag mit der Gerte sein. Wo bei anderen Herdenkameradschaft *für Ruhe und Ausgeglichenheit* sorgte, war sie zum Einzelgängertum verdammt, weil sie sich in der Pferdeherde nicht anpassen konnte. Der wirklich vertrauensvolle Umgang mit ihr war schlichtweg unmöglich – sie hatte es nicht gelernt, und durch ihr gestörtes Verhalten mußte sie immer wieder die Erfahrung machen, daß ihr aggressiv begegnet wurde. Dies war am erwachsenen Pferd nicht mehr endgültig zu korrigieren. Sie war hochbegabt und kerngesund, trotzdem war sie weder als Sport- noch als Zuchtpferd wirklich erfolgreich. Im Sport zeigte sie immer wieder „Ausfallerscheinungen", die eindeutig auf ihr gestörtes Sozialverhalten zurückzuführen waren. Und in der Zucht konnte sie erst gar nicht eingesetzt werden, da sie ja nicht in einer Herde leben konnte und daher ihren Fohlen auch wieder ein nicht funktionierendes Sozialverhalten weitergegeben hätte.

Mutterliebe – Was aus ängstlichen Fluchttieren aggressive Bestien machen kann

Es war am Morgen nach der Geburt ihres zwölften Fohlens, als ich meiner Schimmelstute den blutverklebten Schweif waschen wollte. Weil ich mit meinem Wassereimer nicht neben dem noch sehr scheuen Fohlen operieren wollte, nahm ich meine Dame am Halfter und band sie von außen an ihre Boxentür. Zunächst einmal ging alles gut. Desinteressiert an mir, aber mit Argusaugen über ihr Fohlen wachend, ließ sie sich ihren Schweif schamponieren. Doch plötzlich wich ihre Gelassenheit. Innerhalb von Sekunden wurde aus der wohlerzogenen Stute ein angriffslüsternes Biest. Sie trat nach mir und dem Wassereimer, der im hohen Bogen durch den Stall flog, sie bestand nur noch aus Wut und angelegten Ohren, und ich gestehe, daß sie mich beängstigte.

Doch ebenso plötzlich, wie der Wutanfall über sie gekommen war, beruhigte sie sich wieder. Wir standen nebeneinander, beide verschwitzt und noch zitternd, ich strich ihren Hals und sagte erstaunt: „Was hattest du bloß?", kannte meine altvertraute Lala nicht mehr – und dann ging mir ein Licht auf! Ein Samtnäschen krabbelte an meiner Hand, die ich an die Gitterstäbe der Box gelegt hatte: Unser Baby.

Es hatte sich einen Moment hingelegt und war damit in den toten Winkel hinter den undurchsichtigen unteren Teil der Boxentür geraten. Sie hatte es nicht mehr gesehen und war als gute Mutter nur noch vom Ziel, ihr „verlorengegangenes" Kind wieder zu finden, beseelt gewesen. Darum hatte sie getobt – und mit diesem Toben ihr Fohlen hochgeschreckt. Als es stand, sah sie es wieder, ergo war kein Grund mehr zum Weitertoben, und sie konnte sich wieder beruhigen.

Hätte ich die Schweifwäsche noch drei oder vier Tage verschoben, wäre die Reaktion auf das „Abtauchen" des Kindes hinter der Tür wahrscheinlich lange nicht so aggressiv ausgefallen. Denn dann wäre das Kind schon geprägt gewesen, und die Stute hätte es gelassener einmal loslassen können.

Prägung – eines der ganz großen Wunder im Sozialverhalten der Tiere. Dahintergekommen ist einst Prof. Konrad Lorenz; und wie so oft bei großen Entdeckungen, war es auch bei der Entdeckung der Prägung ein Zufall, der ihm auf die Sprünge half. Lorenz forschte an Graugänsen, weswegen er Grauganseier von einer weißen Hausgans ausbrüten ließ. Er schreibt in seinem Buch „Das Jahr der Graugans" über seine Geschichte mit dem Gänsekind Martina: „Als das erste Gänsekind geschlüpft war, konnte ich der Versuchung nicht widerstehen, das reizende Wesen unter der Amme hervorzuholen und näher zu betrachten. Währenddessen schaute es mich an und stieß nach einiger Zeit das laute einsilbige „Pfeifen des Verlassenseins" aus, das ich nach meiner Vorbildung durch Hausenten ganz richtig als Weinen zu deuten wußte. Daher antwortete ich mit einigen beruhigenden Tönen. Daraufhin wandte sich das Gänschen mir ganz zu, streckte den Hals und sagte ein mehrsilbiges „Wiwiwiwi". Auch den Übergang vom einsilbigen Pfeifen zum mehrsilbigen „Wi-"Laut verstand ich als Übergang vom Weinen zum freudigen Kontakt und interpretierte das Halsstrekken richtig als Gebärde der Begrüßung. Wer hätte den Übergang vom verzweifelten Weinen zum freudigen Grüßen nicht nochmals beobachten wollen? So wartete ich stumm und unbeweglich, bis das Gänsekind aufs neue zu weinen begann, um es wieder durch freundliche Laute zu trösten.

Schließlich aber hatte ich genug vom Babysitting, steckte das Gänschen zurück unter den Flügel der brütenden Hausgans und wollte weggehen. Kaum hatte ich mich einige Schritte entfernt, ertönte unter der Weißen heraus ein fragendes Wispern, auf das die Hausgans programmgemäß mit dem Stimmfühlungslaut (...) antwortete. Doch anstatt sich daraufhin zu beruhigen, wie dies jedes Gänsekind getan hätte, das nicht den Erfahrungen meiner kleinen Gans ausgesetzt war, kam diese entschlossen unter dem Bauch ihrer Amme hervorgekrochen, sah mit schiefgestelltem Kopf mit einem Auge zu ihr empor und lief laut weinend von ihr weg (...) Mit emporgerecktem Hals und ununterbrochen laut pfeifend stand das arme Kind auf halbem Weg zwischen der Hausgans und mir selbst. Da machte ich eine kleine Bewegung – schon verstummte das Weinen, und das Gänschen lief (...) auf mich zu (...)" Konrad Lorenz stopfte das Gänsekind wieder unter seine Amme, doch es lief wieder weinend hinter ihm her. Der Vorgang wiederholte sich ein paarmal, bis dem Professor klar war: „Mich, nicht die weiße Hausgans, betrachtete es als seine Mutter."

So debütierte er als Gänsemutter, zog die kleine Martina groß, teilte über Jahre sogar das Schlafzimmer mit ihr und konnte an ihr die frühkindliche Prägung beobachten, die inzwischen an vielen sozial lebenden Tieren nachgewiesen wurde. Vereinfacht kann man sagen: Das erste sich bewegende Wesen, das ein Neugeborenes erblickt, wird von ihm als „Mutter“ betrachtet und das ihm dabei eingeprägte Bild bestimmt sein Sozialverhalten über das ganze Leben.

Glücklicherweise verfügen wir zu diesem Thema auch über „pferdische“ Erkenntnisse. Prof. Bernhard Grzimek hat die Prägung an einem Pferd erforscht – mit einer Methode, die Nichtwissenschaftlern fast etwas brutal anmutet. Er trennte ein neugeborenes Fohlen sofort nach der Geburt von seiner Mutter. Es gab keinerlei Kontakt zwischen den beiden, das Fohlen sah nur Menschen, empfing seine Nahrung aus der Flasche und bezog seine Zärtlichkeit von streichelnden Händen. Als es dann zum erstenmal mit Pferden zu tun bekam, hatte es Angst – denn Prägung scheint auch das „Selbstbild“ auszumachen. Und eine Fehlprägung wie im Fall des Grzimek'schen „Kaspar-Hauser-Fohlens“ macht zu sozialen Kontakten mit der eigenen Art weitgehend unfähig, weil das fehlgeprägte Pferd schlichtweg nicht „weiß“, daß es selbst auch ein Pferd ist! Es beherrscht die „Sprache“ der Pferde nicht, versteht ihre Signale nicht, hat ein völlig gestörtes Selbstbewußtsein und wird sich z. B. bei sexuellen Anträgen nicht an Pferde richten, sondern an die, die es als seine „Artgenossen“ sieht, also an Menschen.

Allerdings dauert die Prägung bei Pferden etwas länger als bei Gänsen. Hippologen gehen davon aus, daß sie in den ersten fünf Lebenstagen des Fohlens stattfindet, und wenn man einmal ganz junge Fohlen mit ihren Müttern beobachtet, kann man das sogar sehen. In den ersten Lebenstagen ist das Fohlen meist vor der Mutter, der Kontakt wird gehalten, indem die Mutter ihrem Kind auf den Fersen bleibt. Dann wechseln die Positionen. Ältere Fohlen halten sich an der Schulter ihrer Mutter, also praktisch hinter ihr. Denn nach Abschluß des Prägevorganges wissen sie auch, daß dies die Mutter ist und daß sie auf ihre Nähe angewiesen sind.

In diesen ersten Prägetagen ist die Pferdemutter besonders aggressiv – was sich damals an meiner Stute zeigte. Es ist, wie wenn sie ahnen würde, daß ihr Fohlen nicht von alleine zu ihr zurückfindet, und wie wenn sie wüßte, daß in dieser Zeit noch eine Fehlprägung stattfinden könnte, die sich verheerend auf ihr Kind auswirkt.

Gleichzeitig liegt in dieser Zeit eine große Chance für den Menschen. Als ich einmal einen erfahrenen Züchter fragte, warum wir eigentlich auch bei Stuten, die doch über Jahre problemlos geboren hatten, Stallwache halten, sagte er: „Damit die Fohlen uns auch kennenlernen...“ Denn das Band des Vertrauens zwischen den Stuten und dem Menschen kann sehr frühzeitig auf das Fohlen übertragen werden und damit ebenfalls prägend wirken. Vitus B. Dröscher beschreibt in seinem Buch „Nestwärme“ die Arbeit der amerikanischen Hippologin Gertrude Hendrix so: „Sie fand heraus, wie sich ein Fohlen bereits unmittelbar nach der Geburt zum problemlosen, „reiterfreundlichen“ Gefährten des Menschen machen läßt.

Sie beschreibt ihr Verfahren so: ‚Ich übernehme das Neugeborene gleich vom Tierarzt. Ich umarme und hätschele es, streichele seinen Hals und kraule es etwa so, wie es die richtige Pferdemutter beim sogenannten „Knubbeln", dem Fellbeknabbern mit den Lippen, auch tut. Wenn das Fohlen ermüdet, höre ich damit sofort auf, fahre aber eine Stunde später mit dieser Behandlung fort.' So geht das über die ersten vier Lebenstage des Fohlens weiter. Die Forscherin maßt sich aber nicht an, die Rolle der Pferdemutter vollständig zu übernehmen. Sie weiß: Immer wenn man die Stute völlig aus dem Leben des Fohlens entfernt, wird später ein zwar sehr am Menschen hängendes Wesen daraus, aber auch ein sexuell abartiger Verhaltenskrüppel. Deshalb versucht die Professorin, mehr die Rolle einer „Pferdetante" zu spielen. Auch in freier Natur, etwa bei den wildlebenden Mustangs im amerikanischen Westen, kommen unmittelbar nach der Geburt andere Stuten ihrer Haremsfamilie herbei, um das jüngste Mitglied der Gemeinschaft zu bestaunen und zu liebkosen. Nur in den ersten Stunden verhindert die Mutter den direkten Kontakt. Ihr Fohlen soll zunächst nur sie allein erschnuppern und damit als Mutter anerkennen. Ist diese gefühlsmäßige Bindung des Kindes an die Mutter erst vollzogen, dürfen auch die „Tanten" heran."

Durch dieses Vorgehen lernen die Fohlen in der freien Herde, neben der eigenen Mutter auch andere Pferde als Freunde zu betrachten. Schaltet sich nun der Mensch in der beschriebenen Weise ein, wird er ins Weltbild des Fohlens als Freund mit aufgenommen – das Band des Vertrauens wird so tragfähig über ein ganzes Pferdeleben.

Doch Prägung ist nicht nur eine die Fohlen betreffende Geschichte. Andersherum werden die Pferdemütter wohl auch auf ihr Kind geprägt. Der Mutterinstinkt in seinen Ausprägungen ist mindestens ebenso faszinierend wie die Prägung.

Wir kennen die „technischen Daten" rund um die Entstehung eines Pferdes: Im Frühjahr wird gedeckt, die Stute ist tragend, rundet sich zunehmend, 11 Monate später, im nächsten Frühjahr gebiert sie ein Fohlen und ist ihm in den nächsten Monaten eine liebevolle Mutter. Alles klar? Eigentlich nicht. Denn im Gegensatz zu uns Menschen „wissen" Pferde beim Zeugungsvorgang ja nicht, was daraus werden kann! Wahrscheinlich hat in ihrer Welt das eine zum anderen keine Verbindung. Der Trieb befiehlt die sexuellen Kontakte, die „Folgen" werden davon unabhängig wahrgenommen.

Als Mensch kann man sich das nicht vorstellen? Dabei gibt es etwas ähnliches sogar bei Menschen. Auf den Koralleninseln vor der karibischen Küste Panamas leben die San-Blas-Indianer, bei denen es ein strenges Tabu gibt: Keiner darf einer jungen Frau oder einem Mädchen etwas über den Zusammenhang zwischen Geburt und Zeugung erzählen. Vitus B. Dröscher berichtet in „Nestwärme" darüber: „Das Tabu dieser paradiesischen Ahnungslosigkeit ist so streng, daß jeder, der es bricht, vom Medizinmann mit einem schmerzhaften Nesselgift eingerieben wird und mehrere Tage lang unter großen Qualen leiden muß. Statt des Märchens vom Klapperstorch erzählen die Insulaner den Jungen und Mädchen, die Babys wüchsen auf dem nahen Festland zwischen den Hörnern der Kühe. Dort würden sie dann von den Männern gefunden, die sie im Kanu ihren Frauen mitbrächten. Daher haben die jungen Frauen während ihrer ersten Schwangerschaft und sogar noch während der ersten Geburt nicht die leiseste Ahnung, was ihnen widerfährt. Nicht einmal ihre Mütter wagen es, ihnen zu sagen, was der dicke Bauch und die Schmerzen zu bedeuten haben. Die jungen Frauen glauben, todkrank zu sein und sterben zu müssen. Kurz darauf erscheint ihnen die Entbindung wie eine Erlösung und das Ergebnis wie ein großes Wunder. Die Furcht schlägt um in Glückseligkeit. Der Chicagoer Völkerkundler Professor Howard Keeler, der mehrere Monate unter diesen Indios lebte, berichtet, daß jenes Tabu einen geheimen Sinn habe. Das aufwühlende Erlebnis der ersten Geburt zwischen Todesangst und überschwenglicher Freude steigere die Bindung zwischen Mutter und Kind zu einer Intensität und Zärtlichkeit, wie er es unter zivilisierten Völkern nur selten beobachtet habe. Es prägte den glücklichen und friedvollen Kern im Charakter dieser Menschen."

Wer einmal eine gebärende Stute erlebt hat, kann sich gut vorstellen, daß es ihr ähnlich ergeht. Die Wehen erstrecken sich, auch wenn die eigentliche Geburt im Normalfall sehr schnell abläuft, oft über Stunden und der Drang, sich dafür eine sichere Stelle zu suchen, ist so groß, daß Stuten, die sich in ihrem Stall nicht wirklich wohlfühlen, oft noch unter Schmerzen versuchen, ins Freie zu gelangen. Wenn sie sich dann endlich zur Endphase legen, sieht man ihnen das Leiden an und manchmal hört man bei diesen Tieren, die doch eigentlich immer stumm leiden, sogar ein Stöhnen. Denn im Vergleich zu anderen Babys sind Pferdekinder sehr groß und damit wahrscheinlich nur unter größten Schmerzen zu gebären. Doch wenn dann das Fohlen im Stroh liegt, sind alle Schmerzen vergessen. Die Stute wendet sich dem Quälgeist zu, und er ist nun all ihre Seligkeit.

Man weiß inzwischen, daß dabei ein Hormon eine Rolle spielen muß. Spritzt man nämlich jungfräulichen Ratten das Blut einer Ratte, die gerade geboren hat, ein, stürzen sich die Jungfrauen auf alles, was auch nur entfernt nach Baby aussieht und bemuttern es. Allerdings funktioniert das nur, wenn das fremde Blut innerhalb von 24 Stunden vor bzw. nach der Geburt entnommen wurde, denn zu dieser Zeit scheint das Hormon enthalten zu sein. Anscheinend dient es nur als „Anlasser" für den Muttertrieb, der nach diesem Anschub als „Selbstläufer" funktioniert.

Beobachtet man einmal Stuten, bei denen dieser Muttertrieb aktiviert ist, hat man fast den Eindruck, daß er über allem anderen steht. Er ist wichtiger als Fressen, Schlafen und das eigene Sicherheitsbedürfnis. Mit ihm kann man eine Stute zu fast allem bewegen. Ich kannte z. B. eine, die nach schlechten Erfahrungen bei einem Unfall panische Angst hatte, einen Hänger zu besteigen. Doch kaum stellte man ihr Fohlen hinein, rannte sie hinterher – ihr Bedürfnis, zum Fohlen zu kommen, war weit größer als ihre Angst.

Mutterliebe ist auch ein Antrieb für „Altruismus". Vor allem bei Tieren, deren Fortpflanzungspotential relativ niedrig ist (wie z. B. bei Pferden, die eben nur ein Fohlen pro Jahr bekommen können), wird der Schutz für das Kind oft noch vor das eigene Überleben gestellt. So werden z. B. die sonst ängstlichen, fluchtbereiten Zebrastuten zu wahren Bestien, wenn sich Löwen an ihr Fohlen wagen. Die eigene Angst vor dem Freßfeind wird überwunden, und vehemente Angriffe haben schon manche Löwin davon überzeugt, daß Zebrababy doch keine gute Beute ist. Aber auch manche Pferdehalter haben ähnliche Erfahrungen wie ich gemacht.

Die bravste Stute, die ihrem Menschen sehr vertraut, kann angreifen, wenn sie das Gefühl hat, daß dieser Mensch ihr Kind bedroht. Das Aggressionspotential der fohlenführenden Stute ist höher als bei jedem Hengst und vor allem schwerer zu stoppen, denn die Stute kämpft nicht um mehr „Macht", sondern um etwas, was ihr wichtiger ist als ihr Leben.

Freunde für's Leben

Familienbeziehungen als Grundlage des sozialen Zusammenlebens, weil darin evolutionär die beste Chance zur Weitergabe der Gene besteht – soweit waren wir. Aber hier stellt sich nun die Frage, wie Pferde das sehen. Mancher mag zwar noch dem Glauben anhängen, daß „Blut dicker als Wasser" ist und auf die geheimnisvolle „Stimme des Blutes" spekulieren, aber meine Erfahrungen mit Pferden sehen anders aus.

Wenn die Töchter meiner Stute nach den drei Jahren, die sie in den Fohlenherden verbringen, zum erstenmal tragend wieder in die Zuchtstutenherde kommen, ist es nämlich keineswegs so, daß sie sich mit dem begeisterten Ausruf „Mami!" wieder in die Nähe ihrer Mutter begeben; und andersherum scheint es Madame auch weitgehend kalt zu lassen. Ihre Töchter werden von ihr nicht anders behandelt als andere Herdenneuzugänge.

Allerdings kann man fast immer sicher sein, daß die Töchter ihre Freundschaft suchen. Frage ist nur, ob sie die bekommen. Denn auch beim Thema „Freundschaft" spielt die Prägung eine wichtige Rolle. In diesem Fall aber eine der Prägungen, die meine alte Stute während ihrer Kindheit bekommen hat.

Gehen wir noch einmal zurück zum Ausgangspunkt der Prägungstheorie: Zu den Graugänsen. Für unser menschliches Auge sehen zunächst einmal alle Familienmitglieder gleich aus. Sie sind eben grau, haben bestimmte Farben um das Auge, dieselbe Farbe am Schnabel und an den Beinen – sie sind einheitlich. Und das neugeborene Gänschen, das zum erstenmal seine Mama erblickt, macht sich durch das Bild, das er von ihr bekommt, ein Bild von der ganzen Art, und sein Instinkt sagt ihm: „So sieht eine ordentliche Graugans aus! Du bist eine ordentliche Graugans, darum siehst du auch so aus!"

Bei Pferden ist dies grundsätzlich ähnlich. „Urpferde" sind ja relativ einheitlich – das Fohlen sieht in seiner Mutter folglich auch das Bild der ganzen Sippe, der es künftig zugehören wird. Sein „Pferdebild" wird darauf geprägt: „So sieht Pferd aus!"

Bei unseren domestizierten Warmblutpferden ist das aber anders. Es kommt durchaus vor, daß Schimmelstuten dunkle Fohlen haben und andersherum dunkle Stuten künftigen Schimmeln das Leben geben. Hier ist also die natürliche Prägung, zumindest was die Farbe betrifft, aufgehoben. Woraus sich für das einzelne Pferd sogar ein gewisser Konflikt ergeben kann.

In unserer Stutenherde herrscht „Apartheidpolitik": Die Leitstuten sind nahe miteinander verwandte Schimmel. Sie geben den Ton an, ihre Fohlen stehen in der Herdenhierarchie ganz oben und sie prägen bei diesen eindeutig die Vorstellung: „Ein ordentliches Alpha-Pferd ist ein Schimmel!" Ist nun eines dieser Fohlen braun geraten, ist sein „Weltbild" etwas problematisch: Pferde schauen ja selten in den Spiegel und wenn, werden sie darin wahrscheinlich nicht sich selbst erkennen, sondern eben ein Pferd. (Weswegen man z.B. die Spiegel in der Halle zu verhängen pflegt, wenn darin Fohlenherden laufen sollen – die Babys könnten meinen, daß in dem Spiegel noch mehr Artgenossen sind.) So kann es also passieren, daß ein braunes Pferd gar nicht „weiß", daß es braun ist, sondern sich selbst für einen Schimmel hält.

Nun ist aber die farbliche Prägung mitentscheidend für das Sozialverhalten. Wilhelm Blendinger schrieb schon in den Jahren nach dem Krieg, daß Pferde bei „Freundschaftsbindungen" offensichtlich dazu neigen, sich „farbgleiche" Freunde (bzw. die sie dafür halten) zu suchen. Ich habe dies bei einem Bekannten erlebt, der eine ganze Weile seinen Fuchs zusammen mit einem Schimmelpony gehalten hat. Die beiden verstanden sich gut, sie waren Freunde, die nacheinander riefen, wenn man sie trennte, und die ganz offensichtlich die Nähe des anderen suchten. Aber als dann eines Tages ein zweiter Schimmel auf die Koppel kam, hatte der Fuchs seinen Ponyfreund verloren. Schimmel und Schimmel gesellten sich zueinander, der Fuchs war – obwohl länger mit dem Pony befreundet – plötzlich nur noch drittes Rad am Wagen. Denn seine „Freundschaft" mit dem Pony war eine Notgemeinschaft gewesen: Solange für beide kein anderer, ihnen sympathischerer Partner zu finden war, mußte man miteinander auskommen können.

Bevor nun aber der Fuchs in dieser Geschichte zu sehr trauerte, kam Pferd No.4 auf die Koppel – ein Brauner. Wieder bildete sich eine „Gemeinschaft": Der Braune und der Fuchs schlossen sich zusammen.

Doch als No. 5 kam, gab es wieder „Beziehungssalat". Das war nämlich ein Fuchs. Nun lag die Vermutung nahe, daß sich der alte Fuchs und der Neue verbünden würden – dem war aber nicht so: der alte Fuchs blieb seinem braunen Freund treu. Obwohl der neue Fuchs seine Nähe suchte. Jetzt wollten wir es genau wissen und liehen uns noch einen Braunen – was würde nun geschehen?

Es erforderte einige Zeit der Beobachtung – Pferde pflegen ihre Sozialbeziehungen schließlich sehr differenziert aufzubauen und daher ist nicht mit Prügeleien oder sonstigen „Großdemonstrationen" zu rechnen. Aber nach einiger Zeit stand fest, daß unser „alter" Fuchs der Leidtragende war. Der Braune, mit dem er bisher liiert gewesen war, wandte sich dem neuen Braunen zu. Der erste Fuchs aber konnte immer noch nicht viel mit dem neuen anfangen – statt einer festen Freundschaft wie bei den anderen schloß er – nachdem die braunen Freunde ihm oft genug „Ablehnung" signalisiert hatten – eine Notgemeinschaft mit dem zweiten Fuchs, der ja immer um ihn geworben hatte.

Die Welt schien auf den ersten Blick zu stimmen. Schimmel und Schimmel, Brauner und Brauner, Fuchs und Fuchs. Sie stimmte aber für einen der Füchse trotzdem nicht, und ein Blick in seine Papiere verriet, warum er viel lieber einen der Braunen zum Freund gehabt hätte: Seine Mutter war braun gewesen! Für ihn war also **„das"** Pferd braun und jedes andere eine Art „Ersatz", wenn man kein braunes bekommen kann.

Als ich diese Geschichte einem alten Pferdemann aus Ostpreußen erzählte, lächelte er: „Tja – in Trakehnen hat man das einst gewußt!" Und vielleicht lagen die außerordentliche Härte und das Stehvermögen der Trakehner zu einem kleinen

Gleich und gleich gesellt sich gerne, wie man an diesem Trio sehen kann.

Teil auch darin begründet, daß sie solchen Konflikten nur zur Not ausgesetzt wurden, was den Zusammenhalt festigte. Denn im alten Trakehnen gab's bekanntlich vorwiegend „farbgeordnete" Herden, zwischen denen relativ selten ein Austausch stattfand.

Doch all dem darf nicht entnommen werden, daß wir – um der Psyche unserer Pferde willen – künftig wieder „farbtreu" züchten und unseren Pferden immer nur farblich passende Freunde suchen sollten. Ich erlebe gerade, wie in unserer einst „schimmelgeprägten" Herde ein „Anpassungsprozeß" stattfindet. Er erinnert mich an das, was Psychologen zum Thema „Menschen verschiedener Herkunft" berichten: Die Ablehnung von „Ausländern", die vermutlich auf dem sogenannten „Konformitätszwang" beruht (d.h. einem Faible für alles, was ähnlich aussieht, ähnlich spricht und sich ähnlich benimmt, weil Konfrontation mit „Unähnlichkeit" verunsichert) ist überall da stark ausgeprägt, wo wenig „Individualkontakte" bestehen. Je enger die Kontakte zwischen einzelnen Individuen werden, desto mehr treten die Unterschiede, die vielleicht bei der ersten Begegnung am meisten ins Auge stachen, in den Hintergrund und das Gemeinsame wird herausgearbeitet. Es erfolgt ein Integrationsprozeß, indem schließlich die Gemeinsamkeiten wichtiger sind als das Trennende. In einer Pferdeherde, die immer schon gemischt war, werden die Fohlen wahrscheinlich eine höhere Grundakzeptanz für andere Farben entwickeln als in einer reinfarbigen. Der Schimmel lernt durch Kontakt mit dem Fuchs, den er ja erst einmal als „Ist zwar Pferd, aber doch nicht so ganz wie ich!“ empfunden haben mag, daß die Farbe nur einen Teil der anderen Pferdepersönlichkeit ausmacht. So kann sich – wenn die Farbe des Gegenübers erst einmal akzeptiert ist – eine Freundschaft aufgrund gegenseitiger Sympathie entwickeln, wie es in einer „reinfarbigen“ Herde der Fall wäre. Und genau dieses ist offensichtlich in unserer Stutenherde, die ich seit Jahren beobachte, geschehen: Neuerdings scheint da eine der jüngeren Fuchsstuten die Stellung der alten Leitstute übernommen zu haben. Obwohl sie selbst von einem Schimmel stammt, obwohl sie die Schimmel immer als Anführer akzeptierte – ihre offensichtlich starke Persönlichkeit hat sich in den Jahren eine Akzeptanz verschafft, die nun auch die anderen, „schimmelgeprägten“ dazu bringt, ihr zu folgen und ihr Freundschaft und Sympathie entgegenzubringen. Interessant wäre natürlich hier die Frage, ob das Selbstbewußtsein dieser Fuchsstute vielleicht der Tatsache entspringt, daß ihr „Pferdebild“ ja dem Schimmel entspricht – aber eine Antwort darauf wird es mit letzter Sicherheit wohl nie geben. Zu wissen und zu beachten bleibt: Pferde brauchen Freundschaften. Wen oder was sie aber als Freund empfinden, ist immer auch von ihrer Mutterprägung abhängig. Daher kann es den weißen Töchtern meiner Schimmelstute durchaus passieren, daß sie von ihrer eigenen Mama, die z. B. von einer Braunen stammen kann, erst einmal skeptisch betrachtet werden. Da aber beide in einer gemischten Herde großgeworden sind und da beide durch die Nähe andersfarbiger Pferde hohe Akzeptanz entwickelt haben, ist die Integration in den meisten Fällen kein Problem. Woraus sich für die Praxis im normalen Stallbetrieb ergibt, daß man Pferden, die sich nicht auf Anhieb sympathisch finden, erst einmal Gelegenheit geben sollte, sich besser kennenzulernen, z. B. durch Sicht-, Duft- und Geräuschkontakt in benachbarten Boxen. Isolation und Trennung sollten jedenfalls nur dann erfolgen, wenn es wirklich keine andere Möglichkeit gibt, denn Freundschaften sind für das Wohlbefinden eines Pferdes mindestens so wichtig wie Futter und Wasser.

Die Youngsters – Fohlen lernen Sozialverhalten

Geborenwerden ist eine beschwerliche, aufregende Angelegenheit: aus der Dunkelheit der Gebärmutter – im Fruchtwasser vor allen Stößen geschützt, warm und geborgen – hinaus ins Licht, in die Kälte, plötzlich von nie gehörten Geräuschen, nie gesehenen Dingen umgeben und auf sich selbst gestellt. Vielleicht war es in den letzten Tagen ein bißchen eng in der Mutter gewesen – wenn man Fohlen ist und so lange Beine in der Gebärmutter unterzubringen hat, ist dort gegen Ende der Trächtigkeit sicher kaum mehr Platz. Doch wenn man Pferd ist, hat man dem Menschen bei der Geburt ein wenig voraus. Zunächst einmal wohl die Angst – sie scheint bei diesen Fluchttieren schon mitgeboren zu werden. Während unser-

Oben: Fohlen ahmen das Verhalten ihrer Mutter nach. So lernen sie nebenbei alles, was zum Überleben nötig ist.

Unten: Auch Fohlen beherrschen das Rund-um-Ohrenspiel bereits perfekt.

eins – ob Mutter oder Kind – das Leben meist mit ein paar kräftigen Geräuschen beginnt, sind Pferde lautlos. Höchstens einmal ein leises Stöhnen von der Stute, kein „Wort" zum neugeborenen Kind, kein Wiehern des Fohlens – Stille umgibt die Geburt. Denn auch wenn sie heute meist wohlbehütet im Stall stattfindet: Eingerichtet von der Natur wurde der Vorgang dereinst für die Freiheit, die ja stets bedroht ist. Das Geräusch beim Gebären, der erste Laut des Fohlens wäre das Signal für jeden Freßfeind gewesen; und was könnte besser schmecken als zartes Fohlen? Darum: Stille! Und das Gefühl: „Hier ist nicht gut sein!" Die Vorbereitungen zur Flucht trifft ein gesundes Pferdekind praktisch sofort nach der Geburt. Ob es Hunger oder ein nicht einzuordnendes „Nix wie weg hier" ist – wer weiß es? Die Mutterstute hilft – sie beleckt ihr Baby, sie beknabbert und bestupst es und wer einmal zugeschaut hat, glaubt, ein „Nun sieh zu, daß du hochkommst!" darin zu verstehen. Sie ist recht schnell wieder auf den Beinen und möchte, daß ihr Kind ebenfalls aufsteht. Doch für das ist es schwieriger – erst einmal werden die Beine gestreckt und im Liegen ausgetestet. Wenn alles funktioniert, geht es sofort weiter. Das ist mühsam, denn man muß stemmen und koordinieren, man wackelt, fällt wieder um, muß es aufs neue versuchen – aber geschickte Fohlen schaffen es schnell. Die meisten stehen schon eine halbe Stunde nach der Geburt auf den eigenen Beinen.

So wenig zielgerichtet die ersten Schritte wirken, so sehr man dem Fohlen noch die Beschäftigung mit der Koordination ansieht – es weiß durchaus schon, wo es hin will. Irgend etwas drängt, mit der Nase in einer dunklen Höhle nach etwas vorstehendem, das man mit den Zähnchen fassen und woran man saugen kann, zu suchen. Streckt man in diesem Moment dem Fohlen einen Finger vors Mäulchen, kann man fast sicher sein, daß es danach hascht und nuckelt. Und wenn's einen nicht zu sehr stört, daß die kleinen Kiefer schon recht kräftig zufassen können, kann man das Baby an diesem Finger in Richtung Euter dirigieren.

In einer freilebenden Herde kommt nach dem ersten Schluck an der Milchquelle bereits der nächste Kraftakt auf das Pferdekind zu. So müde es auch sein mag – die Mutter erlaubt ihm nicht, sich zum Schlafen niederzulegen. Denn vor der Geburt hatte sie sich etwas von der Herde abgesondert, und nun gilt es, zusammen mit dem neuen Herdenmitglied in den Schutz der vertrauten Gemeinschaft zurückzukehren.

Danach, in den allerersten Lebenstagen, bekommt das Fohlen seine Prägung auf die Mutter. Der nächste Schritt ist dann Kommunikation; und dazu muß das Pferdekind in die Herde gehen.

Wie jedes menschliche Baby lernen muß, seine Mitmenschen zu verstehen und sich selbst verständlich zu artikulieren, so lernen auch unsere Fohlen „sprechen". Noch wissen wir nicht, wieviel von der Ausdrucksweise des Pferdes aus dem Instinkt stammt und somit angeboren ist und wieviel erlernt wird, aber Grzimeks Experiment mit dem Kaspar-Hauser-Foh-

Haflingerbub Cari übt Flehmen: Wenn ein starker, interessanter Geruch in die Pferdenase dringt, wird durch Hochziehen der Oberlippe die Nase „gedichtet", bis der Geruch „identifiziert" und eingeordnet ist.

len läßt darauf schließen, daß Kommunikation unter Pferden erlernt werden muß. Und manchmal kann man dieses Lernen sogar beobachten. Ich hatte das Vergnügen bei einem sehr kecken Stutfohlen. Es näherte sich frech und neugierig einer Pferdetante, die gerade dabei war, ihr eigenes Fohlen zu säugen. Die Stute reagierte, wie es nun einmal sein muß: Sie legte die Ohren an und signalisierte damit: „Bleib mir vom Pelz!" Mein Beobachtungsobjekt, dieses Warnsignal offensichtlich noch nicht verstehend, beachtete es nicht und kam näher, worauf sich die Stute blitzschnell umdrehte und dem frechen Kind einen Huftritt überbrannte. Baby verstand vor Schreck die Welt nicht mehr – es raste im Galopp zur Mutter und nahm erst einmal einen Schluck Milch, dann spähte es vorsichtig unter Mutters Schweif durch nach der schlagenden Stute ... vielleicht hatte es in diesem Moment die Lektion schon gelernt: „Wer die Ohren anlegt, haut gleich nach dir; bleib also weg, wenn du angelegte Ohren siehst!"

Genauso wichtig in der „Pferdekommunikation" sind die Fluchtsignale. Wer einmal eine fliehende Herde gesehen hat, weiß, wie fein die Signalgebung ist und wie hervorragend die Synchronisierung funktioniert. Er kann aber gerade bei Stutenherden mit sehr jungen Fohlen auch erleben, daß die Babys noch aus der Reihe tanzen und dann von ihren Müttern energisch auf die Spur gebracht werden.

Aber glauben Sie nun nicht, daß das Leben des Fohlens aus mühevollem, schmerzhaftem Lernen besteht! Mutter Natur hat sich für ihre jungen Geschöpfe etwas einfallen lassen, wovon wir Menschen ein wenig lernen könnten. Das pädagogische Konzept heißt nämlich: Spielend lernen!

Bei fast allen Säugetierarten ist der Jugend ein ausgeprägter Spieltrieb zu eigen. Und je intelligenter eine Tierart ist, desto mehr spielen ihre Jungen. Affen sind in ihren jungen Jahren immer zu einem Spielchen aufgelegt und, so streng die Hierarchie auf dem Affenfelsen sonst sein mag: Selbst der oberste Pavian, der normalerweise jeden „Untertan", der sich ihm nicht mit der nötigen Devotion nähert, schonungslos verprügelt, nimmt spielende Kinder von solchen Strafaktionen weitgehend aus.

Bei Fohlen sind es weniger die Erwachsenen, mit denen gespielt wird. Es sind die Gleichaltrigen, und mit denen kann man alles üben, was man später im Leben braucht, angefangen vom richtigen Verhalten auf der Flucht. Haben Sie schon einmal eine Fohlenherde wie wild um die Koppel rasen sehen? Sämtliche puscheligen Schweife wie die Fahnen in den Wind gestellt, wird das Galoppieren in den verschiedensten Formationen geübt. Und so sehr sie sonst rüpeln können: Bei diesem Spiel gibt's keine „Auffahrunfälle", auch wenn eines mal in hohem Tempo die Richtung wechselt. Die Synchronisation wird geübt und funktioniert schon sehr bald. Sie kann ja lebensrettend sein, wenn wirklich einmal die Flucht angesagt ist.

Unter jungen Hengsten beginnen früh die Kampfspielchen. Steigen, Schlagen, Beißen, miteinander Kabbeln gehören dazu und üben ein, was später einmal die einzige Chance ist, sich fortpflanzen zu können: Den Kampf des mutigen Junggesellen gegen den alten Herdenpascha. Stütchen dagegen kämpfen weniger, weil sie ihre Kampfkraft ja nie in dem Maß brauchen werden wie die Hengstchen. Die Mädchen vergnügen sich lieber mit Schmusespielen. So üben sie stundenlang

Das Fohlendasein ist nicht ganz einfach – manchmal macht es müde und dann döst es sich am besten nahe dem vertrauten Spielkameraden.

Fellkraulen mit einer kleinen Freundin – genauso, wie sie abends von ihrer Mutter in der Box das Fellchen gekrault bekommen. Ich vermute, daß das auf Pferdekinder so wirkt wie ein Gutenachtkuß auf Menschenkinder, als deutliches Signal: „Alles ist gut, du bist sicher und geborgen, Mami hat dich lieb und paßt auf dich auf!" Später einmal werden die kleinen Stuten dieses Spiel ebenso beherrschen und ihren Fohlen zeigen, daß sie sicher sind.
Es ist eine fröhliche „Schule", in der Fohlen für das Leben lernen. Interessant und wichtig ist dabei aber eine Beobachtung, die „Gänsevater" Konrad Lorenz gemacht hat. Gänsekinder wissen zwar „von Natur aus", wie man fliegt, aber das Starten und Landen müssen sie erst noch lernen, denn wer z. B. mit der Windrichtung landet, muß sich auf schmerzhafte Purzelbäume gefaßt machen. Nun war Professor Lorenz zwar kein Nils Holgerson, der mit den Gänsen fliegen konnte, aber er konnte den Gänsekinderrn durch Gesten Start- und Landeanweisung erteilen. Eines Tages reizte es Lorenz, seinen Gänschen die Landeanweisung mit dem Wind zu geben. Prompt überschlugen und kugelten sich seine Schüler auf der Wiese und von Stund an war des Gänsevaters Autorität nicht nur erschüttert, sondern restlos dahin.

So spielerisch es aussehen mag – hinter dem Lernen von Tierkindern steckt bitterer Ernst. Fehler der führenden Autorität können in der Natur nämlich das Leben kosten, und ein schlechtes Zeugnis gefährdet nicht die Versetzung, sondern gleich die ganze Existenz. Im Pferdeleben gibt es keinen zweiten Bildungsweg – was Hänschen nicht lernt, bekommt Hans zu lernen keine Chance mehr.

Damenwahl – Wie kommt der Pascha zur Herde?

Haben Sie auch einmal die Bücher gelesen und die Filme gesehen, in denen es um stolze (möglichst schwarze) Hengste geht? Imponierend, wenn der Rappe eine Herde entdeckt, mit einem donnernden Ruf den anderen Hengst auf sich aufmerksam macht, mit ihm kämpft und dann des geschlagenen Rivalen Damen übernimmt? Und die, begeistert von soviel männlicher Stärke und Überlegenheit, schließen sich ihm an? Solche Szenen mögen unterhaltsam sein, aber mit der Realität haben sie wenig zu tun.

Im Gegensatz zu uns Menschen und zu einer ganzen Reihe von Tieren, die in Einehe leben, leben Pferde eben in Familien. Die übliche Beziehungsform der Hengste ist die Polygamie – ein Hengst, mehrere Stuten. Die Größe der Pferdefamilie ergibt sich aus der Ergiebigkeit ihres Reviers und der Fähigkeit des Hengstes, Sicherheit zu vermitteln. In der Welt des Pferdes gilt nämlich Damenwahl: die Stuten suchen sich ihren Hengst aus. Und da es hierbei um zwei so elementare Dinge wie Überleben und Fortpflanzen geht, erfolgt die Auswahl durchaus pragmatisch: Revier- und Herdengröße spielen dabei eine wichtige Rolle. Der Hengst, der seiner Damenrunde ein großes, fruchtbares Revier garantiert, hat die größten Chancen, denn nur bei einem ausreichend großen Bereich hat nicht nur die einzelne Stute, sondern haben auch ihre potentiellen Nachkommen gute Überlebenschancen. Um die vollends zu gewährleisten, ist es auch wichtig, daß die bestehende Herde nicht zu groß ist. Denn erstens wird es keinem Hengst gelingen, eine unübersichtlich gewordene Familie zu verteidigen, und zweitens tritt in Sachen Fortpflanzung wahrscheinlich auch bei Pferden das interessante Phänomen weiblicher Synchronisation auf. Das heißt, daß vermutlich der Zyklus der Stuten nahezu gleich verläuft: alle werden zu bestimmten Zeiten rossig, alle sind zur selben Zeit trächtig und alle bekommen zur annähernd selben Zeit ihre Fohlen.

Welchen Sinn diese Synchronisation, die übrigens sogar an Menschen beobachtet werden kann, genau hat, kann heute noch kein Wissenschaftler sagen. Aber es gibt einen interessanten Erklärungsansatz, den Adrian Forsyth in „Die Sexualität in der Natur“ so darstellt: „Aggressives Verhalten der Männchen kann die Sterblichkeit der Nachkommen stark ansteigen lassen. Sind aber alle Weibchen zur gleichen Zeit fortpflanzungsfähig, vermindert sich diese Gefahr. Andererseits könnte diese Synchronisation auch das Ergebnis eines weiblichen Konkurrenzkampfes um die Fortpflanzungsrechte für dominante Männchen sein (...)“ Dahinter steckt etwas, was Forsyth so erklärt: „Die Größe einer Population ist begrenzt. Die Mitglieder einer Population bringen mehr Nachkommen hervor, als die Umwelt verkraften kann. Einige Individuen unterscheiden sich in ihren genetischen

Voraussetzungen zu überleben und sich fortzupflanzen. Die Individuen mit der besten Fortpflanzungsfähigkeit werden die künftigen Generationen hervorbringen. Anders ausgedrückt, Individuen können nicht so handeln, daß sie das Überleben der Art fördern – es sei denn auf eine völlig indirekte Weise. Der eigene genetische Eigennutz muß für ein Individuum die Handlungsprämisse sein. Wenn ein genetisch fixiertes Merkmal oder Verhalten Bestand haben soll, muß es den Fortpflanzungserfolg des Individuums erhöhen, welches das betreffende Gen trägt und an die nächste Generation weitergibt." Auf diesen Vorgaben basiert wohl die ganze Evolution. Und da nun jede Stute den starken „Drang", sich fortzupflanzen, in sich trägt und ihr Instinktverhalten darauf abgestimmt ist, wird sie sich immer die Umgebung suchen, in der sie die größten Chancen hat, ihre Gene an die nächste Generation weitergeben zu können. Also eine Population und einen Hengst, der speziell ihren Fohlen beste Chancen gibt. Zuviel Stuten in einer Herde sprechen dagegen, zu wenige allerdings auch – sie könnten darauf hinweisen, daß der Hengst den Ansprüchen der Damen nicht genügen kann bzw. daß er öfter als andere Hengste Mitglieder seiner Herde verliert.

Nun steht aber auch der Hengst unter der Prämisse „Möglichst viel Nachwuchs produzieren" – seine Strategie muß es daher sein, möglichst viele Stuten zu gewinnen. Und da die Natur im allgemeinen Verschwendung zu vermeiden versucht, gelingt dies nur den Besten – eben denen, die Erbgut weiterzugeben haben, das „Verbesserung" für die ganze Art bedeutet. Für den einzelnen Hengst bedeutet das, sich durchzukämpfen. Denn wem dies gelingt, der muß einer der Besten sein und nur als solcher bekommt er die Chance, sich fortzupflanzen. Er ist also schon von der Natur mit einem höheren Aggressionspotential als die Stuten ausgestattet. Bereits Leonardo da Vinci wußte, was dafür verantwortlich ist: „Die Hoden erhöhen die Feindseligkeit und Wildheit von Tieren (...)", schrieb er in einem seiner Notizbücher. „Dies zeigt sich deutlich am Beispiel kastrierter Tiere, wenn man sich den Bullen, den Eber, den Widder und den Hahn betrachtet, die eigentlich sehr angriffslustig sind, aber ohne Hoden ausgesprochen feige werden (...)" Da Vinci wußte allerdings noch nicht, daß in den Hoden das männliche Hormon Testosteron produziert wird, das Aggressivität auslöst. Die Steuerung der Testosteron-Produktion ist faszinierend: Liegen der Hormonspiegel und damit die Aggressivität des betroffenen Männchens einmal höher als seine tatsächliche Kampfkraft, wird es sich auf Gefechte einlassen, die es nicht gewinnen kann. Bei Verlierern sinkt die Testosteron-Produktion ab – der „Ruch des Verlierers" haftet anscheinend eine ganze Weile. Interessant ist hier übrigens eine Beobachtung an Menschen: Bei der Ringermannschaft der Universität Harvard hat man einmal Testosteron-Spiegel-Messungen durchgeführt und dabei festgestellt, daß die Sieger durchgehend mehr von diesem „Männlichkeitshormon" produzierten als die Verlierer. Und was diesen „Ruch des Verlierers" angeht, so scheint er für Stuten durchaus bemerkbar zu sein. Adrian Forsyth darüber: „Eine ganze Reihe von großen, grasfressenden Huftieren wie Kamele, Pferde und Rotwild benutzen die Duft- und Geschmackstoffe des Urins, um ihre Fortpflanzungspartner zu beurteilen (...)" Von freilebenden Zebraherden ist bekannt, daß die Hengste an bestimmten Stellen, die wahrscheinlich ihren „Reviergrenzen" entsprechen, Kot und Urin absetzen. Eine „freie" Stute kann sich hier über den Revierinhaber informieren, denn sein Individualgeruch wird auch durch den Testosteron-Spiegel bestimmt. „Verlierer" haben unter diesen Umständen schlechte Karten.

Im ersten Jahr wird der Hengst von seinen Damen „getestet"; entspricht sein Fortpflanzungserfolg dann nicht ihren Vorstellungen, kann er davon ausgehen, daß er im nächsten Frühjahr von einem Konkurrenten, der sich um seine Herde bewirbt, verdrängt wird. Die Damen haben nämlich ein ähnliches Problem wie er: Das Pferdeleben ist kurz und die Fortpflanzung nicht in so hohem Maße möglich, daß wildes Experimentieren Sinn machen könnte. Wenn der Hengst es schafft, Fohlen zu zeugen, die gesund genug sind, den Anforderungen ihres ersten Lebensjahres zu genügen, wenn er außerdem „Manns genug" ist, Mutter und Kind über dieses Jahr zu bringen, dann wird er mit großer Wahrscheinlichkeit weiterhin Erster bei der Damenwahl sein, denn Stuten stehen auf Kontinuität.

Prof. Dr. Hans Löwe schreibt in seinem Standardwerk „Pferdezucht": „Auf dem gegenwärtigen Stand des genetischen und ökonomischen Wissens in der Pferdezucht gibt es keine Veranlassung, der breiten Zuchtpraxis andere als die einfachsten Zuchtmethoden zu empfehlen. Trotz der internationalen Erfolge des irischen Hunters, der bekanntesten Gebrauchskreuzung in der Pferdezucht, kommt für alle deutschen Renn- und Reitpferdezüchter heute nur die Reinzucht (...) als Zuchtmethode in Frage."

Im Grunde kann man dies auf ein „Kochrezept" reduzieren: gute Zutaten, nach bewährter Manier zusammengerührt, garantieren fast immer eine gute Suppe. Vielleicht keine kulinarische Neuschöpfung mit Anwartschaft auf fünf Sterne, aber ein nahrhaftes, schmackhaftes Gericht. Und was spricht eigentlich dagegen, dasselbe Gericht über Jahre immer wieder zu kochen? Der Traum von den fünf Sternen? Veränderung der „Zugabe" Hengst in der Hoffnung, damit endlich den ganz großen Knaller produziert zu haben? Sowenig sonst Rechnen dem Praktiker in der Pferdezucht helfen kann, so deutlich sollte er sich hier einmal die Gesetze der Wahrscheinlichkeitsrechnung vor Augen führen: Pferde haben ein sehr großes Genpotential, in dem eine ganze Menge Unbekannter stecken können. Ein typisches Beispiel dafür war die berühmte Springstute Halla. Ihre Mutter war die französische Beutestute Helene – Abstammung unbekannt, Vererbung unbekannt. Ihr Vater war der Traberhengst Oberst – Abstammung bekannt, Vererbung wenigstens in ein paar Faktoren bekannt. Das Produkt des Gencocktails war Halla und das spräche eigentlich für die vielen Unbekannten im Stammbaum der Mutter. Doch Hallas Nachzucht mit ausgewählten, berühmten Hengsten, entsprach dann wieder der Zufallstheorie: Die Unbekannten im mütterlichen Stammbaum schlugen wieder durch und verhinderten, daß die Hengste wirklich „paßten", und so wurde keiner der Hallasöhne auch nur halb so gut wie die Mama. Prof. Dr. Löwe weiß dazu: „(Es) sei erwähnt, daß die großen züchterischen Erfolge in der deutschen Pferdezucht teilweise der Tatsache mit zu verdanken sind, daß ‚Reinzucht' betrieben und auf

diese Weise das Erbgefüge innerhalb der Rassen einheitlich gestaltet wurde." Das ist nichts anderes als die Minimierung der Unbekannten: Je mehr über die Stute, ihre Familie und ihre Erbanlagen, je mehr über den Hengst bekannt ist, desto größer wird die Wahrscheinlichkeit, daß es paßt und ein gutes Produkt dabei herauskommt.
Die Damenwahl der Stuten folgt genau diesem Prinzip auf einem sehr rationellen Weg.

Alte Herrschaften – Von der Bedeutung der Erfahrung

Jugend und Schönheit, Kraft und Stärke – die Faktoren für Erfolg und sozialen Status.... kennen Sie die Argumentation? Kennen Sie auch diejenigen, die sie benutzen? Das sind oft die, die zur Untermauerung ihres Anspruchs auf jugendliche Führerschaft gerne die Tierwelt und mit ihr Charles Darwins These vom „Überleben des Stärksten" heranziehen. Der Haken ist nur, daß sie bei sozial lebenden Tieren völlig falsch liegen. Dort sind es nämlich gar nicht Jugend und Schönheit, Kraft und Stärke, die zum Einnehmen höchster Positionen prädestinieren. Genau das Gegenteil scheint der Fall zu sein.
Meine erste Lektion dazu bekam ich von einer alten Dame erteilt: der Württemberger Stute Hiva. Als ich sie kennenlernte, war sie schon an die 20 und seit vielen Jahren die unangefochtene Chefin einer 12köpfigen Stutenherde. Abends zur Fütterungszeit, wenn der Züchter erschien, um seine Stuten von der Koppel zu holen, gab's für mich jedesmal eine Lektion in „Herdenhierarchie". So ungeduldig die

Kampfspiele gehören bei jungen Hengsten dazu. In ihnen werden Kraft und Wendigkeit trainiert – Voraussetzungen, eine eigene Stutenherde erfolgreich führen zu können.

jüngeren Stuten gewirkt hatten, so sehr sie schon vorher gedrängelt hatten: Das geöffnete Tor war keinesfalls Signal zum allgemeinen Aufbruch im Galopp. Es wurde bei allem Hunger und bei aller Ungeduld gewartet. Bis nämlich Hiva in ihrem gemütlichen Schritt angezockelt kam und sich an die Spitze des Verbandes gesetzt hatte. Hinter ihr her ging es dann in den Stall.
Richtig spannend wurde es aber, wenn Gewitter über der Schwäbischen Alb heraufzogen. Dann stand Hiva am Zaun und drängelte. Oft schon bei strahlendem

Sonnenschein! Ihre Herde versammelte sich um sie und manchmal konnte man sich des Eindrucks nicht erwehren, daß manche junge Stute zwar nicht wußte, warum die alte Dame zum Aufbruch pfiff, aber brav gehorchte. Und diejenigen, die diese Stuten zu betreuen hatten, gehorchten auch: Wenn die Leitstute in den Stall will, wird sie schon einen vernünftigen Grund haben!

Nun, der Wetter- und Zeitsinn von Pferden ist bekannt. Interessanter an dieser Beobachtung ist die Überlegung: Warum folgten die Stuten eigentlich alle dieser Leitstute? Was hat sie prädestiniert, die Befehlsgewalt über diese Herde zu übernehmen? Die Verhaltensforscher haben schon lange festgestellt, daß es wohl keine Tiersozietät gibt, in der nicht irgendwelche Rangordnungen eingehalten werden. Sie sprechen bei den „Führern" einer Tiergemeinschaft von „Alpha-Tieren". Doch was hat die Schimmelstute Hiva eigentlich zum Alpha-Pferd gemacht? Manch einer wird diese Frage nun frei nach Darwin mit dem Satz: „Sie ist eben die Stärkste!" beantworten.

Die alte Hiva ließ mich aber an solch einfachen Antworten zweifeln. 1963 geboren, vom Trakehnervater Himalaya geprägt, war sie stets ein nur mittelgroßes, zwar elegantes, aber nicht unbedingt kraftstrotzendes Pferd. In der Herde, in der ich sie erlebt habe, gab es zweifellos stärkere Pferde. Zudem: 27jährig war Hiva immer noch Chefin und in dieser Rolle unbestritten! Dabei sah man ihr das Alter durchaus an. Ihre Bewegungen waren müder geworden, selten, daß sie sich einmal zu einem Galopp aufraffte. Ob sie sich in einer Auseinandersetzung mit einer der jungen, kraftvollen Stuten hätte durchsetzen können? Ich bezweifle es.

Ein trauriger Bericht von einer anderen Tierart brachte mich auf die Spur des „Hiva-Phänomens": Trotz aller Bemühungen, die letzten wildlebenden afrikanischen Elefanten in den Naturparks zu schützen: Elfenbein ist immer noch ein begehrter Handelsartikel. Und solange das so ist, wird wohl die Wilderei nicht in den Griff zu bekommen sein. Nun könnte man annehmen, daß die Herden, in die durch Wilderei eingegriffen wird, immer kleiner werden. Das Gegenteil ist der Fall. Elefanten (und damit auch ihre Stoßzähne) wachsen bis an ihr Lebensende. Es sind jeweils die ältesten Tiere, die die längsten Stoßzähne haben und damit das Hauptziel der Wilderer sind. Diese alten Tiere sind es aber auch, die die Herden führen! Im Normalfall würden sie nach ihrem (natürlichen) Tod durch einen Nachfolger aus dem Verband ersetzt. Wahrscheinlich würde sich das im Alter am weitesten fortgeschrittene Tier zutrauen, die Führerschaft zu übernehmen. Doch inzwischen gibt es oft nur noch relativ junge Elefanten, die sich dieser Verantwortung nicht gewachsen fühlen. Wenn sie ihres Alpha-Tieres beraubt werden, suchen sie sich einen anderen Verband, der noch eines hat und schließen sich dem an. So gibt es immer größere, aber dabei immer weniger Elefantenherden. Die wenigen erwachsenen Tiere, die den Angriffen der Wilderer entkommen, haben immer mehr junge Tiere zu führen, die sich ihnen willig unterordnen.

Wie wichtig und geschätzt das Alpha-Tier ist, zeigt ein Bericht von einer Elefanten-Herde, deren Leitkuh offensichtlich blind war. Sie wurde von ihren „Untergebenen" liebevoll gestützt und man räumte ihr Hindernisse aus dem Weg. Sie war und blieb Alpha, obwohl ihre Blindheit sie erheblich behinderte. Doch dahinter stand ihr ungeheurer Erfahrungsschatz, der sie für ihre Herde unentbehrlich machte. Sie brauchte weder Kraft noch Jugend, um ihre Stellung zu halten. Denn Alphas herrschen selten als „brutale Tyrannen", im Gegenteil. Der Verhaltensforscher Vitus B. Dröscher schreibt dazu: „Gerade, weil die jüngeren Tiere nur zu genau wissen, daß sie auf den Erfahrungsschatz der alten Anführerin auf Gedeih und Verderb angewiesen sind, ordnen sie sich ihr bereitwillig, ja sogar mit Ehrerbietung unter."

Genau das spielte auch bei der alten Dame Hiva in ihrer Anerkennung als Alpha eine Rolle: Sie war die erfahrenste Stute der Herde. Der Instinkt ihrer Anhängerinnen sorgte dafür, daß sie ihre Stellung halten konnte. Denn die Natur weiß sehr pragmatisch zu rechnen: Wer es schafft, in einer bedrohten Umwelt so alt zu werden, muß besondere Qualitäten haben, die ihn dazu bestimmen, einer Herde Schutz und Führerschaft angedeihen zu lassen.

Forscher vermuten heute, daß die Alphas ganz oben gar nicht so scharf auf ihre Rolle sind. Vitus B. Dröscher schreibt darüber: „Das Individuum will nur zweiter in einer Gruppe werden, niemals mehr. Es genießt zwar seinen hohen Rang über die anderen sowie den Schutz seines Anführers, aber nie und nimmer ist es bereit, auch dessen Pflichten zu übernehmen. Es bleibt mit allen Signalen der Demut vor dem Boß freiwillig zweiter." Zum Chef wird es nur dann, wenn der Boß ausfällt und es in die Führerrolle gedrängt wird. Bezogen auf Pferde, hat das natürlich einen wichtigen Vorteil: Wäre jedem Pferd das Streben gegeben, absoluter Chef im Ring zu sein, würden wir Menschen, die wir ja körperlich bedeutend schwächer sind, im dauernden Machtkampf schlecht abschneiden. Und wenn ich daran denke, wie Hiva, jahrelang „Leibpferd" des Gestütschefs, sich unter seinem Sattel benahm, erscheint es mir, als ob es ihr sogar lieb war, in dieser für sie sehr prägenden Verbindung Nummer zwei zu sein.

Aus dieser Verbindung heraus wird auch der zweite Aspekt der Führerschaft deutlich. Beim Gedanken daran beginnt meine Wirbelsäule zu schmerzen. Ich hatte als Reitanfänger ab und zu die Ehre, Madame Hiva reiten zu dürfen. Mit allem gebotenen Respekt vor der großen Pferdepersönlichkeit: Ein Vergnügen war's nicht. Wahrscheinlich habe ich es nur ihrem Anstand zu verdanken, daß ich die Stunden nicht regelmäßig in der Lohe beendet habe. Unter dem Sattel des Chefs war sie ein Traum – unter meinem mehr Alp als Traum. Sie hatte wahrscheinlich schon bei meiner Annäherung bemerkt, daß ich „schwach" bin. Mich und meine Schusseligkeit konnte sie nicht respektieren, und damit war's auch nichts mit der Unterordnung.

„Autorität" im Tierreich ist nämlich, wie wir schon von den Lorenz'schen Gänschen wissen, eine recht subtile Angelegenheit. Alter alleine reicht zur Anerkennung nicht aus (obwohl man im allgemeinen davon ausgehen kann, daß nur alt genug wird, wer auch stark genug ist). Aus der Situation des untergeordneten Tieres betrachtet, sind Managementfehler höchste Gefahr. In der Natur können sie tödlich sein: Eine Leitstute, die das Verhalten eines angreifenden Jägers nicht richtig einzuschätzen weiß, hetzt entweder ihre Herde zu früh, was zuviel Kraft kostet oder – noch schlimmer – sie gibt die Fluchtsignale zu spät, was dann min-

destens das Leben eines Herdenmitglieds kostet.
Der Chef einer Tiergemeinschaft darf keine Fehler machen. Wenn Hiva ein Gewitter ansagte, sollte das auch stattfinden, sonst hätte sie es ihre Gefolgschaft gekostet. Was sicher nicht nur für sie unangenehm gewesen wäre, sondern noch viel mehr für die anderen Stuten. Das Wohlbefinden eines Pferdes ist nämlich auch davon abhängig, daß die Hierarchie der Herde ohne Probleme funktioniert. Jeder Eingriff in sie verunsichert, und die Zeit, bis ein neues Oberhaupt gefunden ist, schlägt sich auf aller Gemüt.
Daher glaube ich, daß alte Pferde im Stall und in der Herde eine wichtige Funktion haben. Mancher hypernervöse Turniercrack hat sich schon beruhigt, wenn neben ihm eine dieser gewachsenen Autoritäten stand.
Doch gegenüber einem alten Pferd müssen wir Menschen uns stets besonderer Verantwortung bewußt sein. Was, wenn es Schmerzen hat? Wie es Schmerz empfindet, wird wohl kein Mensch endgültig beantworten können. Wenn wir bloß einmal daran denken, wie schwierig es ist, unseren eigenen Schmerz zu beschreiben! Dabei können wir reflektieren. Ein Pferd weiß nicht, daß der schmerzende Husten auf eine schwere Lungenkrankheit hindeuten könnte – die Angst vor den Folgen der Krankheit kennt es nicht. Wer daraus aber auf „weniger Schmerz" schließen würde, läge wahrscheinlich falsch.
Daß Tiere im Schmerz Todesangst empfinden können, bestätigt heute jeder ernstzunehmende Verhaltensforscher. So rücken manche sogar den Geburtsschmerz einer Stute, ihre weit aufgerissenen Augen, in die Nähe dieser Todesangst. Die Stute weiß ja nicht, daß sie ein Fohlen bekommt und daß der Schmerz ausgestanden ist, sobald es im Stroh liegt. Sie bemerkt nur den Schmerz und hat keine Möglichkeit, ihn durch Gedanken zu minimieren – wie wir das z. B. können, wenn wir uns erkältet haben und bei jedem Huster sagen: „Na, das ist ja in 14 Tagen vorbei, daran ist noch keiner gestorben."
So gesehen, ist es natürlich, ein krankes Pferd zu pflegen und ihm den Schutz der Herde (für die wir Menschen im besten Fall ja stehen sollten – aber im seltensten wirklich können) angedeihen zu lassen. Gleichzeitig müssen wir uns aber stets bewußt sein, daß die Natur und ihre sozialen Schutzmechanismen keine Überlebenschance einräumen, wo die Krankheit chronisch wird. Ein altes Pferd, das im Tempo nicht mehr mithalten kann, das lahm geht, ist das erste Opfer eines angreifenden Freßfeindes. Es wird nicht dazu kommen, mit seinen Schmerzen noch älter zu werden und sich herumquälen zu müssen. Nicht umsonst werden Zootiere bei guter Haltung in fast allen Fällen älter, als es ihnen in der Natur gelingen würde. Hier muß unsere Verantwortung gegenüber dem Tier greifen. Ich bin nicht der Meinung, daß wir ein Pferd dann, wenn es für uns keinen „Nutzen" mehr hat, töten lassen sollten. Ich bin im Gegenteil sehr überzeugt der Meinung, daß wir ihm sein Gnadenbrot gönnen sollten – aber: Es muß Gnade für das Pferd sein! Nicht für den Reiter, der sich mit dem Gedanken, sein Pferd töten zu lassen, nicht befassen will, den die Vorstellung der leeren Box mehr schmerzt als der Gedanke an den Schmerz, den sein Pferd, dämpfig und lahm geworden, nun in seinem Zustand leidet.

Egoismus der Gene – Altruismus im Sozialverhalten

Vom „Egoismus der Gene“ war hier nun oft die Rede, ebenso aber auch von Altruismus – z.B. dem der Stuten, die ihr Fohlen verteidigen. Doch ist das Verhalten der Stuten wirklich als Altruismus anzusehen? Sichert es nicht vielmehr den Fortbestand des eigenen Genpotentials und ist damit auch unter „Egoismus der Gene“ einzusortieren?

Das Wechselspiel zwischen Egoismus und Altruismus beschäftigt heute eine ganze wissenschaftliche Spezialdisziplin, nämlich die Soziobiologen. Einer davon, der Kalifornier Michael Ghiselin, sieht es so: „Die Ökonomie der Natur ist von Anfang bis Ende wettbewerbsorientiert. Versteht man, warum und wie diese Ökonomie funktioniert, dann kennt man auch die Gründe, auf denen soziale Phänomene basieren. Sie sind der Weg, auf dem ein Organismus auf Kosten eines anderen einen Vorteil erringt. Nicht ein Quentchen echter Nächstenliebe versüßt uns unsere Vorstellungen von Gesellschaft, wenn man Sentimentalitäten einmal beiseite läßt. Die Triebfeder für das selbstaufopfernde Verhalten eines Tieres liegt letztlich immer in dem Eigennutz, Vorteile zu erzielen und sei es über Dritte. (...) Kratz einen Altruisten und du siehst einen Heuchler bluten.“

Ein hartes Urteil, nach dem man das Thema „Altruismus im Tierreich“ eigentlich abhaken könnte. Wenn es nicht auch ein paar Geschichten, die in eine andere Richtung weisen, geben würde. Fangen wir mit den Zwergmungos an, die immer wieder als Beispiel für fein strukturiertes Sozialverhalten in einer Tiersozietät herhalten müssen (was übrigens nicht daran liegt, daß die Zwergmungos eine absolute Besonderheit sind, sondern allein daran, daß sie eben bestens erforscht wurden!).

Zwergmungos fressen mit Vorliebe Schlangen – auch giftige. Früher glaubte man, daß sie grundsätzlich gegen Schlangengift immun wären, heute weiß man aber, daß sie erst im Lauf ihrer Jägerkarriere dagegen abgehärtet werden. Wird also ein junger Zwergmungo von einer Schlange erwischt, geht's ihm erstmal sehr mies. Das passiert geradezu regelmäßig und genauso regelmäßig konnten Forscher beobachten, daß in der Gemeinschaft der Zwergmungos liebevollste Krankenpflege betrieben wird. Die ansonsten strenge Hierarchie, in der die Jüngsten ganz unten stehen, wird sogar aufgehoben, um dem Kranken zu helfen.

Machen wir weiter mit einer besonderen Art von Fledermäusen: Den blutsaugenden Vampir-Fledermäusen. Sie pflegen ihren Opfern, meist Pferden oder Rindern, die Haut anzuritzen und pro Nacht 20 bis 30 ml Blut zu trinken. Doch manchmal haben sie Pech und finden tagelang kein Opfer. Schon nach 60 Stunden ohne frisches Blut verlieren die kleinen Vampire bis zu 25 % ihres Gewichts, nach zwei weiteren Nächten ohne Nahrung stirbt die Fledermaus. Die Soziobiologen Wolfgang Wickler und Uta Seibt haben herausgefunden: „Erfolglos bleiben pro Nacht 30 % der noch unerfahrenen jüngeren Tiere und immerhin 7 % der Erwachsenen; demnach müßten pro Jahr 82 % der Erwachsenen verhungern. Tatsächlich liegt die Sterberate aber bei nur 24 %. Die Tiere zeigen nämlich ein unter Säugetieren bisher einzigartiges, risikobezogenes Verhalten: Verwandte und gute Bekannte helfen sich gegenseitig und geben Hungernden von der eigenen Blutmahlzeit etwas ab. Eine solche „Blutspende" rettet den Empfänger für einen Tag und gibt ihm eine eigene Chance in der folgenden Nacht."

Noch ein Beispiel gefällig? Diesmal sogar aus dem Bereich der Equiden: Zebras wurden dabei beobachtet, wie sie ein verletztes Herdenmitglied zur Wasserstelle begleiteten. Sie schützten es vor Angreifern, während es ein verletztes Bein kühlte.

Kommen wir nun zum Kernpunkt der Ausführungen: Ich glaube, daß es weder „Egoismus" noch „Altruismus" im Tierverhalten gibt, weil diese menschlichen Maßstäbe an diese Verhaltensweisen nicht anzulegen sind. Das Geheimnis des Überlebens heißt „Tit for Tat" (sinngemäß zu übersetzen mit „Wie du mir, so ich dir").

An der Universität von Michigan wurde „effektives Verhalten" per Computer-Simulation ausgetestet. Es gab dabei mehrere Verhaltensmuster: Kooperation zwischen den Partnern, totaler Egoismus, totaler Altruismus und jede Menge Mischformen. Dann ging es nach einem Punktesystem: Die Gegner konnten bei jedem Spielzug wählen, ob sie alleine operieren, mit dem Spielpartner zusammenarbeiten oder ihn über's Ohr hauen wollten. Für Kooperation bekamen beide Parteien je drei Pluspunkte, für Eigenbrötelei gab es jeweils nur einen Punkt; und wenn nur einer kooperierte, der andere ihn aber auszutricksen versuchte, bekam der „gute Dumme" nichts, für den Betrüger gab es fünf Punkte.

Sieger in allen Durchläufen war ein Programm, das „Tit for Tat" hieß. Es begann immer mit einem Kooperationsversuch – ging er gut, hatten nach der ersten Runde beide Spieler drei Punkte. Wurde „Tit for Tat" aber betrogen, war der Stand nach der ersten Runde fünf Punkte für den Gegner. Dafür beschubste „Tit for Tat" nun im zweiten Durchlauf seinen Partner, worauf der Stand sich auf 5:5 einpendelte. Nach diesem Vergeltungsschlag bot „Tit for Tat" in der nächsten Runde wieder Kooperation an – es reagierte also auf Miesheiten immer mit einer Miesheit, kooperierte aber, soweit es möglich war. Damit war es bei allen Strategien immer Sieger.

Was das alles mit Tieren zu tun hat? Ganz einfach: Die Soziobiologen gehen heute davon aus, daß „Tit for Tat" die „evolutionsstabilste" Strategie ist, d. h., daß die Tierarten, die dazu fähig sind, überleben konnten, während die, die immer nur Egoismus bzw. Altruismus übten, untergegangen sind.

Daraus können Konsequenzen für unseren Umgang mit Pferden gezogen werden. „Tit for Tat" funktioniert nämlich nicht nur innerhalb der eigenen Art, sondern auch im Umgang mit anderen, kooperationsfähigen Lebewesen.

Wir Reiter erleben es immer wieder in unserer Reitpraxis, ein typisches Beispiel ist die Parade: Wir nehmen die Zügel an (= Tit), das Pferd reagiert, indem es stehenbleibt oder sein Tempo verlangsamt (= Tat), worauf wir dann die Hand wieder aufmachen und Luft lassen. Nicht umsonst sagen Reiter auch von einem guten Pferd, daß es sich in der Ausbildung „anbiete" – gerade Reiten beruht auf der ständigen Kommunikation (man könnte auch sagen „Angebot und Nachfrage") zwischen Mensch und Pferd und wäre nicht möglich ohne die Kooperationsbereitschaft der Pferde, ohne die diese Tierart nicht bis heute hätten überleben können.

Das Selbstbewußtsein – haben Pferde eines?

Es schien über Jahrzehnte überhaupt keine Frage zu sein: Der Unterschied zwischen Mensch und Tier bestehe hauptsächlich darin, daß Menschen ein Bewußtsein haben, während Tiere eben instinktgesteuert unbewußt handeln – so lautete die gängige These.

In letzter Zeit wird aber über sie nachgedacht, und 1984 schrieb der Verhaltensforscher Donald R. Griffin: „Wenn jemand behauptet, daß ein bestimmtes Tier über sein Tun nachdenkt, sagt man ihm, dies sei eine kindische Art von Animismus, vergleichbar der Namensgebung für Schiffe und Autos, die man dadurch gleichsam mit einer Persönlichkeit ausstattet. Wenn man dann fragt, wieso unsere wissenschaftlichen Kollegen so sicher sind, daß das Tier nicht bewußt denkt, bekommt man oft zur Antwort, wir könnten zwar nicht beweisen, daß die Kreatur kein Bewußtsein habe, aber wir könnten schließlich auch nicht beweisen, daß es keine Frau Holle gäbe. (...) Etwas, von dem man glaubt, es sei nicht wahr, wird mit etwas anderem gleichgesetzt, bei dem sich alle einig sind, daß es sich um ein bloßes Phantasiegebilde handelt."

Denken wir also lieber einmal darüber nach, was eigentlich gegen „tierisches Bewußtsein" spricht. Wie ist es denn mit dem „bewußten Denken"? David R. Griffin hat z. B. zielgerichtetes Handeln als Indiz dafür angenommen und schreibt: „Ein relativ einfacher Fall ist das Vermögen zahlreicher Tiere (...) zu lernen, daß es Futter an einer bestimmten Stelle zu einer bestimmten Zeit gibt." Das kennen wir von Pferden – z. B. pflegt der Schimmel meiner Freundin Geländespaziergänge regelmäßig gegen 17.30 Uhr zu beenden, um rechtzeitig zur Fütterung im Stall zu sein. David R. Griffin weiter: „Offensichtlich ist da ‚etwas' in dem Tier, daß es veranlaßt, aufgrund von Informationen zu handeln, die es geraume Zeit zuvor empfangen hat. Nachdem wir nun, wie es der Philosoph Daniel Dennett ausdrückt, ‚die Zwangsjacke des Behaviorismus abgeworfen und seine schweren Überschuhe abgestreift haben' können wir getrost sagen, daß diese Tiere zu einer bestimmten Zeit an einer bestimmten Stelle Futter erwarten, und daß sie Enttäuschung, Ärger oder andere subjektive Emotionen erleben, wenn sich ihre Erwartungen nicht erfüllen."

Nun sind die Ansichten von Donald R. Griffin unter den Wissenschaftlern aber keineswegs unumstritten. Er ist der Vertreter einer Richtung, ihm steht aber auch eine ganz andere gegenüber, die seine Schlußfolgerungen ablehnt. Ich kann und will nicht entscheiden, wer da recht hat und ich glaube, es wird noch einige Zeit dauern, bis man Exakteres darüber sagen kann. Warum ich Ihnen dann trotzdem davon erzähle? Weil ich zumindest davon ausgehe, daß wir „Selbstbewußtsein" bei Tieren nicht mehr ausschließen können. Und weil ich Ihnen zum Fühlen das Wissen und damit den Mut vermit-

Manchmal ist Schlafen einfach wichtiger als Fressen oder Schmusen. Mimik und Haltung des Pferdes drücken dies deutlich aus.

teln will, auch dann noch Ihrem Gefühl für das Pferd zu folgen, wenn Ihnen sogenannte „Fachleute", deren Reitlehre auf dem alten „Prinzip der unbewußten Reaktion auf Reize" aufgebaut ist, anderes erzählen. Vielleicht kann man Griffins Thesen zumindest als Beleg dafür nehmen, daß Tiere nicht einfach auf Knopfdruck funktionieren! Daß ein Pferd auf den Schenkeldruck richtig reagiert, entspringt einem feinen Zusammenspiel physischer und psychischer Faktoren und ein ganz wichtiger psychischer Faktor ist sicherlich die Motivation. Da muß „etwas" sein, was das Pferd dazu veranlaßt, mitzumachen!

Distanz und Nähe – Freunde und Feinde

Kennen Sie die Geschichte vom „Kleinen Prinz"? Der französische Dichter Antoine de Saint-Exupéry beschreibt darin, wie der von einem fernen Planeten stammende kleine Prinz auf seiner Reise durch die Galaxien einen Fuchs trifft und Freundschaft mit ihm schließt. „Zähme mich!" bittet der Fuchs den kleinen Prinzen und beschreibt ihm genau, wie er das machen soll: Mit viel Geduld langsam annähern. Jeden Tag ein paar Zentimeter mehr, bis man sich schließlich ganz nahe ist.

Obwohl es sich bei dieser Geschichte um ein Märchen handelt, hat Antoine de Saint-Exupéry zwei Tatsachen verarbeitet: Freundschaft bedingt Nähe und Zähmung geduldiges Aneinandergewöhnen. Die Zähmungsmethode, die der Fuchs dem kleinen Prinzen vorschlägt, ist so für jedes Wildtier zu übernehmen und war wahrscheinlich schon Grundlage der ersten Freundschaft zwischen Mensch und Pferd.

Distanz und Nähe – das sind Schlüsselbegriffe in jedem Miteinander, ob zwischen Mensch und Tier oder Tier und Tier oder sogar Mensch und Mensch. An uns Menschen kann man das gut beobachten. Zwei Fremde begegnen sich in einem freien Raum. Wenn beide sich wohlfühlen sollen, müssen sie eine Distanz von ungefähr 3 m voneinander einhalten. Wird die unterschritten, wie es z.B. in überfüllten Aufzügen oder Straßenbahnen sehr oft geschieht, „distanzieren" sie sich, indem sie betont aneinander vorbeischauen. Die körperliche Nähe eines Fremden wird als unangenehm und irritierend empfunden. Wie unangenehm, kann man einfach austesten: lächelt man morgens in der Straßenbahn den in „normaler" Distanz gegenübersitzenden Mitmenschen an, bekommt man – so er nicht total verschlafen oder schlechtgelaunt ist – ein freundliches Lächeln zurück. Lächelt man aber im vollen Aufzug den auf Tuchfühlung gequetschten Mitfahrer an, wird der in den meisten Fällen zur Seite schauen und den direkten Blickwechsel vermeiden – er distanziert sich und empfindet das Näheangebot als Aufdringlichkeit.

Diese Erscheinung wurde schon 1935 von dem Psychiater B. Staehelin erkannt. Er beschrieb den Umgang mit einer schwer geisteskranken Patientin, die ihn, den Arzt, nicht näher als auf drei Meter an sich herankommen ließ: „Ich schiebe sie förmlich mit einem unsichtbaren Stab von drei Meter Länge vor mir her." Der Tierpsychologe Heini Hediger wußte dazu: „Die Patientin sah im Arzt offensichtlich einen Feind und verhielt sich ihm gegenüber wie eine Beute." Was sie eingehalten hat, war nämlich die Fluchtdistanz. Sie gehört zu den biologischen Urphänomenen, die in einer tiefen Schicht unseres Hirns verankert sind. Wir Menschen haben die aus diesem Hirnbereich entspringenden archaischen Triebe meist fest im Griff und können mit den Gefühlen, die sie auslösen (eben z.B. dem Un-

wohlfühlen, wenn uns ein Fremder zu nahe kommt), gesteuert umgehen. Bei der beschriebenen Patientin hatte ihre Krankheit diese Steuerung außer Kraft gesetzt.
Interessant an den Flucht- und Distanzphänomenen für uns Reiter ist vor allem, daß wir hier in einem der wenigen Bereiche unterwegs sind, in dem wir menschliche Erfahrungen und Gefühle (mit kleinen Abstrichen) auf Pferde übertragen können. Denn wenn wir einmal unsere Fähigkeit, reflexiv zu denken, einsetzen, um an unserem Distanzierungsverhalten die Steuerung durch eben dieses reflexive Denken abzuziehen und nur die emotionale Ebene zu betrachten, dann können wir uns mit einiger Phantasie vorstellen, wie ein Pferd empfindet.
Wie schon gesagt: Die Fluchtdistanz entspringt dem Feind-Warn-System. Wer sich als „Beute" empfindet, läßt den potentiellen Feind nur so nahe kommen, daß er noch genügend Fluchtmöglichkeiten hat. Dies ist vor allem bei Pferden eine biologische Notwendigkeit. Sie teilen ihren natürlichen Lebensraum mit einer ganzen Reihe von Freßfeinden und stekken dadurch in einem ständigen Zwiespalt zwischen ihren lebensnotwendigen Bedürfnissen wie Fressen und Schlafen und dem lebenserhaltenden Fluchtbedürfnis. Diese Bedürfnisse verlangen absolutes Gleichgewicht. Auch hier können wir wieder eigene Erfahrungen übertragen: Ist unser Fluchttrieb durch Unterschreiten der Fluchtdistanz aktiviert, geraten wir in Streß. Der Adrenalinspiegel und der Blutdruck steigen, der Pulsschlag erhöht sich, der Körper bringt sich fluchtbereit auf Hochtouren, die Ruhe ist dahin, wir suchen nach einem Ausweg. Das alles kostet Energie. Würde uns das nun jedesmal passieren, wenn wir eine Mahlzeit zu uns nehmen, hätten wir bald nicht mehr die nötige Kraft, wirklich flüchten zu können, und wären damit eine leichte Beute. Ebenso geht es den Pferden, und darum haben sie – wie übrigens fast alle Beutetiere – gelernt, die Strategie des Feindes genau zu beobachten und ihre Reaktionen daran auszurichten. Der satt dahinlatschende Säbelzahntiger auf der Suche nach einem Schattenplatz für den Verdauungsschlaf war wahrscheinlich schon für das Urpferd kein Grund, mit der ganzen Herde loszurennen. Wahrscheinlich hat sich aber auch der satte Tiger daran gehalten, außerhalb der Fluchtdistanz unterwegs zu sein – zwischen Beute und Jäger gibt es bestimmte „Verhaltensmaßregeln", die beiden nützen. Wissenschaftler, die Zebraherden und Löwenrudel in Afrika beobachtet haben, beschreiben z. B., daß die Löwinnen (beim „König der Steppe" jagen vorwiegend die Damen) nie eine ganze Population einer bestimmten Tierart erlegen. Denn wenn sie einmal in ihrem Lebensraum sämtliche fortpflanzungsfähigen Tiere erlegt hätten, wäre ja auch ihre Lebensgrundlage dahin. Genauso wenig hätten sie davon, ihre potentielle Beute dauernd zu jagen und damit ihre Fortpflanzung bzw. ihr Wohlergehen zu verhindern. Und im weitesten Sinne: Vermutlich spielt bei ihrem Verhalten auch noch eine Ahnung von der Gefähr-

Oben: Dieses Pferd ist gesund und fit – das sieht man auf den ersten Blick. Regelmäßiger Auslauf auf der Koppel ist wichtig für Pferde.
Unten: „Essen fassen". Eine wohlerzogene Jährlingsstute im Gestüt Harzberg.

lichkeit einer Herde, die ständig gehetzt wird, mit. Wer sich ständig bedroht fühlt, reagiert irgendwann einmal mit Aggressivität, und wenn z. B. ein ausgewachsener Zebrahengst beschließt, seine Herde vor angreifenden Löwen zu schützen, kann das für den einzelnen Löwen sehr unangenehm und gefährlich werden.

Darum ist Fluchtdistanz flexibel. Ein festgeschriebener Wert würde ja die Möglichkeit, sie auszubalancieren, verhindern. Genau das macht es uns Menschen möglich, Tiere zu zähmen. Die Erfahrung, daß wir Menschen nicht Feind für sie sind, ein Gewöhnen an unsere Nähe und das Hervorrufen positiver Gefühle machen das Unterschreiten der Fluchtdistanz möglich. Das ist Voraussetzung für jede Freundschaft.

Doch nun sind wir an dem Punkt, an dem sich Pferde von den uns sonst bekannten Haustieren unterscheiden. Nehmen Sie als Beispiel Hunde – sie haben keine Fluchtdistanz mehr. Wahrscheinlich war sie bei ihnen nie in dem Maße wie bei Pferden angelegt, denn schließlich gehört der Hund einer Familie an, die selbst jagt, während das Pferd gejagt wird. Haushunde schließlich empfinden Menschen generell nicht mehr als Bedrohung – ihnen scheint die Neigung zur Freundschaft mit uns schon angeboren zu sein. Anders ist das bei Pferden. Ein erfahrener Züchter sagte mir einmal: „Man muß jedes Fohlen wieder zähmen." In jedem Pferd steckt das Wildtier mit all seinen Instinkten. Im Gegensatz zu den Hunden, die in den meisten Fällen von sich aus die Nähe des Menschen suchen (so sie keine schlechten Erfahrungen gemacht haben), beruht bei Pferden die Fluchtdistanz auf Erfahrung und verwischt sich da, wo diese Erfahrungen nicht erneuert werden. So ist es z. B. möglich, daß Hauspferde innerhalb kürzester Zeit verwildern und dann wieder alle normalen Fluchtinstinkte gegenüber Menschen zeigen. Allerdings: Etwas Veränderung am Fluchtinstinkt hat die Zucht wohl doch bewirkt. Pferde, die ein sehr ausgeprägtes Fluchtverhalten zeigen, waren ja immer schwierig für Reiter. Aus ihrem Fluchtbedürfnis, dem sie nicht nachkommen durften, entsprang eine höhere Aggressivität, die sie meist aus der Zucht ausgeschlossen hat. Wir können heute davon ausgehen, daß unsere Hauspferde zu den Vertretern ihrer Spezies gehören, die zumindest einen stark herabgesetzten Fluchttrieb haben.

Die Zähmung eines Pferdes bekommen aber die meisten Reiter nie mit. Sie findet nämlich schon in der Prägephase statt, in der das Fohlen lernt, den Menschen als Freund anzusehen und sich im Zusammensein mit ihm wohlzufühlen.

Das heißt aber noch nicht, daß wir nicht weiter über Fluchtverhalten nachdenken müßten. Denn in unserer Umwelt gibt es viele Dinge, die den Fluchtinstinkt beim Pferd mobilisieren. Bei meinem Pferd sind es rote Traktoren. Wahrscheinlich müßte ich einmal einen neben ihre Koppel stellen lassen, auf daß sie sich von ihm zähmen lassen könnte. Bisher scheint sie nämlich zu glauben, daß rote Traktoren Pferde fressen. Rot ist sowieso eine Warnfarbe, und das laute Ungetüm in dieser Farbe mag sie nicht näher als drei Meter an sich heranlassen. Versuche ich, sie nä-

Auch Mütter sind manchmal müde. Der kleine Dülmener will's aber noch nicht so recht glauben und versucht es mit einer nachdrücklichen Aufforderung zum Spiel.

her daran heranzureiten, sitze ich auf einer tickenden Bombe. Jede Faser ist gespannt, alles ist auf die Flucht ausgerichtet. Der Moment, in dem die Bombe platzt und das Pferd in wilder Panik durchgeht, ist genau der, in dem die Fluchtdistanz unterschritten ist.

Bei roten Traktoren kann man mit dem Fluchtinstinkt leben – doch wenn Pferd z. B. Autos als bedrohlich empfindet und man den Stall direkt an einer Straße hat, hilft nur „Zähmung". Geduldiges Darangewöhnen, möglichst mit einer positiven Motivation: Kleine Geschenke erhalten nicht nur Freundschaften, sie können sogar dazu beitragen, eine zu schaffen. Der begehrte Leckerbissen in der Nähe des bedrohlichen Objektes kann schon etwas zum Abbau der Fluchtdistanz beitragen und bei ausreichender Geduld und Wiederholung deren Aufhebung bewirken.

Am wichtigsten in diesem Zusammenhang ist die Erkenntnis, daß das Scheuen und Schrecken eines Pferdes kein böser Wille und keine Widersetzlichkeit sind, sondern fast immer eine Reaktion auf absolut gesunde, natürliche Instinktvorgaben. Daraus resultiert, daß Strafen als Gegenmaßnahmen ganz falsch angebracht sind. Versuchen Sie doch einmal, auch hier zu übertragen: Würde Ihnen die Nähe des Fremden im Aufzug angenehmer, wenn er ihnen bei jeder Ihrer natürlichen Distanzierungsreaktionen vor's Schienbein treten würde? Wahrscheinlich würden Sie die Lektion „Dir muß ich aber ganz aus der Nähe gehen!" mindestens so schnell lernen wie ein Pferd das Scheuen, wenn es dafür gestraft wird.

Beim Thema „Distanz und Nähe" gibt es aber noch einen wichtigen Punkt. Wenn die Fluchtdistanz beim Pferd erst einmal abgebaut ist, was bleibt dann? Wir können wieder aus unseren eigenen Reaktionen schließen: Mein mir bekannter Nachbar darf mir näher als drei Meter auf den Pelz rücken, ohne ein Unwohlsein auszulösen. Aber er darf mich nicht anfassen. Näher als 10 bis 15 cm mag ich ihn eigentlich nicht an mich heranlassen. Denn da beginnt meine Individualdistanz und die ist mindestens ebenso wichtig wie die Fluchtdistanz. Stärker ausgeprägt als bei mir ist sie aber bei meinem Pferd. Madame zählt sogar zu den ganz Zurückhaltenden – ein Fremder, der meint, sie streicheln zu dürfen, kann fast sicher damit rechnen, daß sie die Ohren legt und einen Schritt zurücktritt, um ihre Individualdistanz wieder herzustellen.

Die zählt zu ihrem Sozialverhalten und ist wahrscheinlich im Rahmen der hierarchischen Ordnung in der Herde sehr wichtig: Ganz nahe dürfen sich nur die kommen, die einander wirklich gut kennen, die Vertrauen zueinander haben, also die, die miteinander befreundet sind. Womit auch das Pferdeverhalten wieder mit dem menschlichen übereinstimmt, denn auch wir mögen es nicht, wenn Fremde uns anfassen.

Wie es zur Individualdistanz kommt und wozu sie dient, ist nach der bisherigen Forschung nicht zu begründen. Doch daß sie bei Pferden da ist, wissen einfühlsame Reiter. Neuerdings gibt es auch eine wissenschaftliche Theorie dazu, die an das im vorigen Kapitel Gesagte anschließt: Individualdistanz bzw. der Wunsch danach sei ein Ausdruck des Selbstbewußtseins. Wer sich als „ich" empfindet, legt Wert darauf, als Persönlichkeit respektiert zu werden.

Für uns Reiter sollte sich aus diesen noch weitgehend unerforschten Phänomenen aber schon ein Schluß ergeben: „Höflichkeit" gegenüber Pferden. So wenig wie wir einen fremden Menschen einfach anfassen würden, so wenig sollten wir es bei einem fremden Pferd tun. Wir sollten ihm die Chance geben, Vertrauen zu uns zu fassen und erst dann die Individualdistanz unterschreiten, wenn wir sicher sein können, daß das nicht mehr als aufdringlich und unangenehm empfunden wird. So herrlich sich eine weiche, samtige Pferdenase anfühlt: Für das Pferd werden die Nähe und das Streicheln vermutlich erst dann angenehm sein, wenn es unsere Annäherung nicht mehr als Eindringen in seine Intimzone empfindet. Pferde signalisieren das recht deutlich. Die erste Annäherung an einen fremden Menschen ist meist das sanfte Anblasen. Das Pferd stellt sich vor, indem es seinen Eigenduft wie eine „Visitenkarte" dem Gegenüber entgegenbläst.

Die „Höflichkeit" gegenüber dem Pferd kann die eigene Vorstellung auf die gleiche Art sein: Sanft zurückblasen, dabei aber den „Abstand", den das Pferd vorgibt, wahren. Wenn ihm das, was sich da vorstellt, sympathisch ist, wird es nämlich von selbst weitere Annäherung suchen. Nase vor, beschnüffeln des Gegenübers, sanftes Anstupsen, freundliches Gesicht. Die Antwort darauf kann freundliche Ansprache und ein erstes, vorsichtiges Streicheln sein – an der Reaktion darauf kann man schon erkennen, ob das Pferd bereit ist, die Aufgabe der Individualdistanz bis zur Schmusenähe weiter zu betreiben. Auf jeden Fall aber sollte man es vermeiden, ein Pferd mit dem eigenen Zärtlichkeitsbedürfnis zu überfallen – Freundschaft bedingt nämlich auch, die Bedürfnisse des anderen zu respektieren.

Streß und Angst

Als ich dieses Buch schrieb, hatte ich Streß. Der Schlußtermin drängte, mein Ehrgeiz setzte mich unter Druck, das Telefon klingelte dauernd dazwischen, Termine mußten koordiniert werden. Wenn ich es dann noch schaffte, in den Stall zu kommen, hatte vermutlich mein Pferd Streß, weil sich meine Nervosität übertragen hat.

Hans Hinrich Sambraus weiß in seiner „Nutztierkunde“, in der ein ganzes Kapitel dem Thema Streß gewidmet ist, zu berichten: „Grundsätzlich ist jedes Individuum streßanfällig. Dessen ungeachtet, bestehen aber deutliche Abhängigkeiten von Art, Rasse und individuellen Besonderheiten. Streß ist in der Nutztierhaltung ein leistungsmindernder Faktor.“

Dann definiert er: „Als Stressor wird jeder das ‚innere Milieu' störende oder den Organismus beeinträchtigende exogene oder endogene Reiz bezeichnet. Im weitesten Sinne gilt jeder Reiz (Einfluß, Information), gleichgültig, ob positive oder negative Erfahrung, als Stressor, und zwingt den Organismus zur Reaktion. (...) Streß ist der Zustand eines Tieres, dem es (noch) nicht gelungen ist, den Stressor zu neutralisieren.“

Ich glaube, den „positiven“ Streß, ausgelöst durch Freude oder Belohnung, können wir unberücksichtigt lassen. Der negative ist es, der dem Reiter Probleme bereitet, und der entspringt in den meisten Fällen der Angst. Ich glaube, wir Menschen, von Natur aus eher zu den Jägern als den Gejagten gehörend, können uns nur schwer vorstellen, wieviel Angst das Pferdeleben begleitet. Vielleicht fühlt ein Pferd ein ganzes Leben lang so wie wir empfinden würden, wenn wir als waffen- und wehrloser Robinson auf einer Kannibaleninsel gelandet wären.

Der Tierpsychologe Heini Hediger hat's erfaßt: „Das freilebende Wildtier muß dauernd auf der Hut, auf dem Qui vive sein, d. h. dauernd fluchtbereit, dauernd angespannt im Dienste der Feindvermeidung (...) Nicht ‚der Hunger und die Liebe erhalten das Getriebe', wie der Dichter Friedrich Schiller meinte, sondern vor allem die dauernde Aufmerksamkeit im Dienste der Feindvermeidung, die ständige Fluchtbereitschaft. Die Stillung des Hungers und die Befriedigung des Geschlechtstriebes können zurückgestellt werden, nicht aber die Flucht vor einem sich nähernden Feind. Insofern lebt das freilebende Tier fast ununterbrochen in einer gewissen Angst, insofern als es in kurzen Abständen immer wieder sichern muß. Nicht nur die Sinnesorgane, sondern der ganze Körperbau, das gesamte Verhalten sind auf diese primordiale Aufgabe gerichtet.“ Angst steht über allem. Vor einigen Jahren hat der Nobelpreisträger Professor Haldan Keffer Hartline dies bestätigt, indem er das Prinzip vom „Höchstwertdurchlaß für Verhaltenstendenzen“ beschrieben hat. Das bedeutet nichts anderes, als daß sich beim Drängen zweier Verhaltenstendenzen, die einander entgegengesetzt sind, nur die motivationsstärkste durchsetzen kann. Und da der „Überlebenswille" vor allen anderen Motivationen steht, wird sich immer die Fluchttendenz durchsetzen, wenn sie im Widerstreit zu anderen Motivationen, wie eben dem Freßtrieb oder dem Fortpflanzungstrieb, steht.

Angst also zunächst einmal als Voraussetzung des Überlebens – schon das vielgebrauchte Wort vom „Fluchttier" Pferd macht klar, wie übermächtig dieser Faktor ist. Und wer Pferde anschaut, kann die Hediger-These von der psychisch-physischen Entwicklung in diese Richtung nur unterstreichen. Alles in der Entwicklungsgeschichte des Pferdes hat dazu beigetragen, aus ihm einen hochspezialisierten Flüchter zu machen. Die Physiologie des Pferdes ist darauf angelegt: die „Start-" und „Beschleunigungszeiten" lassen – vor allem im Vergleich zum dabei entstehenden Energieaufwand – jeden modernen Autobauer vor Neid erblassen. Nehmen wir einmal an, das liegende Pferd wird durch irgend etwas aufgeschreckt: Innerhalb eines Sekundenbruchteils werden die Muskeln so aktiviert, daß erst die Vorhand und dann die Hinterhand in einer ruckartigen, nach vorwärts schnellenden und damit schon eine eventuelle Flucht einleitenden Bewegung hochkommen. Man kann ausrechnen, welche Kräfte das erfordert. Der Hippologe Wilhelm Blendinger hat's getan und kommt auf folgendes: „Wenn man davon ausgeht, daß ein Pferd 500 Kilogramm wiegt und beim Aufspringen seinen Körper in einer Sekunde im Schwerpunkt um 1,50 Meter hochhebt, so erfordert das 10 PS, also die Gesamtheit seiner Körperkraft." Das Aufstehen und Losgaloppieren ist ein fließender Übergang: Von 0 auf 50 in wenigen Sekunden, dabei Einsatz aller Systeme in Sofortleistung, nötigenfalls fließender Übergang der Muskelversorgung auf Dauerleistung ohne Energieabfall – bedenkt man, mit welcher Energieversorgung das freilebende Pferd auskommen muß und wie schnell es sich von einer solchen Leistung erholen kann, kann man wirklich nur noch bewundernd staunen.

So schwierig die Angst des Pferdes es uns Reitern oft macht, so hat doch jedes Ding zwei Seiten, auch die Verhaltensausrichtung Angst. Hätte sie in der evolutionären Entwicklung des Pferdes nicht diese Rolle gespielt, wäre die Reiterei, vor allem der Reitsport, wohl nicht möglich. Denn z. B. die Springveranlagung eines Pferdes ist davon abhängig, wie gut es diese Kraftübertragung im Schnell-Durchlauf (sowohl was Schnelligkeit wie Schnellkraft angeht) beherrscht. Zum flotten Geländeritt über Hindernisse fällt mir jener buschreitende Bekannte ein, der seinem Fuchs vor der Geländestrecke zu sagen pflegt: „Nun aktiviere mal deinen Fluchttrieb, damit bist du der schnellste." So gesehen, müssen wir Mutter Natur für die Angstausstattung der Pferde bzw. für die daraus resultierende Entwicklung dankbar sein.

Doch damit haben wir nur Grundvoraussetzungen abgeklärt. Tatsache ist und bleibt, daß ein ängstliches, in seiner Angst „spinnendes" Pferd nicht gerade das ist, was Reiters Herz erfreut. Tatsache ist aber auch, daß Angst auch für das Tier ein paar sehr negative Aspekte hat. Bleiben wir beim Beispiel des schnellen Aufstehens: In früheren Zeiten, als Pferde noch vorwiegend im Ständer gehalten wurden, kannte jeder Pferdehalter das Problem des „Festliegens" und seine Folgen. Ein Pferd, das sich im Liegen irgendwie unter die Flankierstange manövriert hatte und nicht mehr hochkam, brauchte ganz schnelle Hilfe. Der „Motor“ wird nämlich bei dieser Flucht auf Höchstleistung gebracht – und wenn er die nicht sofort in Bewegung umsetzen kann, „überdreht“ er. Der eingebaute Stop ist das Aufbrauchen der dabei eingesetzten Energiereserven. Kommt es nicht dazu, kann es z. B. Herzmuskelschäden, lebensbedrohliche Schwächezustände oder gar einen tödlichen Kollaps geben. Festliegen führt beim Fluchttier Pferd zur Todesangst, und das kann tödlich ausgehen.

Angst muß aber nicht immer gleich Todesangst sein. Es gibt ja Abstufungen – z. B. das, was der „Underdog“ in einer Herde erlebt. Er ist jeden Tag der Prügelknabe aller: Das ist zwar keine „lebensbedrohende Situation“, es ist auch keine Situation, die jedesmal Todesangst auslöst, aber es ist eine Situation, in der dauernd Angststreß auftritt. Bei Ratten, die solchen Daueranspannungen ausgesetzt werden, kann man die Auswirkungen in „Zentimeter Ulcus“ messen, denn sie reagieren mit Magengeschwüren. Bei Pferden wurde das zwar noch nie beobachtet (weil glücklicherweise noch niemand auf die Idee gekommen ist, mit ihrer Angst zu experimentieren), aber daß z. B. bei Pferden, die den Dauerstreß der „Einzelhaft“ in einer engen, dunklen Box haben, Gesundheitsstörungen auftreten können, streitet kein Tierarzt ab. Besonders extrem kann das bei Zuchtstuten sein. Denn alles, was die tragende Stute an Streßhormonen ausschüttet, landet beim Fohlen. Was Angst bei Schwangeren bewirken kann, wurde bei Mäusen experimentell erforscht. Die Ergebnisse beschreibt Vitus B. Dröscher: „Waren die mütterlichen Ängste relativ gering, schenkten sie Kindern das Leben, die langsam in ihren Bewegungen sowie unternehmungsunlustig waren und sich in Lerntests ziemlich dumm anstellten. Eine Steigerung der Ängste bei tragenden Muttertieren wirkte sich auf deren Kinder in Form krankhafter Nervosität aus. Schon bald nach der Geburt klapperten die Jungen ohne ersichtlichen Grund vor Angst fortwährend mit den Zähnen, kratzten sich ständig das Fell, bis sie blutig waren, und produzierten immerzu Kot und Urin in kleinsten Portionen. Eine weitere Verschärfung der Ängste ließ bei vielen Mäusekindern einen Spaltgaumen entstehen (...)“ Die Angst wird also an die nächste Generation weitergegeben.

Doch auch mit diesen Erkenntnissen ist den Reitern nur bedingt gedient. Keiner von uns kann sein ängstliches Pferd zurückgeben und darum bitten, es noch einmal mit einer „streßfreien“ Trächtigkeit der Mutterstute zu probieren. Wir müssen andere Wege suchen – und die sind durchaus möglich. Der schon vorher zitierte Heini Hediger, über Jahre Zoodirektor in Zürich, weiß dazu eine sehr aufschlußreiche Geschichte zu erzählen: Wenn ein Schimpanse im Zoo einmal ausgebrochen ist, „gilt (es) als tiergartenbiologische Regel, die sich in zahlreichen Fällen bewährt hat, daß man in solchen Situationen dem sich herumtreibenden Schimpansen eine Schlange vorhält, worauf er sich mit großer Wahrscheinlichkeit und Geschwindigkeit in seinen Käfig zurückzieht und die Türe von innen schließt – weil er Angst hat.“ Und weil er den Käfig, die Obhut des Menschen also, als beschützend empfindet. Hediger beschreibt auch, daß bei Tieren in menschlicher Obhut sehr oft eine Verlängerung des Spielverhaltens zu beobachten sei, was auf eine gewisse Angstfreiheit schließen läßt. In der freien Natur spielen nämlich nur Jungtiere, die sich im Schutz ihrer Eltern absolut sicher fühlen.

„Sicher fühlen" ist die Voraussetzung, mit der Angst fertig werden zu können. Je sicherer sich das Pferd in der menschlichen Obhut fühlt, desto eher kann es mit kleinen Angstauslösern fertig werden. Meine diesbezüglichen Schlüsselerlebnisse hatte ich beim Verladen junger Pferde. Wer hat das nie erlitten? Der Youngster weigert sich standhaft und total verängstigt, auch nur ein Bein in den Hänger zu setzen. Keine Überredung, kein Futter, kein Trick hilft – Pferd will nicht. Und dann, nachdem Roß und Reiter schon in Schweiß ausgebrochen sind, marschiert der alte Pferdepfleger an, nimmt das Baby am Halfter, geht in den Hänger und macht die Klappe dicht, als ob es nichts wäre. Wer glaubt, daß der einen besonderen „Zauber" hat, liegt ganz schief: Er ist für das Pferd nur „der Mann seines Vertrauens". Einer, den es kennt, von dem ihm nichts Übles geschehen kann, dem es glaubt, daß in der Hängerecke nicht der große Pferdefresser lauert.

Womit wir nun am Punkt wären: Gegen Anfälle von akuter Angst kann man so gut wie gar nichts machen. Die einzige Chance, mit der Angst des Pferdes umzugehen, ist, sie gar nicht erst auftreten zu lassen. Das heißt: Vertrauen schaffen. Dafür sorgen, daß das Pferd keine Negativerfahrungen macht, daß der Reiter als „Sicherheitsfaktor" angenommen wird, daß der Stall ein „Zuhause" ist, der vor Angst und Streß schützt. Das kann bei manchem sehr ängstlichen Pferd ein langer Weg sein, der vielleicht auch nur Teilerfolge bringt, weil die Angst schon in Zucht und Aufzucht zu weit „programmiert" wurde. Aber selbst die Teilerfolge sind wertvoll, denn, wie Vitus B. Dröscher schreibt: „In ihrer schärfsten Form, der Panik, unterdrückt die Angst jegliche Besonnenheit. Sie mobilisiert das Äußerste an Leibeskräften, aber schaltet das Hirn auf Null. Auf der Flucht strampelt sich eine Antilope durch eigentlich undurchdringlich dickes Dornengestrüpp. Aber im Zoo bricht sie sich, blindwütig rasend, am Zaun den Hals (...)" Und wer schon einmal das scheußliche Erlebnis hatte, auf einem in Panik durchgehenden Pferd zu sitzen, wird für alle Zukunft bemüht sein, dieses Horrorszenario unter allen Umständen zu verhindern.

Streßabbau ist aber auch wichtig, wenn das Pferd etwas lernen soll. Streß verblödet nämlich – im wahrsten Sinne des Wortes. Wer kann in Panik schon klar denken? Menschen sind in diesem Zustand zu den größten Dummheiten fähig, Pferde nicht weniger.

Der in Angst einsetzende Fluchtreflex überstrahlt alles andere und verhindert die Konzentration. Wir Menschen kennen das beispielsweise als Prüfungsangst, und die konnte ich während meiner Ausbildung an einem Kameraden beobachten. Im Unterricht wußte er meist mehr als ich, aber bei den Klausuren war er wie vernagelt und schaffte es nicht, sein Wissen zu Papier zu bringen. Seine Angst, zu versagen, setzte seine normalen Gehirnfunktionen außer Gefecht, und wir brachten ihn schließlich nur durch die Prüfung, indem wir ihn mit Beta-Blockern „dopten".

Darin steckt auch der Grund, warum domestizierte Tiere viel mehr lernen können als ihre freien Verwandten. Sie sind fähig, ihre Intelligenzreserven einzusetzen. Mutter Natur, die Pragmatische, hat nämlich jedem ihrer Kinder mindestens soviel intellektuelle Kapazität mitgegeben, wie zum Überleben unbedingt erforderlich war. Dazu gab's dann noch einen kleinen „Nachschlag", auf daß das „Denken" auch unter widrigen Umständen, wie z.B. nach einer in Angst vor Feinden schlaflos verbrachten Nacht, noch funktioniert. Darin steckt wahrscheinlich sogar die Ursache für die Entstehung der menschlichen Intelligenz. Vitus B. Dröscher dazu: „Wir wissen, daß unsere Vorfahren rein körperlich gegen Raubtiere noch viel verteidigungsunfähiger als Schimpansen waren. Mit viel schwächlicherer Muskulatur (ein Schimpanse ist dreimal so stark wie ein Mensch!), mit einem lächerlich harmlosen Gebiß, ohne Schutzpanzer und ohne als Waffen zu gebrauchende Krallen, in der Fluchtgeschwindigkeit jedem Feind weit unterlegen, unfähig, blitzartig auf rettende Bäume zu klettern, mußte zum Überleben ein Ausgleich in geistigen Kräften errungen werden.

Aber von dem Augenblick, an dem mit ebendiesen geistigen Kräften um die Urhorde des Vor- oder Frühmenschen herum ein Feld relativ zuverlässiger Sicherheit geschaffen wurde, an dem Angst, Streß und Schlaflosigkeit vermindert wurden, konnte jenes enorme Maß an bisher latent brachliegendem Intelligenzüberschuß seine Wirkung mehr und mehr entfalten.

Das ist der Grund, weshalb im biologischen Geschehen der Urzeit mit dem Großhirn des Menschen etwas entstehen konnte, das, biologisch gesehen, so etwas Überflüssiges hervorbringen konnte wie die moderne Zivilisation mit ihren Massenvernichtungswaffen und anderen Ideen, mit denen sich der Mensch in den Gegensatz zur Schöpfung stellt und damit seine Existenz an den Rand der Vernichtung bringt."

Wir sollten also unseren Pferden weitgehend streßfreie Entfaltungsräume schaffen. Das ist eine Haltungsfrage – und zu diesem Thema mehr in den folgenden Kapiteln.

Menschen und Pferde – eine uralte Beziehung

Eines der ältesten Kunstwerke, die ein Mensch geschaffen hat, ist ein kleines Pferdchen, das in einer Höhle auf der Schwäbischen Alb gefunden wurde. Es ist das Zeugnis einer der ältesten „Beziehungskisten" der Menschheit: der Faszination Mensch-Pferd, der wir heute noch immer erliegen. Doch vermutlich sah sie bei dem Künstler, der da so liebevoll das kaum handgroße Pferdchen formte, ein bißchen anders aus als bei uns. Für ihn war das Pferd noch nicht Freizeitkamerad, noch nicht einmal Helfer bei seinem Überlebenskampf, sondern schlicht und einfach Jagdbeute. Aber eine, deren ästhetischer Reiz unseren Urahn nicht kalt gelassen hat. Die liebevollen Details, mit denen er sein Pferdchen ausgestattet hat, lassen dies ahnen.

Die Entwicklungsgeschichte des Menschen und die des Pferdes sind seit ca. 30 000 Jahren miteinander verknüpft. Denn schon eiszeitliche Höhlenmalereien, z. B. in Niaux bei Tarascon-en-Ariège, zeigen Pferdedarstellungen. Dabei ist das Pferd entwicklungsgeschichtlich älter als der Mensch.

Aber wann wurden aus Menschen Reiter? Wann aus dem Beutetier der Gefährte? Bisher nahm man an, daß der Einsatz des Pferdes als Helfer des Menschen mit der Entwicklung des Rades zusammenhänge, daß also erst gefahren wurde.

Doch dann untersuchten der amerikanische Anthropologe David Anthony, seine Frau Dorcas Brown und der Russe Dimitri Y. Telegin die Sredni-Stog-Kultur. „Die Sredni-Stog-Kultur trägt ihren Namen nach einer Insel im Dnjepr, dem ersten Fundort einer solchen Siedlung; sie existierte zwischen 4300 und 3500 vor unserer Zeitrechnung..." Die Sredni-Stog-Menschen waren, wie aus ihren Hinterlassenschaften zu erkennen ist, Bauern. Sie züchteten Rinder, Schafe, Ziegen und Schweine und betrieben Ackerbau. „Doch das besondere Kennzeichen dieser Kultur sind Pferde", schreiben die Forscher. Denn im Nahrungsabfall der Siedlungen fanden sich Pferdeknochen etwa doppelt so häufig wie in früheren Kulturen der Region.

Außerdem fanden sich Relikte von Pferden auch in Siedlungen in waldreichen Gebieten, wo Wildpferde selten gewesen sein dürften, d. h. die Sredni-Stog-Menschen müssen schon Pferde gehalten und sie gezielt wirtschaftlich genutzt haben. An einigen Unterkieferfragmenten, die im Nahrungsabfall gefunden wurden, läßt sich erkennen, daß sie von Hengsten stammen, die zwischen sechs und acht Jahren alt waren. Das weist darauf hin, daß man gezielt Schlachttiere auswählte, wobei man Stuten ausnahm.

Doch das waren erst die Anfänge der Erkenntnisse, die die Sredni-Stog-Kultur über Menschen und Pferde lieferte, denn „Der spektakulärste Fund war ein Pferd, das ganz anders als alle anderen behandelt worden war. Der Schädel und das Vorderbein dieses sieben- bis achtjährigen

Hengstes ruhten in einem rituellen Ensemble gemeinsam mit deutlich erkennbaren Überresten von zwei Hunden. Anscheinend waren die drei Kadaver absichtlich zusammengebracht worden, und zwar nur die Felle, an denen noch der komplette Kopf sowie die Knochen des Vorderbeins oder der Wirbelsäule hingen. In der Nähe wurde das Tonfigürchen eines Ebers und Fragmente menschenähnlicher Statuetten entdeckt. Außerdem fanden sich zwei durchbohrte Geweihstücke – möglicherweise die Seitenteile einer Trense (...) Das ganze Ensemble ist offenbar ein Kultdepot, und das Arrangement von Pferd, Hunden und anthropomorphen Figuren spricht deutlich für den domestizierten Status des Pferdes. Der rituelle Brauch, ein Pferdefell mit Kopf und Beinen auf einem hölzernen Gestänge anzubringen, um einen heiligen Ort zu markieren, ist für das vorchristliche Europa häufig belegt (...)".

Die Wissenschaftler wollten nun genauer wissen, ob die Pferde der Sredni-Stog-Menschen schon geritten wurden, worauf die Geweihstücke im Fund ja deuteten. „Mangels Artefakten, die eindeutig die Anfänge des Reitens belegen, beschlossen wir, dem prähistorischen Pferd buchstäblich ins Maul zu schauen." Auch wenn es eigentlich nicht so sein sollte, so hinterlassen Gebisse nämlich meist Spuren. Anstatt gutverpaßt in der Lücke zwischen den vorderen Schneidezähnen und den hinteren Backenzähnen zu liegen, werden sie oft genug nach hinten auf die Backenzähne geschoben.

Das Problem kennen wir Reiter: Das Pferd spielt mit einem nicht optimal passenden Gebiß, schiebt es auf die Prämolaren und beißt sich, damit die Maulwinkel nicht schmerzhaft hochgezogen werden, darauf fest. Abgesehen davon, daß sich Pferde so der Hand und Einwirkung des Reiters entziehen, ergibt sich dadurch auch eine Verschleißerscheinung an den Zähnen.

David Anthony und Dorcas Brown gingen nun daran, sich dieses Indiz für die Nutzung als Reitpferd genauer anzuschauen, indem sie die Unterkiefer von 10 Reitpferden mit denen von nachweisbar nie gerittenen Wildpferden unter dem Elektronenmikroskop verglichen. Die Spuren, die Gebisse hinterlassen, konnten dabei als Charaktistiken festgestellt werden, die sie zu dem Schluß brachten, daß man nie ein Wildpferd gefunden habe, „dessen Zahnschäden mit dem Verschleiß durch ein Zaumzeug verwechselt werden könnte."

Nun war der Kiefer des Sredni-Stog-Kulthengstes zur Untersuchung dran: „Unter dem Elektronenmikroskop zeigten die Zahnabgüsse (...) alle charakteristischen Verschleißspuren einer Trense: Überall auf dem ersten Backenzahnhöcker sind die typische Abschrägung, vom Zentrum ausstrahlende Absplitterungen und abgeschliffene Stufenfrakturen zu erkennen (...). Wegen der rituellen Lagerung des Kultpferdes mit komplettem Schädel (...) ist auch der Oberkiefer erhalten geblieben, und durch Anpassen der Kiefer läßt sich ausschließen, daß ein Fehlbiß die Zahnschäden verursacht hat. Demnach muß der Hengst ein Zaumzeug getragen haben und von hinten geführt worden sein – entweder von einem Reiter oder Wagenlenker. Doch rund ein halbes Jahrtausend bevor in dieser Region das Rad aufkam, kann der Hengst nur zum Reiten gedient haben. Somit ist er das bislang erste uns bekannte Reitpferd überhaupt."

Womit man nun ungefähr datieren kann,

wie alt unsere gemeinsame Geschichte ist: 6000 Jahre. Es gab weder das Rad noch die Schrift, doch die Menschen saßen schon zu Pferd. Und wenn nicht irgendeiner irgendwann darauf gekommen wäre, sich auf den Rücken des Pferdes zu schwingen, wäre die Menschheitsgeschichte wahrscheinlich anders verlaufen. Der Mensch wurde als Reiter zum erstenmal über seine eigenen Kräfte hinaus mobil und sein Wirtschafts- und Sozialsystem veränderte sich grundlegend.

Anthony, Brown und Telegin führen als Beispiel dafür die Prärie-Indianer an: „Zu Pferd konnten sie sich pro Tag zwei- bis dreimal weiter und schneller fortbewegen als zu Fuß; bislang unzugängliche Ressourcen und Märkte, Feinde und Verbündete waren auf einmal in Reichweite. Ernährung und Sicherung der übrigen Lebensgrundlagen in der trockenen Weidelandschaft – für Jäger zu Fuß ungewiß und riskant – wurden nun vorhersagbar und ertragreich. Die seßhaften Ackerbauern, deren Dörfer in den Flußtälern traditionell die Wirtschafts- und Siedlungszentren waren, sahen sich wehrlos den blitzartigen Überfällen berittener Feinde ausgeliefert, die man nicht verfolgen und bestrafen konnte. Viele dieser Dörfer mußten aufgegeben werden, und ihre Bewohner verwandelten sich aus Selbstschutz nun ihrerseits in berittene Jäger – so die Cheyenne, die Arapaho und die Crow.

Die kriegerischen Auseinandersetzungen nahmen an Intensität und sozialer Bedeutung zu – einerseits, weil Pferde einen stets von Diebstahl bedrohten Reichtum darstellten, und andererseits, weil die berittenen Stämme sich einfach über die auf Fußmarsch-Distanzen beruhenden ethnischen Grenzen hinwegsetzten. Handel und Tauschsysteme dehnten sich viel weiter aus, wurden sozial vielfältiger und schlugen jetzt mehr Güter um (unter anderem Pferde) als jemals zuvor (...). Solche Veränderungen scheint es ebenfalls zur Zeit der Sredni-Stog-Kultur gegeben haben (...). Indem die Reiterei entlegene Kulturen in Kontakt brachte, hat sie anscheinend sowohl den Handel als auch Kriege stimuliert. Die größten (...) Siedlungen bedeckten mehr als dreihundert Hektar und umfaßten bis zu tausend Bauten. Diese damals beispiellosen Bevölkerungskonzentrationen lassen sich am besten mit gestiegenem Schutzbedürfnis erklären (...). Das Aufkommen der Reiterei vermag all diese Phänomene zwanglos zu erklären: Die Bereicherung der Sredni-Stog-Kultur, die Ausweitung des Fernhandels über die Steppen, die defensive Konzentration der seßhaften Ackerbauern in Großsiedlungen und die Wanderung von Gruppen der Sredni-Stog-Kultur in ressourcenreiche Gebiete, die ihnen vordem unzugänglich waren."

Sogar die Sprachentwicklung, vermuten die Linguisten heute, sei durch das Zusammenwirken Mensch-Pferd beeinflußt worden. Die Ausbreitung des indoeuropäischen Dialektes, aus dem sich Sanskrit, Griechisch, Latein, Englisch, Französisch, Deutsch, Russisch und Persisch entwickelt haben, könnte sich durch die Mobilität der reitenden Menschen plausibel erklären lassen.

Für mich bleibt dabei eine Frage: Haben die Reiter der Frühzeit „nur" Transportmöglichkeit in ihren Pferden gesehen oder bestanden damals schon engere Beziehungen? Letztgültig wird aus dem Dunkel der Geschichte wohl keine Antwort zu bekommen sein, aber Indizien weisen darauf hin, daß Pferde schon damals etwas ganz Besonderes waren und den sozialen Status ihres Besitzers maßgeblich beeinflußten. Eines kann man der gemeinsamen Geschichte auf jeden Fall entnehmen: Sie waren unsere „Kulturträger" und es stünde uns Reitern heute gut an, weiterhin „Reitkultur" zu haben und fortzuentwickeln.

Motivation – der Ausbildungs-Erfolgsfaktor

„Wenn ihr's nicht fühlt, ihr werdet's nie erjagen!" hat der große Goethe gesagt und ein großer Reitmeister hat das dann an die Wand seiner Halle geschrieben. Diesem Prinzip folgen die klassischen Reitlehren: Seitenweise kann man über die Hilfen zu jeder nur denkbaren Lektion lesen, aber wie man das Pferd dazu bringt, diese Hilfen anzunehmen; und warum es überhaupt gewillt ist, sich reiten zu lassen? Davon ist nichts zu lesen. Die großen Reitmeister scheinen davon auszugehen, daß die geheimnisvolle „Chemie" zwischen Roß und Reiter schon funktionieren wird. Und wenn nicht, dann fehlt's dem Reiter eben an der letzten Gnade – siehe oben!

Ich habe dummerweise nie zu den begnadeten Reitern gehört und wenn es bei mir doch einmal funktionierte, fragte ich mich immer: Warum? Heute weiß ich, daß der Trick „Motivation" heißt und daß Pferde geradezu prädestiniert sind, sich motivieren zu lassen.

Ein Teil der Motivation ist nämlich immer Autorität und wir wissen, daß Pferde bereit sind, Autorität anzuerkennen und gerne anzunehmen.

„Autorität" – ein belastetes Wort. Für viele von uns mit Erinnerungen z. B. an die Schulzeit verbunden. Die Autorität des Lehrers basierte auf seiner „Macht" über uns. Er konnte über Versetzung entscheiden, mit seiner Notengebung den häuslichen Frieden gefährden, das Selbstbewußtsein ankratzen, er konnte strafen. Oder die Autorität des Vorgesetzten, der über Karriere und Existenz entscheiden kann – solche Autoritäten können auch motivieren. Allerdings ist das eine eher negative Motivation, denn als Motiv dahinter steht die Angst vor der Strafe. Angst ist aber einer der größten Streßfaktoren und Streß, so wissen wir aus dem Vorangegangenen, blockiert die Denk- und Lernleistungen.

Ebenso wissen wir aber, daß die natürlich gegebenen Autoritäten im Lebens eines Pferdes wie z. B. die Leitstute, ihre Stellung nicht durch die Verbreitung von Angst und Schrecken, sondern durch Überzeugung errungen haben.

Pferde scheinen geradezu das Bedürfnis zu haben, sich solcher Führung unterzuordnen, vermittelt sie doch Sicherheit, mindert die Angst vor den Folgen eigener (Fehl-)Entscheidungen und fördert das zufriedene Gefühl, geborgen zu sein. Dieses Bedürfnis können wir Reiter für uns aktivieren.

Denn – auch das wissen wir aus eigener Erfahrung – einer angstfrei angenommenen „Autorität" möchte man „gefallen". Ihr Lob, ihre Zuneigung sind wichtig für das eigene Selbstbewußtsein.

Wie sich das bei Pferden auswirken kann, wird für mich am deutlichsten in der Geschichte meines Freundes Bernd und seines alten Buschpferdes. Die beiden hatten über viele Jahre unzählige Turniere miteinander bestritten, waren ein echtes Team geworden, der Vierbeiner vertraute dem Zweibeiner und legte Wert auf seine

Ein motiviertes Pferd springt aufmerksam und hat Spaß daran. Hier Dr. Bernd Springorum und Waterloo.

Zuwendung. Im Lauf seiner Turnierkarriere hatte er gelernt, daß er Lob und Zuneigung durch Leistung erringen kann. Als er aufs Altenteil geschickt wurde, fehlte ihm wohl etwas. Sein Dasein war langweilig geworden, die Stuten, mit denen er auf der Koppel war, ersetzten ihm nicht die Zuneigung seiner Autoritätsperson. Worauf er sich etwas einfallen ließ: Als Bernd eines Abends die Pferde von der Koppel holte, sprang der alte Wallach neben dem offenen Koppeltor über den Zaun. In bestem Stil und bewährter Manier. Die Wirkung ließ keine Wünsche offen – sein Herr, dem dies als Bestätigung diente, den geliebten Vierbeiner im Sport nicht „verbraucht" zu haben, lobte ihn, lachte mit ihm über die Leistung und wandte sich ihm intensiv zu. Worauf Jimmy diese erfolgreiche Lektion jeden Abend wiederholte.

Der alte Jimmy, den die Zuwendung seines Reiters zum Freispringen motivierte, lenkt meine Gedanken zu einem anderen Freund und seinem siebenjährigen Hengst, einem frechen, auffallend hüb-

schen Braunen. Ich kenne die beiden, seit der Vierbeiner von der Mutter abgesetzt wurde und bei seinem heutigen Besitzer gelandet ist. Ich erinnere mich an seine ersten Ausbildungsjahre und, wie der damals im Anfangsstadium der Reitpferdeausbildung steckende Pferdejüngling seine ersten Sprünge gemacht hat.
Damals war er das, was man schwäbisch einen „Schussel“, also einen, der sich anstößt, alles umwirft und ständig in irgendwelchen Schwierigkeiten steckt, nennt. Sein sehr ausgeprägtes Selbstbewußtsein und seine stets wache Neugierde an allem, was um ihn herum vorging, war nicht gerade konzentrationsfördernd. Im Gegenteil: Er guckte sich in der Halle um, war an jedem Zuschauer mehr interessiert als an den bunten Stangen und juxte nebenbei mit seinem Ausbilder. Wenn er in seinem fröhlichen, von manchem Buckler unterbrochenen Galopp mal wieder auf den Sprung zukam, erledigte er diesen mit der Aufmerksamkeit, die meine Großmutter früher ihrem 123. Socken gewidmet hat, wenn sie während des Strickens noch in den Fernseher schaute. Dazu war er eben ein Schussel: Ab und zu vergaß er offensichtlich, daß es sich beim Überwinden eines Hindernisses empfiehlt, alle vier Beine etwas höher zu nehmen, den Rücken zu wölben und was sonst noch dazu gehört. Doch wenn er einmal einen glücklichen Moment hatte und seine Aufmerksamkeit ausnahmsweise dem Sprung zuwandte, sah man damals schon, daß der Lausbub ausgesprochenes Talent hat!
Nun ist er erwachsen geworden und geht erfolgreich M-Springen. Er gehört zu den Pferden, denen man gerne zuschaut, wenn sie im Parcours sind. Er strahlt Lebensfreude aus, er wirkt locker, scheint seine Aufgabe gern zu machen und brilliert in wundervoller Manier.
Am Springen wird das Thema „Motivation“ für mich besonders deutlich – und hier ist es auch besonders wichtig. Auf die Gefahr hin, alle Springfreunde zu verärgern: Ich glaube nicht, daß das Pferd ein „Springtier“ ist und denke dabei an meinen Kater. Für ihn war es überhaupt kein Problem, aus dem Stand auf's Bücherregal zu hüpfen. 180 cm Bücherregal, 30 cm Kater – wenn man sich diese Dimensionen nun einmal überlegt, muß man als Mensch vor Neid erblassen. Für uns ist es nämlich selbst bestens trainiert und absolut spezialisiert offenkundig nicht möglich, ohne Hilfsmittel viel mehr als unsere eigene Körpergröße zu überwinden. Pferden geht's ähnlich.
Die Sprungkraft meines Katers stammte aus seinen Hinterbeinen: Ihre Winkelung war optimal wie bei allen Katzen und machte es ihm möglich, sich kraftvoll abzuschnellen. Und wenn wir uns nun andere „Springtiere“ wie z. B. die grazilen Gazellen vor Augen halten: Auch da ist die Hinterhand entsprechend gewinkelt. Bei Pferden hat die Evolution dies offensichtlich nicht für nötig gehalten. Warum auch? Ihre Größe reicht aus, auch in hohem Gras „über die Dinge“ sehen zu können, ihr Fluchttempo reicht aus, jedem natürlichen Feind zu entkommen und ihr Sozialverhalten schützt sie vor anschleichenden Angreifern. Dazu haben sie ursprünglich einen Lebensraum besiedelt,

Sprungkraft ist nicht auf edle Warmblüter im Parcours beschränkt. Dieser Kaltbluthengst zeigt an der Hand und aus dem Stand, daß er springen kann.

54

in dem ihrer Flucht keine großen Hindernisse im Weg standen: Pferde sind bekanntlich Steppentiere und in der freien Steppe ist kaum ein natürliches Hindernis denkbar, daß nicht schneller umlaufen als übersprungen wäre.
Doch wem dies schon als Argumentation gegen jegliche Form des Springsports zu Pferde ausreicht, der macht es sich zu einfach. Vielleicht muß man die Beziehung des Pferdes zum Menschen unter dem „evolutionären" Gesichtspunkt betrachten. Wir wissen: Eine Art kann nur dann überleben, wenn sie es schafft, eine Nische zu besiedeln. Das hat zur „Spezialisierung" geführt und der haben wir die unendliche Vielfalt von Arten und Formen in Tier- und Pflanzenwelt zu verdanken.
Mittlerweile haben wir Menschen uns als sehr erfolgreiche Art hervorgetan: Wir haben uns so spezialisiert, daß wir immer mehr Raum erobern konnten (ob das gut oder schlecht ist, soll hier nicht diskutiert werden). Da der Raum dabei nicht größer geworden ist, hat das unvermeidlicherweise zur Verdrängung der Spezies geführt, die weniger erfolgreich waren. Zu diesen Arten hätte wahrscheinlich auch das Pferd gehört, wenn es da nicht die Beziehung zum Menschen gegeben hätte. Zuerst war es ein wichtiger, den menschlichen Erfolg fördernder Arbeits- und Kriegskamerad. Als die Menschen es in dieser Funktion durch Maschinen ersetzen konnten, wäre es wieder eng geworden, wenn nicht der Beziehungswandel vom Arbeits- zum Sportkameraden eingetreten wäre. Vielleicht kann man es auch als „evolutionären Erfolg" des Pferdes sehen, daß es ihm gelungen ist, uns Menschen die Aufgabe zukommen zu lassen, es zu ernähren und zu schützen?

Natürlich darf man daraus nicht folgern, daß wir nun jegliches Recht haben, Pferde so einzusetzen, wie es uns gerade ins Konzept paßt. Aber zumindest könnte man unter diesem Aspekt den Sporteinsatz des Pferdes, für den es sicher nicht geschaffen wurde, als den „Preis" sehen, den es für die Eroberung seines heutigen Lebensraumes beim Menschen gezahlt hat.
Doch zurück zum Springen und dem kleinen Braunen. Warum und wie hat er eigentlich gelernt, sauber und ästhetisch erfreulich zu springen? Barrstangen waren bestimmt keine im Spiel, denn sein Ausbilder ist kein Anhänger solcher Methoden. Er ist im Gegenteil der Meinung, daß man möglichst vermeiden sollte, daß ein Pferd beim Springen schmerzliche Erfahrungen macht.
Dabei geht er von seiner Erfahrung und einer interessanten These aus, die ich mit Ihnen überlegen möchte.
Wenn wir uns darüber einig sind, daß Pferde eigentlich keine „Springtiere" sind, können wir auch einmal die Frage stellen: Warum tun sie's dann doch und manche offensichtlich gerne? Ich glaube, daß hier die Motivation zum Tragen kommt. Der Bursche, dem ich zugeschaut habe, hat eine sehr enge Beziehung zu seinem Ausbilder. Dieser ist für ihn vermutlich sowas wie das große „Oberpferd", sein Alpha und Anführer. Sein Lob und seine Zuneigung sind für den Vierbeiner sehr wichtig, denn als gesellig lebende Herdentiere sind Pferde davon abhängig, positive So-

Pferdehaut ist sensibel. Besonders die Nüsterngegend mit den langen Tasthaaren ist empfindlich.

zialkontakte zu erleben. Als er über die ersten Sprünge seines Lebens ging, hat er schnell begriffen, daß gutes Springen ein Mittel ist, genau das eben Gesagte zu bekommen. Und weil sein Ausbilder wußte, daß man mit Speck Mäuse und mit der entsprechenden Belohnung Pferde fangen kann, hat er das bewußt ausgenutzt. Konzentriertes, sauberes Springen wurde sofort belohnt: Streicheln, freundliche Worte, die Karotte oder den Apfel ins Maul geschmeichelt. Nun sind Pferde ja nicht dumm und so begriff auch der kleine Braune ganz schnell den Zusammenhang.
Und mit der Zeit wird dann noch so etwas ähnliches wie der berühmte „Pawlow'sche Reflex" dazu gekommen sein. Sie kennen die Geschichte wahrscheinlich: Die Versuchshunde des russischen Forschers Pawlow bekamen zum Futter immer einen bestimmten Ton einer Hupe dazugeliefert. Schon nach kürzester Zeit ergab sich eine Übertragung: Wenn die Hunde die Hupe hörten, lief ihnen das Wasser im Maul zusammen. Denn der Ton bedeutete für sie „Futter!" Der Pawlow'sche Reflex und die dahinter stehende Übertragung funktioniert sogar bei uns Menschen. Werbefachleute würden jetzt vom „Appetit Appeal" reden: Zeige in einer Anzeige dem potentiellen Käufer einer Tiefkühlpizza ein unter Palmen am Strand sitzendes Paar, das vergnügt knusprige Pizza verspeist. Dann läuft ihm erstens das Wasser im Mund zusammen, was der Pizza und seinen Erinnerungen an die guten Pizzas seines Lebens zu verdanken ist; zweitens wird er (im für den Werbefachmann besten Fall) die angenehmen Gefühle, die der Anblick dieser Feriensituation in ihm weckt, mit der Pizzamarke verbinden und beim Essen derselben an Strand, Sonne und nette Begleitung denken. Wie gut solche Übertragung funktioniert und wie manipulierbar Menschen sind, bewies ein Experiment, das ein Hersteller von Schokolade einmal gemacht hat: Da wurde mit Erdbeeren gefüllte Schokolade getestet und jeder Tester sollte beschreiben, wie sie ihm schmeckt. Fast alle fanden die Füllung sehr „erdbeerig". So „erdbeerig", daß die meisten nicht einmal bemerkt haben, daß sie ausgetrickst worden waren – auf der Verpackung waren zwar wunderbar appetitliche Erdbeeren abgebildet, aber dieselbe Füllung war beim Test davor, als die Schokolade in einer Kirschhülle gesteckt hatte, von den meisten Probanden als wunderbar „kirschig" beschrieben worden.
Was bei uns funktioniert und relativ einfach hervorzurufen ist, wird bei Pferden wohl auch nicht unmöglich sein. Die Verbindung von „bunten Stangen" zu „Karotten" bewirkt vielleicht so etwas ähnliches wie einen Pawlow'schen Reflex und in der Übertragung von „Wunderbar – Karotte!" könnte es wohl auch zum „Fein – Springen!" kommen. Und solche positiven Gefühle motivieren und können aus einem ehemals schusseligen Junghengst einen Crack im Parcours machen.
Bleibt aber trotzdem das Thema „schmerzliche Erfahrung". Selbst, wenn man darauf verzichtet, einem Pferd bei

Oben: Einen besonderen Leckerbissen miteinander zu teilen, schafft Vertrauen und vertieft die Beziehungen zwischen Mensch und Tier.
Unten: „Zähme mich!" – In diesem Fall hat das Pony Gelegenheit zur Annäherung bekommen.

unaufmerksamem Springen eine Stange vor's Bein zu halten, wird man nicht vermeiden können, daß es sich einmal am Hindernis anschlägt. Und nun gibt es manchen, der eine Negativerfahrung im Erziehungskonzept durchaus für pädagogisch wünschenswert hält. „Wenn ein Pferd gar nicht weiß, daß es sich wehtun kann, sieht es wahrscheinlich auch gar keinen Grund, das Anstoßen zu vermeiden!" überlegte ein Freund während der Diskussion ums Barren. Ich glaube nicht, daß er damit richtig liegt. Denn das Pferd soll die Beine ja nicht aus Angst vor Schmerz hochnehmen, sondern weil es Spaß daran hat, sauber über ein Hindernis zu kommen. Also braucht es keine schmerzlichen Erfahrungen. Im Gegenteil: Sie würden das, was ich mit der „Positivdressur" auf den Sprung vielleicht schon erreicht habe, wieder gefährden.

Erinnern Sie sich noch an Konrad Lorenz' Gänsekinder-Flugstunden-Geschichte?

Sie zeigt, wie negativ sich schmerzliche Erfahrung zum einen auf die Autorität und zum anderen auf die Motivation zur Zusammenarbeit auswirken kann.

Nun stellen Sie sich die Situation eines jungen Pferdes vor, das im frühen Springtraining erfährt, daß sein „Vorturner" es in schmerzliche Situationen bringt. Da wird die Autorität sicherlich nicht gerade gefördert und dem Vertrauen kann es wohl auch nicht zuträglich sein.

Demnach müßte es also Priorität im Springtraining des Youngsters haben, schmerzliche Erfahrungen zu vermeiden. Das geht aber nicht immer, wie jeder Praktiker wohl bestätigen kann. Womit wir nun an einem ganz wichtigen Punkt wären.

Mir ist er aufgefallen, als mein Kater wieder einmal geimpft werden mußte. Er war ein ausgesprochen wehrhafter Vertreter seiner Spezies. Ihn gegen seinen Willen festhalten zu wollen, war absolut nicht empfehlenswert, denn der Kleine hatte scharfe Krallen, die er durchaus einzusetzen wußte. Dazu war er wendig und schnell – ein Stück Seife in der Badewanne war leichter zu fangen. Nun können Sie sich ungefähr vorstellen, wie wohl mir bei dem Gedanken war, diesen Kater festzuhalten, auf daß ihm der Tierarzt die Spritze verpassen kann. Doch die Szene fiel ganz anders aus, als Sie sich das jetzt vielleicht ausmalen. Mein Schwarzer lag auf meiner Schulter, zuckte einen Moment zusammen, als die Nadel ihn traf, fuhr auch für diesen Moment die Krallen aus – aber dann war es schon wieder gut. Seine übliche Fauch-Kratz-Wutreaktion blieb aus und eine Freundin, die Zeugin der Szene war, lobte ihn: „Wie wenn du wüßtest, daß es nur zu deinem Besten ist!" Soviel Intelligenz ich Tieren zutraue – diese Verbindung wird Kater wohl nicht geschafft haben. Aber er hatte Vertrauen. Gerade, weil Tiere nur dem unbestimmten Gefühl und nicht dem reflektierenden Intellekt gehorchen, scheinen sie sensibler zu sein.

Ich glaube, sie können in Sachen „Absicht" differenzieren. Mein Kater spürte, daß ihn niemand quälen wollte. Ebenso wie mein Pferd, das manchmal unter meinen Schusseleien zu leiden hat, sehr wohl zu unterscheiden weiß, ob ich ihm jetzt in „böser Absicht" wütend einen Insterburger verpasse oder mangels stabiler Sitzgrundlage ungeschickt ins Maul gefallen

Und so kann es dann aussehen, wenn ein Pferd nicht motiviert ist!

116

bin. Beides ist unangenehm, aber letzterem folgt meine Reaktion: „Sorry!" Ob ich die Entschuldigung ausspreche, ob ich meinem Pferd entschuldigend den Hals klopfe oder es nur so empfinde, scheint dabei keine Rolle zu spielen. Pferde empfinden (so genau weiß man das immer noch nicht – man weiß nur, daß es so sein muß) winzige Signale, die wir gar nicht bewußt von uns geben. Vielleicht wären Konrad Lorenz' kleine Gänschen nicht so sauer gewesen, wenn er das nicht absichtlich getan hätte?

In diesen Gebieten ist die Verhaltensforschung noch in den ersten Ansätzen. Aber die, die bereits praktisch und allein ihrem Gefühl folgend, mit „positiver Motivation" arbeiten wie z. B. der berühmte Tiertrainer Freddy Knie, bestätigen, daß mit Vertrauen, Zeitlassen und Loben fast alles zu erreichen ist. Warum sollten wir uns und unseren Pferden auf diese Art nicht die Chance erhalten, beim Springen locker, unverkrampft und freudig ans Werk zu gehen? Denn damit ist das zu erreichen, was Kurt Albrecht, Leiter der Spanischen Hofreitschule in Wien, einmal geschrieben hat: „...die gleiche Schönheit, mit der jedes Fohlen auf der Weide den Betrachter besticht, sollte schließlich auch eine reiterliche Darbietung, ganz gleich auf welcher Stufe, auszeichnen."

Und damit ist sicher nicht nur das Springen, sondern auch jeder andere Bereich des Reitens nicht mehr nur zu „erfühlen", sondern wissentlich zu steuern. Zur Piaffe ist grundsätzlich jedes Pferd fähig – Hengste zeigen sie ja oft genug freiwillig auf der Koppel, wenn sie z. B. imponieren wollen. Die Frage ist nur, ob ein Pferd Spaß daran hat, solches auch unter dem Sattel zu tun. Womit wir wieder bei der Motivation wären. „Patentrezepte", wie Sie die Ihres Pferdes ansprechen können, habe ich Ihnen aber leider keine. Denn die Motive sind so unterschiedlich wie die Persönlichkeiten, die durch sie zu motivieren sind. Hilfreich kann sein, sich über Grundmuster im klaren zu sein. Bei der Motivationsforschung am Menschen kennt man inzwischen vier: Bequemlichkeit, Sicherheit, sozialer Status, Wohlstand.

Ich glaube, man kann das auf Pferde übertragen. Fangen wir mit der „Bequemlichkeit" an und sagen es etwas verständnisvoller: Es sind nicht immer die Dümmsten, die so effizient wie möglich ihre Aufgaben zu erfüllen bestrebt sind. Und es sind, so die Bequemen vierbeinig sind, auch nicht immer die Schlechtesten, denn sehr oft sind gerade diejenigen, die zu „faul" sind, eine Lektion bis zum Erbrechen durchzukauen, dieselben, die schnell lernen, um damit wieder ihre „heilige Ruhe" zu bekommen. Daran kann man sie packen. Sollten Sie ein Pferd dieser Klasse haben, probieren Sie es doch mit einem Abkommen: Sobald die neue Lektion dem Ausbildungsstand entsprechend gut ausgeführt wurden, ist Ruhe. Das Pferd wird nicht nur gelobt, sondern die Arbeit für diesen Tag beendet. Nach einiger Zeit werden Sie als Reiter heraus haben, wie und wann Sie Neues trainieren können und das Pferd wird merken, daß es Konzentration in diesem Moment als Mittel, den unangenehmeren Teil der Arbeit schnell zu beenden, einsetzen kann.

„Sicherheit" als Hauptmotivation: Auch hier können Sie, wenn Sie das Gefühl haben, daß Ihr Pferd zur besonders ängstlichen Sorte gehört, ansetzen. Dann sollten Sie dafür sorgen, daß es im Gelände lernt, mit seinen Ängsten durch vertrauensvolle Zusammenarbeit mit Ihnen fertig zu werden. Doch sollten Sie für Neues oder besonders Anstrengendes eine möglichst ruhige, gelassene Atmosphäre schaffen, in der das ängstliche Pferd sich wohlfühlen kann. Also gehen Sie z. B. morgens in die Halle, wenn da noch kein anderer Betrieb tobt. Oder kommen Sie spätabends. Gehen Sie ruhig mit Ihrem Pferd um, zeigen Sie ihm deutlich, daß die Neuigkeiten, die Sie von ihm verlangen, nichts Beunruhigendes sein müssen.

„Sozialer Status" – bei Pferden muß man das übersetzen und kommt dann auf „Selbstbewußtsein". Ich kenne das von Militarypferden. Darunter gibt es einige, die sogenannte „Selbstgänger" sind. Kaum drückt man bei Ihnen auf den entsprechenden „Knopf", schon düsen sie los und würden sich, so ihre Reiter, Knoten in die Beine machen, um ja keinen Fehler an irgendeinem Sprung zu fabrizieren. Sie sind von sich aus ehrgeizig und dahinter steckt der Genuß von Applaus und Begeisterung. Jimmy, der über Koppelzäune sprang, war so einer. Er genoß es ungeheuer, im Mittelpunkt zu stehen. Je mehr Menschen sich um ihn kümmerten, desto besser fand er das und er entwickelte geradezu Begeisterung, wenn er sich „produzieren" konnte.

So erzählte mein Freund Bernd auch von dem Abend, an dem Jimmy seine Dressur alleine ging. Er hatte sich im Hochsommer einen leichten Satteldruck geholt und konnte deswegen nicht geritten werden. Trainiert werden mußte er aber trotzdem und so schickte ihn sein Reiter in die Halle und stellte sich dazu, um ihm die Kommandos zu geben. Zum Jubel aller Anwesenden klappte es hervorragend: Jimmy ging alle Lektionen nach Ansage und zeigte die komplette Militarydressur – nur ohne Reiter. Dabei schielte er immer wieder ins Publikum und je begeisterter es sich zeigte, desto stolzer und schwungvoller ging er seine Lektionen.

Er gehörte zur weitverbreiteten Klasse der „Showmaker" – ein ganz berühmter ist Rembrandt, ein anderer Milton. Wenn Sie Milton je in einer Siegerehrung gesehen haben, dann wissen Sie, wie sehr ein Pferd Beifall genießen kann. Den Zusammenhang zwischen begeistertem Reiter oder Publikum und guter Leistung haben solche Pferde schnell erfaßt – und sie sind bereit, sich dafür sehr anzustrengen. Sollten Sie einen „Showmaker" haben: Zeigen Sie sich begeisterungsfähig! Loben Sie laut und ausführlich, sorgen Sie für Publikum, das ihm zeigt, wie toll es nun wieder war. Ihr Pferd wird's genießen und sich dementsprechend anstellen.

Bleibt schließlich „Wohlstand" – bei Pferden tritt diese Form des „Materialismus" in Form von „Futter ist das wichtigste" auf und erinnert mich sofort an den, den wir den „Dicken Schimmel" nannten. Er war ein begabtes Springpferd, aber leider, leider etwas faul. Eigentlich sah er nicht ein, warum er sich bis zum Schweißausbruch abstrampeln sollte. Aber es gab eine Möglichkeit, ihn dazu zu motivieren: Futter! Der dicke Schimmel war scharf auf alles, was freßbar war. Ob Heu oder Hafer, ob die Matratze in seiner Box oder die Äpfel auf dem Ausritt: Der Schimmel fraß alles und Fressen war sein größtes Vergnügen. Er wurde zum erfolgreichen Springpferd, weil sein Reiter auf seine Freßgier spekulierte. Für jede Leistung im Training und auf dem Turnier wurde der Dicke Schimmel sofort mit Futter belohnt. Er bekam Karotten, er bekam Äpfel, eine Handvoll Hafer. Stellte man ihm neue Hindernisse

vor, stand jemand mit Futter dahinter und er hatte bald begriffen, daß seine Leistung ihn seinem Hauptspaß Fressen näherbrachte.
Sollten Sie also einen solchen „Materialisten" haben: Gönnen Sie ihm Leckerlis! Geben Sie ihm Karotten, Äpfel, Rote Bete und alles, was ihm sonst schmeckt.
Normal ist aber, daß diese einzelnen Motivationsgrundstrukturen selten so stark ausgeprägt auftreten. Unser dicker Schimmel war auf seine Art ebenso extrem wie Jimmy. Andere, wie z.B. meine alte Stute, gehören eher den „Mischtypen" an. Sie interessiert sich sehr für Lob und Zuwendung, aber Fressen ist für sie mindestens genauso interessant. Und ganz nebenbei hat sie auch gerne ihre Ruhe. Unser Umgang miteinander ist immer davon abhängig, wie gut es mir gelingt, ihre verschiedenen Grundbedürfnisse unter einen Hut zu bekommen und sie entsprechend zu motivieren.
Motivation hat eben doch etwas mit dem Goethe-Wort zu tun: „Wenn ihr's nicht fühlt..." Aber allein das Wissen darum hilft weiter und das Nachdenken darüber bringt in den meisten Fällen den Erfolg.

Die Haltungsbedingungen – Faktor Nr.1 für's Wohlbefinden

Wenn ich Pferd wäre, wollte ich entweder Zuchtstute im Württembergischen Haupt- und Landgestüt Marbach sein oder Freizeitpferd bei meinem Freund Albert. Ersteres, weil ich keine Ställe kenne, die mir besser gefallen und zweiteres, weil Alberts Pferde große Koppeln haben und bei jedem Wetter im Freien sind.
Ich gehöre nämlich zu den Vertretern einer These, die heute schon fast ketzerisch klingt: Stallhaltung kann für Pferde nie optimal sein, sondern immer nur ein Notbehelf, um die „pferdischen" und menschlichen Bedürfnisse unter einen Hut zu bekommen. Darum träume ich von den heckenrosenumkränzten Paddocks in Trakehnen, die allerdings auch einen Nachteil hatten: Die Herren Hengste, die sie als „Könige" besiedelten, waren darin alleine.
Marbach gefällt mir da schon besser – wenn Sie es irgendwie einmal machen können, besuchen Sie doch das Württembergische Haupt- und Landgestüt! Sie finden es im idyllischen Tal der Lauter, zwischen sanftgeschwungenen Hügeln, ein Ort, der ganz den Pferden zu gehören scheint. Im Gegensatz zu den anderen deutschen Landgestüten, die sich mit der Hengsthaltung beschäftigen, ist Marbach tatsächlich „Gestüt", d.h. dort werden nicht nur Hengste gehalten, sondern in großen Stutenherden tatsächlich eigener Nachwuchs gezüchtet. Die Art, wie die Stuten gehalten werden, finde ich fast optimal: Große Laufställe, in denen die Damen sich als Herde frei bewegen können, riesige Koppeln mit altem Baumbestand, die sowohl sonnige Plätzchen im rauhen Albwinter wie auch Schatten an heißen Sommertagen bieten, und ausreichend Platz für einen langen Galopp – Marbach ist ein „Paradies" für Pferde.
Bei einem Teil der Stuten, die auf den großen Marbacher Koppeln heranwachsen, handelt es sich um edle Araberinnen – zarte Geschöpfe, fast fragil wirkend. Sieht man sie zum erstenmal im Schnee über ihre Wiesen stieben, fröstelt man einen Moment und denkt: „Muß doch kalt sein!" Ist es aber nicht – die Marbacher Araberstuten sind ein glänzender Beweis für die Anpassungsfähigkeit von Pferden.

Die großzügigen Laufställe des Württembergischen Haupt- und Landgestütes Marbach a. d. Lauter erlauben eine fast ideale Pferdehaltung.

Die rauhen Winter schaden ihnen nicht – im Gegenteil. Als der König von Württemberg, Begründer dieser Araberzucht, einst einen Platz für sie suchte, entschied er sich für Weil im warmen, fruchtbaren Neckartal. Doch da gediehen seine Araber nicht. Sie verloren ihre Härte, sie verweichlichten und erst, als er sie nach Marbach in ein wirklich unwirtliches Klima umziehen ließ, wurde aus seiner Zucht das, was heute noch legendär ist.
Womit wir schon an einem meiner Lieblings-Predigt-Sätze wären: Wetter schadet Pferden nicht! Der Regen wäscht ihren Zuckerguß nicht ab, der Schnee bringt ein gesundes Pferd nicht zum Frösteln, kalter Wind nicht zum Unwohlfühlen und „Erkältungen" brechen bestimmt nicht aus, weil die Pferde gefroren haben. Eigentlich können Pferde in unserem Klima nämlich gar nicht frieren. Wie schon einmal betont: Pferde können 10mal mehr Minusgrade vertragen als wir, denn sie haben nicht nur einen warmen Pelzmantel, sondern außerdem ein anderes Verhältnis Körperoberfläche zu Körpergewicht und damit einen ganz anderen Grundumsatz. Auch Regen schadet ihnen nicht, wenn ihre Pfleger nicht dem Sauberkeitswahn im Stall huldigen.
Bleiben wir einmal bei diesem Thema. Wasch- und Duschorgien scheinen eine Zivilisationskrankheit zu sein. Wir Menschen stellen uns, wenn wir als gepflegt

gelten wollen, jeden Morgen unter die Dusche, behandeln unsere Haut mit Seife und unsere Haare mit Shampoo. Wir meinen, daß dies zu unserem Wohlbefinden unbedingt erforderlich ist, während vernünftige Hautärzte die Hände über dem Kopf zusammenschlagen. Meiner hat mich einmal gefragt, wie ich es eigentlich an meinem Schreibtisch schaffen wollte, so dreckig zu werden, daß die Großwaschaktion täglich erforderlich ist. Dann erklärte er mir, daß ich mit der Seife jedesmal mein Hautklima durcheinander brächte. Der natürliche Schutzmantel der Haut, der sie vor Umwelteinflüssen schützt, würde von mir systematisch entfernt. Meine Haut käme mit dem Neuaufbau kaum mehr nach und so bräuchte ich mich nicht zu wundern, wenn sie trocken werde, sich ablöse, als Überreaktion Mitesser produziere und sich gegen jede zusätzliche Belastung mit einer Allergie wehre.

Mein Tierarzt unterdessen bekommt wahre Zustände, wenn er auf den Hof fährt und wieder einmal allgemeines Pferdewaschen angesetzt ist. Sicher, nach einem Ausritt die Pferdebeine abzuspritzen, ist erfrischend und die Kühlung tut den Pferdebeinen gut. Aber einmal in der Woche mit Shampoo und Spezialseife dem ganzen Pferd zu Leibe zu rücken, sei alles andere als gut, weil damit jedesmal das ganze Hautfett aus dem Fell gewaschen wird. „Was macht ihr, wenn ihr mit euren Pferden in einen Regen kommt?“ fragte er und erklärte, daß das natürliche Hautfett der beste Schutz sei. Es verhindere nämlich, daß das kalte Regenwasser durch das Fell auf die Haut dringe und dort „stehenbleibe“. Beim natürlich gehaltenen, nicht allzuoft gewaschenen Pferd laufe es nämlich in den Wirbeln ab und schütze damit vor Erkältungen. „Dreck wärmt!“ sagte er grinsend und auf meinen Einwand, daß mein ungewaschener Schimmel wirklich ein Oberdreckspferd wäre, wußte er kurz: „Dann hättest du keinen Schimmel anschaffen dürfen, wenn dich das stört!“ Solange ich diesem meinem Schimmel Koppelgang zu jeder Jahreszeit gönnen wolle, müßte ich eben damit leben, daß er gräulich-braun aussehe. „Ist das ein zu hoher Preis für ein gesundes, fröhliches Pferd?“

Meine Kompromißidee, die Dame mit Decke auf die Koppel zu schicken, begeisterte ihn auch nicht: „Und was machst du im Winter beim Ausreiten? Decke mitnehmen? Sie braucht ihr Winterfell und das kann sich nicht normal entwickeln, wenn du sie dauernd eindeckst. Du hast die Wahl: Stallhaltung mit allen Nachteilen, aber einem sauberen Pferd oder Koppelhaltung mit allen Vorteilen und einem dreckigen Pferd!“

Dann zählte er die Vorteile der Koppelhaltung auf – angefangen von der Bewegung. Das Pferd ist bekanntlich ein Lauftier und ich ein berufstätiger Mensch. Ihr Bewegungsbedürfnis kann von den ein, zwei Stunden, die sie an einem normalen Wochentag unter meinem Sattel geht, nicht ausreichend befriedigt sein. Vor allem ersetzt die Arbeit unter dem Sattel nicht die geruhsamen „Spaziergänge“, die sie auf der Koppel bei der Futtersuche machen kann. Die haben zudem den Vorzug, „konditionserhaltend“ zu wirken. Der zweite Vorteil: Gesellschaft. Das Herdentier Pferd kann sich nur in der Gesellschaft anderer Pferde wohlfühlen. „Artgerechte Haltung“ heißt beim Pferd in jedem Fall ein einigermaßen funktionierendes Sozialleben zu garantieren und dazu sind eben andere Pferde unabdingbar.

Nicht nur in der Halle, im Stall und beim Ausritt, sondern auch ohne menschliche Kontrolle. Ein Pferd alleine wird sich nie sicher fühlen, also immer unter Streß stehen. Ergo: Pferdegesellschaft muß sein. Und wo die absolut nicht machbar ist, sollte wenigstens eine Ziege oder ein anderes Lebewesen als Gesellschafter vorhanden sein.

Manchmal tut's sogar ein Kaninchen. Little Lion, unter Martin Plewa, dem jetzigen Bundestrainer der Vielseitigkeitsreiter, einst ein erfolgreiches Buschpferd, lebt heute als Lehrpferd im Stall des Deutschen Olympiade-Komitees für Reiterei und teilt seine Box mit einem Kaninchen, das er heiß liebt. Der kleine Hoppelmann beschäftigt ihn, dämpft seine Nervosität und Martin Plewa weiß zufrieden zu berichten, daß Little Lion das Weben als Ausdruck seiner nervösen Langeweile eingestellt habe, seit er das Kaninchen zur Gesellschaft habe.

Der dritte, mindestens ebenso wichtige Vorteil der Koppelhaltung: Luft! Wilhelm Blendinger schrieb in „Gesundheitsvorsorge für das Pferd": „Der Atmungsapparat hat die Aufgabe, den Körper mit Sauerstoff zu versorgen und das bei der Verbrennung der Nährstoffe sich bildende Kohlendioxyd abzuführen. Dieser Organkomplex ist wegen der Schnelligkeit und körperlichen Leistungskraft sowie wegen des intensiven Wärmehaushaltes des Pferdes ungemein umfangreich, anspruchsvoll an die Qualität der Luft und infolgedessen störungsanfällig beschaffen. (...) Die wie bei keinem anderen Haustier häufigen und vielfältigen Schädigungen des Atmungsapparates beruhen vor allem auf unbefriedigenden Luftverhältnissen im Stall und auf dem Mangel an Bewegung, also Umweltbedingungen. (...)

Boxenhaltung ist nichts für das Herdentier Pferd. Aber wenn's denn sein muß, dann bitte eine Außenbox.

Das bedeutet, daß auch hier die Einfügung des Steppentieres in die Umwelt der menschlichen Zivilisation in erster Linie verantwortlich zu machen ist."

Das größte Problem dabei ist die „Dämpfigkeit", eine Art Asthma, die sogar als „Hauptmangel" gilt (d.h. ein dämpfiges

Pferd muß mit der Deklaration als solches verkauft werden. Unterbleibt dies, ist der Kaufvertrag nichtig). Durch die Dämpfigkeit verliert die Lunge einen Teil ihrer Elastizität. Sie preßt sich nicht mehr wie eine gesunde Lunge von selbst zusammen, wobei durch den entstehenden Unterdruck Luft eingesaugt wird, sondern muß durch Muskelkraft zusammengepreßt werden. Bei Pferden in einem späten Stadium der Dämpfigkeit entsteht dadurch die sogenannte „Dampfrinne", eine sichtbare Muskeleinziehung am seitlichen Hinterbauch. Ist es erst einmal soweit gekommen, ist die Dämpfigkeit in den meisten Fällen unheilbar und das Pferd als Reitpferd nicht mehr zu gebrauchen.

Dämpfigkeit entsteht als Folge infektiöser und nicht infektiöser Lungenerkrankungen. Blendinger dazu: „Sie ist meistens die Komplikation verschleppter Entzündungen. Aus diesen Gründen ist jede, scheinbar harmlose chronische Bronchitis ernst zu nehmen, aus der sich das Leiden zu entwickeln pflegt. Oft ist eine zu kurze Rekonvaleszenz nach fieberhaften Erkrankungen verantwortlich zu machen. Daraus ergibt sich folgender Ablauf: Fieberhafte Lungenerkrankung, z. B. Influenza – ungünstige Stall- bzw. Luftverhältnisse – zu frühzeitiger Arbeitsgebrauch – chronische Bronchitis – Lungenasthma. Die beste Nachbehandlung nach fieberhaften Infekten ist ununterbrochener Koppelaufenthalt bei Tag und Nacht... Auch bei Bronchitis und bei Verdacht auf beginnende Dämpfigkeit ist das neben allen anderen, medizinischen Behandlungsversuchen, die wichtigste Voraussetzung für eine Heilung."

Ich glaube, mit Blendinger konform zu gehen, wenn ich sage, daß ausreichender Koppelgang nicht nur die beste Behandlung bei Dämpfigkeit, sondern auch die beste Prophylaxe ist. Auf der Koppel entstehen weder Ammoniakdünste noch besteht die Gefahr, daß der Kohlendioxydgehalt in der Atemluft über ein vertretbares Maß hinaus ansteigt, wie das leider in einigen Ställen der Fall sein kann.

Nachdem wir nun soweit gekommen sind und die Koppel als eine ganz wichtige Voraussetzung erkannt haben, bleiben zwei Themen: 1. Koppelverletzungen und 2. Wie muß die Koppel aussehen?

Koppelverletzungen werden oft als Argument angeführt, Pferden die Koppel nicht zu gönnen. Gerade wertvolle Sportpferde müssen ihre Leistungsbereitschaft oft genug durch Boxenhaft büßen, da man sie vor jeder Verletzung schützen will. Denn schließlich könnten sie ja von anderen Pferden geschlagen werden oder sich beim Toben selbst verletzen... stimmt leider. Beides kommt vor, aber beides ist zu vermeiden.

Geschlagen wird nur da, wo die sozialen Verhältnisse nicht stimmen. Pferde, die sich nicht kennen und auf einer zu kleinen Koppel das erstemal aufeinander losgelassen werden, tragen ihre Rangstreitigkeiten eventuell „hufgreiflich" aus und da auf den meisten Hufen heute harte, kantige Eisen prangen, kann das leicht zu Verletzungen führen. Eine Methode wäre natürlich, neuen Koppelgenossen erst einmal die Eisen abzunehmen. Doch das ist in der Praxis nicht so einfach zu realisieren, schließlich kann man Pferden nicht jeden Morgen die Schuhe aus und abends vor dem Reiten wieder anziehen. Eisenabnehmen bringt dann etwas, wenn man vorhat, dem Pferd einen längeren Koppelurlaub zu gönnen, was sich z. B. während des eigenen Urlaubs durchaus empfehlen kann.

Im anderen Fall, wenn das Pferd immer nur stundenweise mit anderen auf die Koppel soll, heißt es, die Gefährten aneinander zu gewöhnen. Das kann im Stall geschehen – in zwei nebeneinander liegenden Boxen, die Sicht-, Geräusch- und Duftkontakt ermöglichen. Es geht aber auch auf der Koppel und dabei denke ich an die Hengste einer Freundin.

Der eine, ein stolzer Andalusierschimmel, war leider schon daran gewöhnt, seine Koppel alleine zu haben, denn im Stall fand sich niemand, der bereit war, seinen Wallach bzw. seine Stute mit dem „gefährlichen" Hengst ins Freie zu lassen (mit meiner Stute darf ab und an ein befreundeter Hengst auf die Koppel. Wenn sie nicht rossig ist, ist sie durchaus „Weibs" genug, sich den frechen Jüngling vom Pelz zu halten). Eines Tages kaufte meine Freundin einen zweiten Hengst – einen Achaltekkiner. „Kann man die beiden wohl auf eine Koppel stecken?" überlegte sie dann bald. Ich war mir nicht sicher – generell sind zwei Hengste bestimmt nicht die optimale Koppelbesetzung, vor allem, wenn sie sich nicht von klein auf kennen und ihre Rangstreitigkeiten miteinander schon im Fohlenalter ausgetragen haben. Wir beschlossen aber trotzdem, es zu versuchen, indem wir die Koppel teilten: Der andalusische „Ureinwohner" wurde in den unteren Teil getrieben, sodann zogen wir ein Abschrankungsband, wie es im Straßenbau verwendet wird, von Zaun zu Zaun und führten den Achaltekkiner in den oberen Bereich. Zunächst einmal interessierten sich die beiden nicht sehr füreinander. Der Schimmel rannte unten, der Braune oben, beide hielten gebührenden Abstand zum Band, dessen rot-weißes Flattern im Wind ihnen wohl nicht so sehr behagte. Nach einer Weile bemerkten sie einander: Beide standen wie Denkmäler auf je fünf Meter Abstand vom Band und brüllten sich erst einmal an. Wir waren schon darauf gefaßt, daß sie nun versuchen würden, aufeinander loszugehen. Doch nichts dergleichen geschah – eine Weile trabten sie am Band entlang und jeder wollte dem anderen imponieren. Der Schimmel stieg einmal, der Braune giftete ihn drauf hufscharrend an. Doch nach einer halben Stunde beruhigten sich beide und fraßen, dabei den anderen aber immer im Auge behaltend. Anschließend kam wieder eine „Imponieraktion" am Band. So ging es einige Tage, während denen wir sie sorgfältig beobachteten. Dann hatten offensichtlich beide die Nähe des anderen Hengstes akzeptiert, wir konnten das Band weglassen. Die beiden sind seitdem öfter gemeinsam auf der Koppel, kabbeln sich auch einmal ein wenig, aber zu ernsthaften Schlägereien ist es nie gekommen. Sie halten eben Abstand zueinander.

Wären sie nicht zwei Hengste, wären sie wahrscheinlich mittlerweile sogar Freunde und würden es genießen, gemeinsam auf die Koppel zu kommen. Wie sehr, zeigt mir meine Stute. Wenn ich sie ausnahmsweise einmal alleine in einen Paddock scheuche, hat sie keine Lust zum Fressen, Rennen oder Dösen, sondern steht am Zaun und ruft nach ihren gewohnten Gefährtinnen. Kommt dann nur eine und selbst die, die sie sonst eigentlich am wenigsten leiden kann, ist sie schon zufrieden.

Der zweite Punkt: Verletzungsgefahr durch Toben. Pferde, die auf der Koppel zuerst einmal toben, sind entweder sehr schlecht erzogen oder waren zu lange nicht mehr auf der Koppel. Bei den

schlecht erzogenen ist es der „Start“ auf die Wiese, der Gefahren birgt. Sie gieren schon danach, endlich ins Freie, in die Freiheit, zu kommen, stürmen blindlings los und achten dabei nicht mehr auf rutschige Stellen oder sonstige Gefahren. Dagegen hilft „Erziehung“: Nehmen Sie das liebe Tier am Halfter – und wenn das nicht ausreicht und sie es nicht halten können, eben am Gebiß! – und führen Sie es mitten auf die Koppel. Gewöhnen Sie es durch Konsequenz daran, daß es ruhig mit Ihnen geht, daß Losstürmen nicht machbar ist. Belohnen Sie es, wenn es einigermaßen ruhig bleibt, greifen Sie konsequent durch, wenn es zu toben anfängt! Machen Sie ihm klar, daß eine Koppel „gesittet“ betreten wird und nach einiger Zeit wird die Lektion so gut sitzen, daß Sie den Führweg verkürzen können, bis Sie irgendwann einmal schon am Eingang den Strick abmachen können, ohne daß Ihr Pferd wie verrückt losstürmt.
Sollten Sie aber eines haben, das zu lange nicht draußen war und keine Bewegung hatte, dann müssen Sie es vorab bewegen. Entweder an der Longe oder unter dem Sattel, wobei letzteres sogar den Vorteil haben kann, daß das Pferd den ersehnten Koppelurlaub als „Belohnung“ für brave Dienste unter dem Sattel annimmt und somit auch wieder ein „Motivationsgutpunkt“ gesetzt ist.
Kommen wir nun zur „idealen Koppel“ – die aber leider arbeitsaufwendig ist. Das beginnt bei der Einzäunung. Kühe kann man hinter Elektrodraht aufbewahren, Pferde leider nicht. Sie sehen nämlich den dünnen Draht in den meisten Fällen nicht gut genug, um ihn als Hindernis und Abschrankung anzuerkennen. Wenn es gar nicht anders geht, weil z. B. eine Wiesenfläche kurzfristig genutzt werden muß, sollten an den Draht entweder buntes Abschrankungsband oder flatternde Papierfetzen gehängt werden, damit er optisch auffällt.
Schön und ideal ist das aber nicht. Der optimale Koppelzaun ist immer noch der stabile Holzzaun. In „Pferde halten und pflegen“ schreibt Wolfgang Kresse dazu: „Die am häufigsten verwendeten Holzarten sind Fichte und Lärche. In Norddeutschland findet man vielfacher das teurere Eichenholz, das jedoch ohne Imprägnierung schon wesentlich haltbarer als die anderen Holzarten ist und damit im Endeffekt sogar billiger kommt. In Form von Rundhölzern und Balken finden die geschälten, d. h. von Rinden und Ästen befreiten Stämme als Zaunpfähle Verwendung. Als Rundstange und Halbrundstange – seltener als Planke und Bohle – dienen die genannten Holzarten als Verbindungselemente zwischen den Pfosten.“ Der Praktiker Kresse empfiehlt auch gleich einen billigen Imprägnierungstrick: „Wenn das Holz gut trocken ist, genügt es, die Pfähle für einige Tage in ein großes Blechfaß mit einer Mischung aus Karbolineum, Altöl und flüssigem Teer zu stellen. Altöl bekommt man übrigens an der Tankstelle kostenlos, jedenfalls wenn man dort Kunde ist. Die Imprägnierung sollte nicht mit der Erdoberfläche abschließen, sondern 20 bis 30 cm darüber reichen. Wir lassen die Pfähle nun einige Tage in der Mischung stehen, damit sie gut in das Holz eindringen kann. So getränkte Pfähle stehen schon seit sieben Jahren auf unserer Weide im feuchten Boden und sie sind noch immer gesund und fest.“
Daß die Hölzer für den Koppelzaun, vor allem wenn sie bereits schon einmal irgendwo verwendet wurden, sorgfältig auf

herausstehende Nägel oder Splitter untersucht werden sollten, versteht sich ja von selbst. Ebenso müßte eigentlich klar sein, daß man sie so anbringt, daß die Pferde die Balken nicht durch Druck dagegen lösen können. und wer mehr darüber wissen will, dem sei an dieser Stelle Wolfgang Kresses Buch „Pferde halten und pflegen" ans Herz gelegt, in dem es eine ausführliche Beschreibung und Bauanleitung gibt.

Denn mit der Einzäunung ist es noch nicht getan – Pferdeweiden erfordern leider auch nach der Einzäunung eine ganze Menge Arbeit. Wozu mir sofort das Gesicht jener norddeutschen Gestütspraktikantin einfällt, der von ihrem schwäbischen Gestütschef aufgetragen wurde, die „tote Gäul" von der Koppel zu entfernen. Die Gute guckte reichlich entsetzt und mußte erst aufgeklärt werden, daß dieser Ausdruck nichts anderes bedeutet als die Geilstellen (d.h. die Stellen der Koppel, auf die ein Pferd gemistet hat) zu reinigen. Dafür gibt es gleich zwei gute Gründe. Zum einen sind sie „überdüngt", so daß auf ihnen nur noch Sauergewächse gedeihen, die von Pferden nicht gefressen werden. Eine ungepflegte Koppel ist irgendwann einmal so damit übersät, daß sie für den Weidegang nicht mehr zu gebrauchen ist. Zum anderen ist auch beim bestgepflegten Pferdebestand nie ganz auszuschließen, daß hin und wieder ein Tier Würmer hat, die mit dem Kot ausgeschieden werden. Die Larven entwickeln sich in den Geilstellen bestens und werden, nachdem sie an den Grashalmen emporgekrabbelt sind, im nächsten Jahr wieder von Pferden aufgenommen, was den Verwurmungskreislauf schließt.

Wenn Sie also Ihrem Koppelpferd etwas Gutes tun und seine Gesundheit erhalten wollen, werden Sie nicht darum herumkommen, so manchen fröhlichen Samstagmorgen mit dem Mistwagen und der Gabel auf der Koppel zu verbringen. Wobei ich als fauler Mensch gelernt habe, mir das „Vergnügen" möglichst oft zu gönnen: Je regelmäßiger man es macht, desto weniger Arbeit ist es im Grunde.

Manchmal schiele ich dabei auf die Kühe des Nachbarn – wohl dem, der einen netten Nachbarn mit Rindern hat! Ihm sei empfohlen, seinen Nachbarn einmal mit einer guten Flasche Wein und einem Vorschlag zu besuchen: Weidetausch. Pferdewürmer sind nämlich spezialisiert – Kühe als Wirte mögen sie nicht. Andersherum sind die Rinderparasiten nicht scharf auf Pferde. Schickt man nun also ein Jahr lang Rinder auf die bisherige Pferdeweide, überleben die darauf eventuell lauernden Parasiten nicht, weil sie ja keine Wirte finden. Im nächsten Jahr finden die Pferde eine sozusagen „jungfräuliche" Koppel vor. Außerdem gehen Kühe bzw. Rinder schonend mit dem Gras um. Pferde fressen, indem sie die Pflanze zunächst mit den Lippen und dann mit den Schneidezähnen erfassen und mit einer kurzen Kopfbewegung vollends abbeißen. Dabei werden die Gräser kurz über dem Boden abgeweidet. Rinder dagegen fassen das Pflanzenbüschel mit ihrer sehr beweglichen Zunge, ziehen es in das Maul und pressen es dann mit den Schneidezähnen gegen die Kauplatte des Oberkiefers, wobei es „abgeschnitten" wird. Auf diese Art lassen sie mindestens 3 cm davon stehen. Eine von Rindern beweidete Wiese wird dadurch weniger belastet als eine von Pferden beweidete. Wer also tauschen kann, erspart sich einiges an Wiesenpflege und braucht auf lange Sicht weniger Koppelfläche.

Übrigens: Manchmal geht's auch zusammen! Bevor man ein Pferd mangels Weidefläche zur Stallhaltung verurteilt, sollte man sich überlegen, ob sich nicht irgendwo ein Bauer findet, dessen Kühe weiden dürfen. Ich kenne einige Fälle, in denen Pferde sich innerhalb einer Kuhherde durchaus wohlgefühlt haben. Ein Freund, bei dem es öfter „Mischbesetzung" gab, sagte mir mal lachend, daß seine Rinder dadurch höchstens besser „trainiert" würden, weil sie sich manchmal von den bewegungsfreudigeren Pferden zum Laufen animieren ließen. Von Kämpfen hatte er nichts zu berichten – ein Pferd, das eine Kuh so weit provoziere, daß sie ihm das Horn zeigt, müsse sich schon sehr komisch anstellen, denn im Normalfall seien Kühe viel zu gelassen.

Doch so viel ich für Koppeln übrig habe: Es geht nicht ohne Stall. Das Ideal wäre für mich der Offenstall auf einer ausreichend großen Koppel. Ein Unterstand, auf drei Seiten geschlossen, den die Pferde aufsuchen können,wenn ihnen selbst nach Stall ist. Und da, wo es so ist, kann man in vielen Fällen feststellen, daß Pferde nicht viel für Stall übrig haben. Die Fohlen auf meinem Heimatgestüt leben mit einer solchen Lösung und oft genug kam ich bei wirklich unangenehmem Wetter und die Kleinen standen trotzdem vor dem Stall! Nicht einmal Dauerregen und kalter Wind konnte sie animieren, sich in seinen Schutz zu verziehen.

Dennoch hat der Offenstall für den Reiter eine ganze Menge Nachteile. Nicht jedem steht der Sinn danach, sein Rößlein vor dem Reiten erst einmal einfangen zu müssen – vor allem weil viele Pferde nicht gerade scharf darauf sind, eingefangen zu werden. Und wenn ich an meine eigenen Erfahrungen mit meinem vorwiegend auf der Koppel lebenden Schimmel denke – ich habe mich schon lange daran gewöhnt, meist ein recht dreckiges Pferd zu reiten und wenn mich jemand darauf anspricht, daß die Stute mehr „grau-braungelb" als weiß ist, pflege ich stets zu betonen, daß der „Dreck" wichtig für sie ist. Wenn ich sie dauernd waschen würde, würde sie ihr Hautfett verlieren und wäre Regen und den kalten Winden in ihrer Heimat schutzlos ausgesetzt. Das ändert natürlich nichts daran, daß ich vor dem Reiten an ihr schrubbe – die Sattellage muß sauber sein, denn Schmutzverkrustungen dort könnten Satteldruck auslösen. Ebenso lege ich Wert darauf, daß sie „saubere Füße" hat – gerade bei einem Koppelpferd ist sorgfältigst darauf zu achten, immer wieder die Hufe und die Kronränder zu kontrollieren, um die Gefahr einer Mauke oder eines eingetretenen Steinchens im Huf gering zu halten. Problematisch wird's auch bei schlechtem Wetter – ein nasses Pferd sollte man nicht satteln, also sollte man sich zum „Abtrocknen" etwas einfallen lassen (ich habe Glück – wir haben eine Besonnungsanlage im Stall). Im Winter schließen sich leider Offenhaltung und Sportnutzung fast aus – zur Sportnutzung muß man das Pferd scheren, bei der Offenhaltung braucht es aber seinen dicken Winterpelz. Eine Freundin von mir hat das Problem dadurch gelöst, daß sie ihr geschertes Pferd eben eindeckt, aber ich hätte dabei schon wieder ein Problem: Die Meine ist Meisterin im Ausziehen und Zerreißen von Decken. So nehme ich im Winter eben Rücksicht und reite so, daß sie nicht zu sehr ins Schwitzen kommt. Insgesamt muß man sich darüber im klaren sein, daß der Offenstall bestimmt keine „Arbeitserleichterung" für

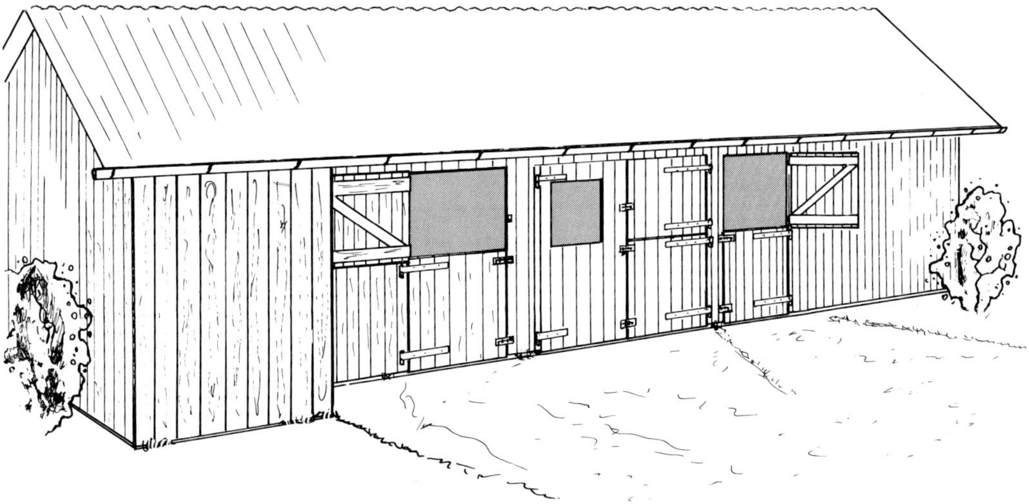

So kann ein idealer Fertigstall aussehen: Gut zugängliche, genügend hohe Boxen mit geteilten Türen, die jedem Pferd Aussicht auf den Hof ermöglichen.

den Reiter darstellt – was aber nichts daran ändert, daß er die optimale Haltungsform für das Pferd ist. Leider steht ihm aber in unserem Land noch etwas entgegen: Wir haben zu wenig Fläche und daher muß es oft ein Boxenstall sein.

Für ihn gilt dann: Luft, Luft, Luft! Er muß mindestens drei Meter hoch sein, die Boxen müssen mindestens 3,5 m^2 groß sein und sollten genügend Durchlüftung zulassen. Wolfgang Kresse zeigt am Beispiel eines Fertigstalles eine ziemlich optimale Lösung.

Hier ist außer genügender Höhe noch etwas anderes verwirklicht: Das Fenster für die Pferde. Abgesehen von der Durchlüftung hat es einen weiteren, nicht weniger wichtigen Vorteil: Unterhaltung!

Der größte Streßfaktor unserer Stallpferde ist nämlich die Langeweile. Sie stehen den ganzen Tag in ihren Boxen und in einigen Ställen werden menschliche Bedürfnisse auf's Pferd übertragen: den lieben Tieren „Ruhe“ zu gönnen, sie von ihren Nachbarn vollends abzutrennen und die Türen sorgfältig geschlossen zu halten, auf daß nicht jeder durch den Stall marschieren kann. Soviel Wert ich als Mensch darauf lege, in meiner Wohnung vor fremden Blicken, Geräuschen und Düften abgeschottet zu sein, so wenig würde es mir als Pferd gefallen, derart isoliert zu leben. Wäre ich Pferd, würde ich mir auch allerlei Unsinn gegen die dauernde Langeweile einfallen lassen... und wahrscheinlich wäre es wie bei den Pferden eine ganze Menge reichlich unbekömmlichen Blödsinns. Doch dazu mehr im nächsten Kapitel.

Bleiben wir bei den Fenstern und prompt fällt mir Wettstreit, das „Ohrentier“ aus dem Gehörkapitel ein. Wettstreit lebt auf dem Birkhof, einer großen Deckstation auf der Schwäbischen Alb. Seine Box im Hengststall hat ein großes Fenster zum Hof, das im Sommer immer offen steht. Wettstreit genießt es – es gibt Tage, an denen er kaum vom Fenster wegkommt. Er muß alles beobachten, was draußen auf dem Hof vor sich geht und findet offensichtlich auch alles interessant. Oft genug „kommentiert" er nämlich noch – so z. B. wird jede Stute, die dort vorgefahren wird, von ihm beim Ausladen begutachtet und mit einem jubelnden Hengstruf begrüßt. Vorübergehende Menschen werden manchmal „angehalten" – es reichen ein interessierter Blick und ein Stupsen, schon bleibt der Mensch für einen Moment stehen und unterhält sich mit ihm. Sein Stallgefährte Catalan hat diese Unterhaltung so weit entwickelt, daß er „die da draußen" gerne am Ärmel festhält, um die Ansprache zu verlängern.

Die Fenster zum Hof schützen die Birkhofhengste vor Langeweile, sie sorgen für Anregung und Unterhaltung. Manchmal ist dies sogar wichtiger als Fressen. Wettstreit läßt oft genug den Hafer in der Krippe liegen, wenn sich draußen vor seiner Box etwas Interessantes tut.

Leider sind auch Fenster nicht überall möglich – viele Reiter müssen mit den Ställen vorlieb nehmen, die ihr Reitverein eben anbietet. Doch da bedarf es einiger Überlegung. Eine zu enge, zu dunkle, zu abgeschirmte Box sollten Sie ihrem Pferd unter keinen Umständen antun. Auch wenn der Stall noch so billig und günstig zu erreichen ist, Ihr Pferd wird darunter leiden und das kann nicht der Sinn sein. Machen Sie sich die Mühe, ihm ein anderes Zuhause zu suchen und gehen Sie davon aus, daß auch hier die freie Marktwirtschaft funktioniert: Der Stallbesitzer, dessen schlechte Boxen zu oft unterbelegt sind, wird irgendwann umbauen müssen!

Sie haben eine Box erwischt, die eigentlich hoch und groß genug wäre? Aber leider ist sie an allen Seiten geschlossen? Kein Fenster, kein Sichtkontakt zum Nachbarn? Reden Sie erst mit dem Nachbarpferdebesitzer und dann mit dem Stallchef. In vielen Fällen läßt sich etwas improvisieren!

Und schließlich: Sorgen Sie selbst immer wieder für „Unterhaltung" im Stall. Ich war in den vergangenen Jahren des öfteren beim Militaryreiter Ralf Ehrenbrink in seinem Warendorfer Stall zu Gast. Ralf hatte zu dieser Zeit ca. ein Dutzend Boxen belegt, leider hatte keine ein Fenster nach draußen, aber dafür war Leben im Stall. Der Jack Russell-Terrier Django balgte im Stallgang mit Katze Schnitzel auf der gemeinsamen Mäusejagd, die Reitmädchen putzten Sättel und unterhielten sich miteinander, das Radio dudelte, und so manchen Abend, wenn die Arbeit eigentlich schon getan war und wir essen gehen wollten, verplauderten wir die Zeit im Stall, auf einem Strohballen sitzend. Ralfs Pferde störte es nicht und ihre Leistung hat es bestimmt nicht gemindert, denn bei dieser Unterhaltung gedieh z. B. ein Kildare, der 1992 mithalf, eine olympische Mannschaftsmedaille zu gewinnen. Die prominenten Stallbewohner schienen im Gegenteil das Leben im Stall zu ge-

Zur Herde gehört das abwechselnde Wachen, während die anderen fressen. Die beiden Marbacher Araberstuten kommen ihrer Aufgabe im kalten Winter auf der Schwäbischen Alb aufmerksam nach.

nießen und ihren Menschen gerne zuzuschauen.
Ein Bekannter von mir hat's sogar noch weiter getrieben – eines Tages erzählte mir ein gemeinsamer Freund regelrecht geschockt, daß der Gute seinen Stutenstall für eine Party vermietet habe! Im Stallgang seien die Bänke und Tische gestanden, in einer freien Box sei eine Bar aufgebaut worden und so habe eine fröhliche Gesellschaft mitten im Stall, unter den Stuten, gefeiert! Sogar eine Kapelle habe gespielt! Der nicht pferdekundige Freund, der mir davon erzählte, bedauerte die „armen" Stuten, deren Ruhe gestört worden war. Mir taten sie nicht leid, denn die Fete stieg im Winter, als die Koppeln im Matsch ertranken, und da war den Damen bestimmt eher langweilig als daß sie ruhebedürftig waren. Wahrscheinlich haben sie es sogar genossen, unter fröhlichen Menschen zu sein.
Zudem war es ihnen gar nicht so fremd: Ich bin mit ihrem Besitzer und einigen Freunden sowie ein paar guten Flaschen Wein oft genug auf der Haferkiste gesessen. Ab und an schmuste einer mit einer Stute, die neugierig über ihre Boxentür guckte, wir redeten von Pferden und genossen die Atmosphäre im Stall – warum denn nicht? Wir leben viel zu wenig mit unseren Pferden, dabei kann Kontakt bestimmt nicht schaden.
Wozu ich allerdings eine kleine Warnung habe: Musik im Stall... bei Ralf Ehrenbrink und vielen anderen Militaryreitern läuft tagsüber das Radio. Dagegen habe ich nichts, die Pferde wahrscheinlich auch nicht, solange Zimmerlautstärke eingehalten wird. „Lärm" ist nichts für empfindliche Pferdeohren. Zudem scheinen Tiere einen Musikgeschmack zu haben, der zwar dem meinen entgegen kommt, aber nicht unbedingt dem gängigen entspricht. Ich kenne einen Hund, der ob der Popmusik seines Herrchens zu jaulen beginnt (ich kann ihn verstehen) und wissenschaftliche Tests haben bei Kühen dieses interessante Phänomen erbracht: Sanfte Weisen von Mozart und Bach, in gedämpfter Lautstärke im Stall gespielt, förderten die Milchleistung, aggressive Poprhythmen dagegen senkten sie. So spielte man Mozart im Stall – die Kühe genossen es, aber leider beklagten sich die Melker.
Wenn also Musik im Stall, dann denken Sie bitte daran, daß Pferdeohren etwas feiner als unsere sind und daß manches, worauf Sie „abfahren", Pferde eher nervt. Sanfte Töne, gedämpfte Lautstärke – dann werden es die Pferde wahrscheinlich sogar genießen und als „Unterhaltung" empfinden.
Nun zum letzten Punkt beim Thema Haltung: Fütterung. Es würde den Rahmen dieses Buches sprengen, eine komplette Abhandlung über die optimale Pferdefütterung zu schreiben. Sollten Sie eine solche brauchen bzw. daran interessiert sein, möchte ich Ihnen noch einmal Wolfgang Kresses „Pferde halten und pflegen" ans Herz legen. Hier soll nur der „psychische" Aspekt abgehandelt werden und auch bei dem fällt wieder das Stichwort „Langeweile". Wir hatten es schon im Kapitel zum Freßtrieb, dennoch möchte ich es nochmals aufnehmen.

Oben: Auch im Winter kommen die Marbacher Zuchtstuten auf die Koppel. Die Herde verläßt geschlossen den Stall.
Unten: Beim Grasen gibt's selten Streit. Selbst dann nicht, wenn beide sich so nahe kommen.

Stellen Sie sich vor, Sie bekämen zu jeder Mahlzeit des Tages Müsli vorgesetzt! Es mag noch so schmackhaft sein, es mag noch so gut zusammengemischt sein und alle Bedürfnisse abdecken – nach spätestens drei Tagen hinge uns das Müsli wahrscheinlich zum Hals heraus und wir würden von saftigen Schnitzeln und achso-gesundheitsschädlicher Schokolade träumen.
Vielen Pferden geht es aber so – sie bekommen jahraus, jahrein Heu, Hafer und Stroh vorgesetzt und sollen damit zufrieden sein. Bei manchen gab's inzwischen sogar moderne „Strafverschärfung": Kein Heu, kein Hafer, kein Stroh, sondern Pellets. Die mögen wirklich alles enthalten, was das Pferd braucht, doch das ändert nichts dran, daß sie immer gleich schmecken und keinen Unterhaltungswert haben.
Das Pferd in der Natur ist ein „Dauerfresser". Es marschiert den ganzen Tag über die Wiesen und rupft mal hier, mal da ein Gräschen. Es stellt sich seinen Speisezettel selbst zusammen und der ist in den meisten Fällen schon durch das bunte Angebot abwechslungsreich. Bei der modernen Stallhaltung entfällt aber die Möglichkeit, viele kleine, gutverdauliche Portionen aufzunehmen, weil ja die betriebswirtschaftliche Effizienz höchstens vier Fütterungen am Tag zuläßt. Der Dauerfresser Pferd hat also richtig Hunger, wenn endlich der Haferwagen anrollt und dementsprechend stürzt er sich auf die Krippe. Heißhungrig gefressen – und dann? Die nächsten Stunden verbringt Pferd mit Warten auf die nächste Fütterung.
Langweilig? Finde ich auch. Darum sollte man den Pferden etwas mehr gönnen. Nicht mehr Futter und Nährstoffe, sondern einfach eine abwechslungsreichere Fütterung. Wenn Sie selbst füttern, haben Sie es einfach: Nehmen Sie das Angebot am Markt an! Als ich dieses geschrieben habe, hatten wir z. B. einen hervorragenden Apfeljahrgang. Äpfel waren en masse vorhanden und sehr billig im Angebot. Es war durchaus vertretbar, einen großen Sack einzukaufen und einzulagern, um dem Pferd über den Winter immer wieder einmal einen Apfel als Zufutter anbieten zu können. In anderen Jahren habe ich schon erlebt, daß auf Gestüten oder in Sportställen wagenweise Rote Bete eingekauft und verfüttert wurde. Neben der Abwechslung bringt sie auch einen hohen Mineraliengehalt, der sich z. B. auf den Fellwechsel sehr positiv auswirkt. Auf meinem Heimatgestüt wird Maissilage zugefüttert, für die Stuten gibt es oft noch Rübenschnitze, manchmal im Winter auch Mash.
Wichtig dabei ist allerdings, daß Sie „rechnen". Der Bedarf an Nährstoffen bei Pferden ist einschlägigen Tabellen ebenso zu entnehmen wie der Gehalt an Nährstoffen in den Futtermitteln. Für größere Ställe empfiehlt sich hier sogar ein Computerprogramm, das mittlerweile erhältlich ist. Auf jeden Fall muß sichergestellt werden, daß die Abwechslung nicht zu einer Unter- oder (noch häufiger) Überversorgung führt.
Damit sind Sie auch als „Pensionspferdebesitzer" gefordert. Wenn in Ihrem Stall nicht sehr abwechslungsreich gefüttert werden kann, sollten Sie das Ihre dazu tun, indem Sie Ihrem Pferd Abwechslung gönnen. Das muß nicht immer teuer zugekauftes Futter sein – meine Freundin pflegt z. B. die Bauern in der Gegend zu fragen, ob sie einen Rain mähen darf, auf dem sie dann Ausgleichssport mit der

Sense betreibt. Ihre Pferde, die durch kleine Portionen daran gewöhnt wurden, genießen das frische Gras sehr. Allerdings muß sie ihre Zufütterung mit dem Stallmeister abstimmen – es ist wenig sinnvoll, wenn sie Eiweiß in Form von frischem Gras verfüttert und er zugleich die ohne Gras richtige Eiweißportion in Form von Hafer nachliefert. Auf diese Art kann man leider die übelsten Erkrankungen provozieren, daher ist Abstimmung so wichtig. Und wenn Sie befürchten müssen, daß in Ihrem Stall ein bißchen gedankenlos-routiniert gefüttert wird, dann kann ich zum System „Pappschild" raten. Meine Freundin hatte eine Zeit lang ein solches so an der Boxentür angebracht, daß jeder, der zum Füttern in die Box wollte, es erst anheben mußte. Dabei las er unvermeidlicherweise: „Zodiaco bekommt keinen Hafer!" und es hätte schon böser Wille sein müssen, dieses Schild zu mißachten.

Zusammenfassend und zum guten Schluß mein „Credo" in Sachen Pferdehaltung: Machen Sie sich Gedanken! Wer ein Pferd hält und Freude an ihm hat, hat eine große Verantwortung übernommen. Jedes Pferd sollte seinem Reiter etwas Mühe und Nachdenken wert sein – und jedes Pferd wird's ihm durch Gesundheit, Zuneigung und Mitmachen lohnen.

Visuelle Kommunikation – die Körpersprache des Pferdes

Manchmal schafft mich mein Pferd – weil es so unberechenbar ist! Es scheint sich regelrecht einen Spaß daraus zu machen, immer genau anders zu reagieren, als ich es vorausgesagt habe. Davon hat die Stute mir dieser Tage wieder eine schöne Kostprobe gegeben. Ein von mir sehr geschätzter Freund war in der Gegend, und ich habe ihm natürlich voller Stolz meine schöne Pferdefamilie vorgeführt. Doch davor warnte ich ihn: Madame sei üblicherweise eine sehr distanzierte, zurückhaltende Lady, die es glänzend verstehe, Menschen zu ignorieren, wenn sie keinen „Bauernsprechtag" habe. Denn mir ist es oft genug passiert, daß ich in den Stall kam und sie mir die Kehrseite zuwandte, ein Hinterbein unter den Körper gezogen und entspannt dösend, sich dabei von mir keinesfalls stören lassend.

Als ich dieses Mal ihre Boxentür öffnete, kam es ganz anders. Obwohl sie am Fressen war, nahm sie sofort die Nase aus dem Hafer, stellte freundlich beide Ohren und wandte mir den Kopf zu. Gleichzeitig machte sie ganz große Augen, um den hinter mir stehenden Gast zu begucken. Ich kraulte sie an ihrer Lieblingsstelle, nämlich in den Ganaschen, worauf sie Unterlippe und ein Ohr hängen ließ und der Freund hinter mir lachend sagte: „Jetzt fällt ihr vor Wonne gleich das Gesicht auseinander!" Gleichzeitig drückte sie sich näher heran – auf meiner grünen Jacke landete jede Menge weißer Pferdehaare, die dann bezeugten, daß sie ausnahmsweise einmal „auf den Schoß" gewollt hatte. Ihr ganzer Habitus hatte das ausgedrückt: Madame geruhte, in „Schmuselaune" zu sein.

Im Gegensatz zu meinem Kater, der das durch lautes, forderndes Maunzen bei gleichzeitigem Schnurren zu bekunden pflegte, sind meine Unterhaltungen mit der Stute sehr „ruhig". Ich glaube, Pferdekommunikation ist am meisten davon geprägt, daß sie „nonverbal" stattfindet – Pferde setzen die Stimme sehr selten ein, sie sind ausgesprochen schweigsame Tiere. Denn in ihrer natürlichen Umwelt könnte „Lautgeben“ die Gefahr erhöhen, von Freßfeinden bemerkt zu werden. Zudem sind Pferde exzellente Beobachter – sie brauchen die „Absprache“ über Stimmsignale nicht, um einander zu verstehen. Ihre Körpersprache und ihre Mimik ermöglichen eine Vielzahl von Ausdrucksmöglichkeiten, die differenzierte Verständigung erlauben.

Fangen wir mit der Mimik an – Pferde haben hier schon von Natur aus einen Vorsprung gegenüber vielen anderen Haustieren. So stehen ihnen z. B. 13 Muskelpaare zur Verfügung, um die Ohren zu bewegen! Jeweils 10 andere bewegen Nüstern, Maul und Augen. Bemüht man hier einmal spaßeshalber die Wahrscheinlichkeitsrechnung, kommt man schon auf $13 \times 10 \times 10 \times 10 = 13\,000$ Möglichkeiten, „Gesichter“ zu schneiden. Dabei kann man zudem davon ausgehen, daß Muskeln in ihrem Zusammenspiel miteinander ja eine Vielzahl von Wirkungen ausüben können. Die Möglichkeiten, sie aufeinander abgestimmt einzusetzen und damit ausdrucksvolle Mimik zu erzielen, scheinen also fast unendlich zu sein.

Die Übersetzung der „Pferdesprache“ für uns Menschen ist nicht einfach, gerade, weil sie so differenziert ist. Aber bevor wir es nun mit „Details“ probieren, ist erst einmal das Grundsätzliche fällig: Pferde sprechen nie mit dem Gesicht alleine, sondern immer mit dem ganzen Körper. Zwei Extreme zeichnen hier die Stimmungen ab: Spannung und Entspannung. Haben Sie z. B. schon einmal einen Hengst gesehen, der eine rossige Stute wittert? Er stellt den Schweif, wölbt den Hals und wenn er nun in Bewegung kommt, scheint sein ganzer Körper kürzer zu werden – er steht unter Spannung, die sich dann auch in seinem Gesicht ausdrückt: Die Unterlippe ist geschlossen, die Nüsternpartie angespannt, die Augen wirken groß, weil die Lider gespannt sind, die Ohren zeigen stramm in Richtung der anvisierten Partnerin. Der Hengst steht unter Spannung, er ist hellwach und ganz aufmerksam. Diesen Effekt nützen übrigens Fotografen aus: Wenn Hengste sich gut präsentieren sollen, stellt man gerne eine interessante Stute hinter den Fotografen.

„Entspannung“ dagegen zeigt sich im „Hängenlassen“ (Seite 148). Angefangen vom Schweif, der glatt liegt, über den Hals bis zu Ohren und Unterlippe – ein dösendes Pferd scheint regelrecht in seinen Gelenken zu hängen und sämtliche Muskeln entspannt zu haben. Sogar die Augen wirken kleiner – die Lider hängen etwas herab, die Muskeln darum sind entspannt.

Damit hätten wir die zwei Extrempole der Körpersprache des Pferdes. Doch dazwischen sind unendlich viele Variationen möglich, und je mehr der Reiter sie einschätzen kann, desto besser klappt seine Kommunikation mit dem Pferd.

Aber nun kommen wir zu den Details, und dazu fällt mir eine Frage ein: Wissen Sie, warum Pferde zu Katzen meist eine sehr gute Beziehung haben, während es mit Hunden manchmal hapert? Ganz einfach: Aus demselben Grund, aus dem Hund und Katze meist wie „Katz und Hund“ zueinander sind. Das beruht keinesfalls auf Chemie oder einer geheimnisvollen „Erbfeindschaft“. Woher sollte die bei Hunden und Katzen auch rühren? Direkte Feinde sind sie nicht, höchstens Futterkonkurrenten – und auch das nur bedingt, weil die „Ziele“ des im Rudel jagenden Hundes doch anders aussehen als die der einzelgängerischen Katze.

Entspanntes Pferd.

Warum also klappt es zwischen denen nicht? Ganz einfach: Weil sie sich nicht verstehen! Ihre Sprache ist einander entgegengesetzt. Freut sich eine Katze, stellt sie z. B. den Schwanz und die Ohren. Eine drohende Katze dagegen schlägt mit dem Schwanz und legt die Ohren an. Der Hund dagegen wedelt vor Freude mit dem Schwanz! Ich habe einmal erlebt, wie der junge Hund eines Freundes von meinem Kater Dresche bezogen hat – der Welpe war dumm genug, Bel Amis schlagenden Schwanz als „Spielaufforderung" zu verstehen, dabei wollte ihm Bel Ami sagen, daß er jetzt gar keine Lust auf nähere Hundekontakte hatte. Bevor sich der Hund versah, hatte er Krallen in der empfindlichen Nase – und dachte wahrscheinlich: „Diese Katze ist gemein – sagt erst, sie wolle spielen, und haut mich dann!" Für die Zukunft hat er sich aber gemerkt, daß man Katzen nicht trauen darf. Katze und Pferd haben solche Probleme nicht – ihnen ist sehr viel Körpersprache gemeinsam. So z. B., wenn unsere Stallkatze mit gestellten Ohren und hoch erhobe-

nem Schwänzchen auf der Boxenwand eines Hengstes spazierengeht, ihm schnurrend den Kopf zugewandt. Pferd versteht das als „Freundlichkeit", stellt ebenfalls Ohren und Schweif und kommt mit dem Kopf näher – es kann geschmust werden, die Signale sind in Übereinstimmung.
Beide Tiere haben im Umgang mit ihren eigenen Familienmitgliedern gelernt, die „Silhouette" mit gestellten Ohren und gestelltem Schwanz als „freundlich" einzuschätzen. Ebenso wissen beide, daß Schlagen mit dem Schwanz bei gelegten Ohren auf Unruhe hindeutet und daher als Drohung verstanden werden kann.
Allerdings darf man eines bei der Beurteilung der „pferdischen Mimik" nie übersehen: Wohl kaum ein anderes Haustier, nicht einmal die so sehr auf Menschen bezogenen Hunde, reagieren so sensibel auf unsere „Signale" wie die Pferde. Sie sind als Herdentiere darauf eingestellt, die nonverbale „Sprache" der Gefährten auszuwerten und darauf zu reagieren. Im konkreten Fall heißt das, daß unsere Körpersprache direkten Einfluß auf die des Pferdes hat. Als meine Stute dieser Tage signalisierte, daß sie in „Schmusestimmung" ist, hat sie wahrscheinlich auch darauf reagiert, daß ich an diesem Morgen sehr gut gelaunt und entspannt auf sie zugegangen bin. Ich hatte nicht vor, irgendwelche „Forderungen" an sie zu stellen, ich dachte nicht daran, sie zu satteln und vielleicht einen unserer üblichen „Machtkämpfe" mit ihr aufzuführen, sondern freute mich einfach des Morgens, der netten Begleitung und war stolz auf mein schönes Pferd. Das hat sich sicher auch in meiner Körpersprache ausgedrückt und sie hat darauf reagiert.
An dieser Stelle aber nun habe ich prompt ein kleines Problem: In den letzten Monaten ist in der Reiterszene ein Buch sehr viel besprochen und teilweise auch sehr bejubelt worden. Es heißt „Mit Pferden tanzen", der Verfasser ist der in Spanien lebende Klaus Ferdinand Hempfling, und in dem Buch geht es um die „körpersprachliche Interaktion" zwischen Pferd und Mensch. Hempfling beschreibt darin, wie er mit seiner Körpersprache Pferde vom Boden aus „überzeugt" und auf die Reiterei vorbereitet. Das Buch wird von vielen wie eine Erlösung gepriesen – und enthält ganz sicher wichtige Denkanstöße für den Umgang mit dem Pferd.
Mein Problem dabei ist nur, daß gerade „Körpersprache" ja etwas Unbewußtes ist. Wenn wir z. B. abwehrend die Arme verschränken, geht das ja nicht via bewußter Steuerung: „Ich möchte mir mein Gegenüber jetzt auf Abstand halten, ergo verschränke ich die Arme ..." Nein, wir machen es, ohne darüber nachzudenken, und der andere „versteht" es, ohne genau lokalisieren zu können, woher sein Gefühl entspringt.
Obwohl ich z. B. eine ausgesprochene „Schulung" in Sachen Rhetorik und Körpersprache hinter mir habe, weiß ich heute nur zwei Situationen, in denen ich „bewußt" damit umgehe: Wenn ich einen Vortrag zu halten habe. Da bin ich nämlich in den ersten Minuten, bis ich mich „freigesprochen" habe, unsicher und weiß nicht, wohin mit meinen Händen. Dann muß ich der Neigung widerstehen, sie in die Hosentaschen zu schieben und erinnere mich ganz bewußt an meine Rhetoriktrainerin, die mir dereinst den Rat gegeben hat, sie locker ineinander gelegt vor den Bauch zu legen. Damit fange ich an – und nach kurzer Zeit vergesse ich die Probleme mit meinen Händen und agiere wieder unbewußt.

Die zweite Situation hat etwas mit Pferden zu tun – wenn ich einem fremden Pferd zum erstenmal begegne oder mit einem sehr unruhigen, eher abweisenden zu tun habe, gehe ich ganz bewußt mit meinem Körper um: Ich versuche, mich zu entspannen, lasse also die Schultern sinken, lockere das Becken, halte die Hände mit aufgedrehten, leeren Handflächen vor mich und zeige damit dem Pferd, dem ich mich ruhig annähere, daß ich „in Frieden" und „unbewaffnet" komme. Ich gebe dem Pferd Gelegenheit, an meinen Händen zu riechen, ich gebe ihm die Chance, mit mir Kontakt aufzunehmen, bevor ich zugreife. Die Geste wird verstanden – übrigens nicht nur von Pferden, sondern auch von Menschen.

Doch ansonsten kann ich mir nicht vorstellen, meine Körpersprache gegenüber Pferden ständig bewußt einzusetzen. Pferde sind, wie wir schon wissen, excellente Beobachter! Denken Sie an den „schlauen Hans"! Daher gehe ich mit Körpersprache vorsichtig um: Ich befürchte nämlich, daß aus dem Versuch sie zu kontrollieren, „Verkrampfung" entstehen würde und daß daraus nicht der von mir gewünschte Effekt, sondern das genaue Gegenteil resultiert, nämlich Verunsicherung beim Pferd, das ja dann (weil wohl kein Mensch seine Körpersprache total kontrollieren kann) zwei widersprechende Signale gesendet bekäme.

Meine Empfehlung in Sachen „Interaktion durch Körpersprache" ist daher: Seien Sie ehrlich! Wenn Sie einmal vor einem Pferd Angst haben, dann gestehen Sie es sich ein, versuchen Sie nicht, „selbstsicher" zu wirken, wenn Sie es nicht sind, sondern reden Sie darüber – sagen Sie bei der Annäherung leise: „Mir ist zwar im Moment nicht wohl, aber du wirst mir schon nichts tun, wir werden vorsichtig miteinander umgehen!" Vermeiden Sie dafür hektische, schnelle Bewegungen, versuchen Sie, sich zu entspannen. Bleiben Sie aber eher „abwartend", wenn Sie sich nicht sicher sind – das Pferd wird dies nämlich auch nicht sein und es daher etwas befremdend finden, wenn Sie direkt auf es zukommen.

Fast am wichtigsten finde ich aber, Aggressionen zu vermeiden. Wenn Ihnen auf dem Weg in den Stall mal wieder nur Spezialisten am Steuer begegnet sind, wenn sie am liebsten Ihren Chef würgen, Ihren Lebensgefährten erschlagen und der ganzen Welt ein herzhaftes „Bäh" entgegenraunzen würden – dann sollten Sie erst einmal eine Runde um den Stall drehen und für ihren Zorn ein Ventil suchen, bevor sie Ihr Pferd damit konfrontieren. Es kann nämlich nicht wissen, daß sie nicht mit ihm sauer sind und wird daher auf ihre Aggression ebenfalls aggressiv reagieren.

Und: Lachen Sie doch mal mit Ihrem Pferd! Der Satz: „Lache und die Welt lacht mit Dir!" scheint nämlich im Stall auch zu gelten. Wenn ich fröhlich und entspannt, richtig glücklich, endlich mal wieder unter die Pferde zu fallen, meinen Stallbesuch antrete, habe ich meist auch ein sehr zufriedenes, fröhliches Pferd. Gerade, weil mir das meine recht vertraut ist, funktioniert die Übertragung: Meine Entspanntheit und meine gute Laune übertragen sich und signalisieren ihr: „Die Welt ist in Ordnung und wir beide sind miteinander einig! Ich freue mich, daß es dich gibt, ich bin gerne bei dir!" Dem kann selbst meine manchmal etwas zickige Lady offensichtlich nur schlecht widerstehen.

Irgend etwas paßt da gar nicht – das Pferd droht und wird sich gleich wehren. Die Ohren sind „weggeklappt", die Augen sind weit offen, der Kopf ist nach vorne gerichtet.

Aber wenn ich gerade ausgeführt habe, daß man Körpersprache nicht bewußt kontrolliert anbringen sollte, ist es für Reiter dennoch sehr wichtig, die ihres Pferdes interpretieren zu können. Versuchen wir daher einmal, mit Hilfe der folgenden Zeichnungen einige typische Pferdegesichter ihrem Ausdruck nach einzuordnen:

Zu dieser Mimik kommt meist noch ein gespannter Körper mit schlagendem Schweif und manchmal schon einem zum Ausschlagen hochgezogenen Hinterbein. In dieser Stimmung kann aus der „Verunsicherung" leicht ein Angriff werden, wenn das Pferd sich in die Enge getrieben fühlt. Daher ist Vorsicht und Beruhigung vor der Annäherung angesagt.

„Jetzt reicht's mir aber gleich – geh mir vom Pelz oder ich werde dich beißen!" So sieht die letzte „Angriffswarnung" des Pferdes aus. Wer nun noch näher kommt, muß damit rechnen, daß er geschlagen oder gebissen wird.

Grundsätzlich kann man übrigens davon ausgehen, daß kein Pferd je ohne diese „Warnung" angreifen wird. Es hängt also von uns ab, ob wir die Signale zu deuten wissen. Allerdings: Wenn Sie diese Mimik z. B. bei einem jungen Hengst sehen, den Sie gut kennen und wenn er Ihnen außerdem zur Erziehung anvertraut ist – dann empfiehlt es sich, sehr selbstbewußt aufzutreten und möglichst auch über die Sprache auf ihn einzuwirken. Ein energisches „Benimm dich!", das deutliche Signaleleement: „Ich habe keine Angst vor dir!" ist in diesem Fall sehr wichtig. Der Youngster ist dann nämlich meist zu einem kleinen Machtkämpfchen aufgelegt und wenn Sie darin der Unterlegene sind, sieht es für Ihre künftigen Beziehungen zu ihm nicht sehr gut aus, wie die üblichen Erfahrungen beweisen.

Hier ist irgend etwas sehr interessant, aber nicht unangenehm – das Pferd schaut sehr interessiert, ist aber weder auf Flucht noch Angriff gestimmt. Vielleicht ist der Haferwagen in der Nähe? Oder ein befreundeter Herdengenosse kommt zurück?

„Alles in Ordnung" scheint dieses Pferdegesicht sagen zu wollen. Kein Grund zur Aufregung vorhanden – man ist wach, aber nicht gespannt. In dieser Stimmung hat Pferd meist auch „Menschensprechstunde" und ist zum Schmusen aufgelegt.

„Ich fühle mich vollkommen sicher, nichts Aufregendes ist zu sehen, ich döse jetzt ein bißchen vor mich hin" – dazu gehört meist auch ein ganz entspannter Körper, oft sogar mit einem aufgestellten Hinterhuf in „Dösposition". Für uns ist das aber auch Signalelement: „Bitte nicht stören!" So wenig, wie wir es mögen, in ganz relaxter Position „überfallen" zu werden, so wenig mögen das Pferde. Daher sollte, wenn das Pferd so im Stall oder auf der Koppel steht, der Annäherung ein deutliches: „Hallo, du, ich will jetzt was von dir!" vorausgehen, sonst könnte das Pferd hochschrecken und in diesem Schreck aggressiv reagieren.

„Was höre ich denn von da hinten? Nichts aufregendes, aber immerhin interessant..." So guckt meine Stute manchmal, wenn im hinteren Teil des Stalles ein anderes Pferd gesattelt wird. Sie ist neugierig genug, sich dafür zu interessieren – aber nicht so neugierig und nervig, deswegen in Spannung zu geraten.

Da muß etwas ganz besonders interessant riechen – das Pferd hat die Nase in die Quelle des Duftes gehalten und hebt nun mit gespanntem Hals den Kopf, dabei die Oberlippe hochklappend, um den Duft in den Nüstern festzuhalten. Beobachten kann man „Flehmen“ übrigens oft bei Hengsten, die sich einer rossigen Stute annähern: Sie riechen an ihren Genitalien und ziehen dann den Geruch durch Flehmen in ihre Nüstern.

„Hmmm – Futter kommt! Mir läuft das Wasser im Mund zusammen!“ Dazu gehört übrigens manchmal sogar ein Lippenlecken in Erwartung kommender Genüsse.

Diese Mimik gibts hauptsächlich bei Fohlen und sehr unsicheren, jungen Pferden in Gegenwart respektheischender „Erwachsener". Das seitliche „Unterlegenheitskauen" dient z. B. als Antwort auf die „Drohung" eines erwachsenen Pferdes, dem das Fohlen zu nahe gekommen ist und wirkt offensichtlich besänftigend. Manchmal kann man „Unterlegenheitskauen" aber auch bei rossigen Stuten beobachten, wenn sie einen Hengst (oder mangels eines solchen, einen Wallach) „anmachen" wollen. Dann interpretieren es die Verhaltensforscher als Bestandteil der „infantilen Regression", die ja auch im Sexualverhalten des Menschen manchmal zu beobachten ist und sich z. B. dadurch zeigt, daß zwei Erwachsene sich plötzlich mit Kosenamen wie „Bübchen" oder „Kindchen" bedenken.

„Untugenden" – und wie man ihnen beikommt

Trotz der vielversprechenden Überschrift muß ich Ihnen erst einmal eine Enttäuschung bereiten: Ich habe keine Gebrauchsanleitungen mit Funktionsgarantie. Aber ich erspare Ihnen dafür auch die Lieblingsanweisung in den Computer-Einbau-Anleitungen, die da heißt: „Wenn Sie XY nicht richtig konfigurieren, kann ZX zerstört werden."

Die meisten sogenannten „Untugenden" der Pferde entspringen psychischen Problemen und darum ist der erste Weg zur Besserung die Erkenntnis. Wenn man weiß, woher die Probleme rühren, liegt in den meisten Fällen auch schon die Beantwortung der Frage, wie man ihnen beikommen kann, nahe. Doch in fast allen Fällen bedarf es großer Geduld und Ruhe, selten ist etwas mit einer Aktion abzustellen und mit manchem muß man sich sogar arrangieren.

Darum will ich im folgenden versuchen, einzelnen, immer wieder auftretenden Problemen auf den Grund zu gehen und mögliche Lösungen aufzuzeigen, wobei ich aber vorausschicken muß, daß jedes Pferd eine eigene Persönlichkeit mit einer eigenen Geschichte ist. Wie bei den Menschen, erklären sich die Schwierigkeiten oft aus dieser Geschichte und was bei dem einen zutreffend und richtig ist, kann bei dem anderen hingegen genau falsch sein. Ihre Sensibilität und Ihr Einfühlungsvermögen als Reiter ist gefordert, wenn es um die Lösung solcher Probleme geht.

Die Gucker

Das Paradebeispiel ist Nicole Uphoffs Rembrandt. Elegant, selbstbewußt und eigenwillig, ein Pferd mit ganz großer Ausstrahlung, aber einem Problem: Rembrandt ist nervös und guckerig. Jeder Blumenkübel am Viereck, jedes Klicken eines Kameraverschlusses kann ihn aus der Ruhe und zum Explodieren bringen. Rembrandt erinnert mich an den „Löwen", den hübschen Braunen meiner Freundin. „Der Löwe" hat zwei nicht immer reitererfreuende Gewohnheiten: Zum einen guckt er in Ecken und zum anderen hat er sich auf Turnieren oft als typischer Vertreter seiner berühmt-berüchtigten Familie erwiesen. Der große Pferdemann H. J. Köhler, sehr oft mit Kindern und Enkeln des Vollblüters „Der Löwe xx" konfrontiert, hat einmal gesagt, daß jeder Löwe eine Herausforderung für den Reiter sei. Seine Frau konnte ein Lied davon singen. Sie war des öfteren von einem der eleganten und gescheiten Löwen angetan und wurde von so manchem auf dem Turnier nach allen Regeln der Kunst an der Nase herumgeführt. Was zuhause und

Absolute Konzentration und Durchlässigkeit kennzeichnen das gut gerittene Pferd. Hier Colonel Beauregard, der Chef des französischen Cadre Noir, mit seinem Schimmel in einer Vorstellung.

auf dem Abreitplatz wunderbar funktionierte, klappte im Viereck überhaupt nicht mehr, weil dem Löwen-Nachkommen das Mützchen einfach nicht danach stand und er statt Pirouetten und Passagen Buckelsprünge und Guckerigkeiten vorführte.

Fangen wir mit des Löwen Freude an Ekken an. Meine Freundin sagt manchmal lachend, daß er in jeder Ecke der Reithalle den großen, bösen Pferdefresser vermute, dem er als kluges Pferd natürlich ausweichen wolle.

Etwas ist dran – aber wie bei allen Problemen, die es mit Pferden gibt, ist auch dieses vielschichtiger. Nehmen wir es einmal auseinander. Es hat ganz sicher etwas mit dem Gesichtssinn der Pferde zu tun. Wie wir ja wissen, können Sie fast 360 Grad um sich herum gleichzeitig erfassen, haben aber Schwierigkeiten, sich schnell auf wechselnde Lichtverhältnisse einzustellen. Genau die gibt es aber in manchen Reithallen. Die Mitte der Bahn liegt in hellem Licht, die Ecken im Schatten und damit sind sie für das Pferd nicht voll erfaßbar. Es sind die gescheiteren, aufmerksamen Pferde, die sich davon irritiert fühlen. Denn in der dunklen Ecke, in der sie nur Schemen und Schatten erfassen, könnte ja etwas lauern! Kein Wunder also, wenn das Pferd sagt: „Ich bin lieber vorsichtig!" und mit einem Scheuen seine Fluchtbereitschaft anmeldet.

Dem wäre einfach beizukommen, indem man für bessere Hallenbeleuchtung sorgt. Aber die „Ängstlichkeit" ist nur einer der Gründe, warum der Löwe oder Rembrandt gucken. Die anderen haben viel mit dem zu tun, was die beiden dazu bringt, auf dem Turnier ihren Eigenwillen zu zeigen und ihren Reitern damit das Schleifensammeln zu erschweren.

Konzentration und Motivation – das sind die Eckpunkte. Auch ich kann mich nur konzentrieren, wenn mich etwas zu dem, was ich machen soll, motiviert. Das kann zum einen der Gedanke daran sein, daß ich ja Geld verdienen muß. Dann ist meine Motivation eine Frage der Selbstdisziplin und manchmal mühsam. Von Pferden kann man das nicht erwarten. Die Verbindung „Brav Lektionen gehen – Gewinnen – Futter!" wäre wirklich etwas weit für ein Pferdehirn. Also muß eine andere Motivation gefunden werden und die kann z. B. heißen: Es macht Spaß.

Nun fällt mir Rüdiger Schwarz ein, der viele Jahre ein erfolgreicher Vielseitigkeitsreiter war und inzwischen die deutschen Junioren trainiert. Er sagte mir einmal: „Wenn meine Pferde nicht fröhlich und motiviert vom Stall weg zur Arbeit gehen, habe ich etwas falsch gemacht." Dann ist er in seiner Arbeit nicht auf ihre Bedürfnisse eingegangen, hat ihren Bewegungsdrang zu oft gestoppt oder sie einfach zu oft gelangweilt. Womit wir nun wieder am Kernpunkt wären. Ich glaube, daß der Löwe sich manchmal auf dem Turnier langweilt. Er hat Routine bekommen, er kennt die Lektionen, er hat das Selbstbewußtsein, sich von dem ungewohnten Platz nicht verschüchtern zu lassen – ergo sorgt er für „Unterhaltung". Und als cleveres Pferd hat er auch schon lange gemerkt, daß sein Reiter ihm auf dem Viereck nicht mit den üblichen Methoden wie z. B. energisch vorwärts reiten oder einmal konsequent strafen, begegnen kann.

Ich muß gestehen, daß mich Rembrandts Guckerigkeiten manchmal direkt freuen. Nicht, weil ich seiner Reiterin und ihm nicht jeden Sieg gönnen würde, sondern, weil sie bis zu einem gewissen Grad beweisen, daß er „lebt" und glücklich ist, daß er keine Angst vor seiner Reiterin hat und sich ihrer Zuneigung sehr sicher ist. Er weiß, daß seine Frechheiten keine unangenehmen Folgen haben, er ist nicht zusammengeklemmt wie so manches andere Dressurpferd, das durch „harte Arbeit" auf bloße Funktion reduziert ist und darüber die Ausstrahlung verloren hat. Aber gleichzeitig weiß ich auch, daß „Guckerigkeiten" auf einen Mangel an Durchlässigkeit schließen lassen. Ein wirklich ganz an den Hilfen stehendes Pferd ist voll konzentriert und läßt sich durch nichts ablenken! Daher ist die erste Methode, gegen diese „Spielchen" vorzugehen immer konsequentes Reiten. Die Hinterhand muß aktiv bleiben, das Pferd darf sich nicht durch Passivität des Reiters gelangweilt fühlen und seine Lektionen nur noch gewohnt-gelangweilt abspulen. Lassen Sie ihm keine Zeit, auf dumme Gedanken zu kommen!

Alles ist damit noch nicht erreicht – manche „Frechdachse" scheinen eben nur auf Gelegenheiten zu warten, sich der Einwirkung zu entziehen. Neben konsequenter Arbeit kann hier die „Neckermann'sche Simulationsmethode" hilfreich sein. Er lud am Wochenende Kind, Kegel, Freunde, Bekannte und seine Sekretärinnen in die Reithalle ein und spielte Turnier: Während er ritt, klapperten die Damen auf der Schreibmaschine (zu Neckermanns Zeiten wurden die Protokolle noch während der Ritte getippt, heutzutage hat der Computer diese Arbeit übernommen), die Enkel spielten am Rand des Vierecks, jubelten und kreischten, die Familie bewegte sich auf den Tribünen der Halle, es wurde geredet, gelacht und auch einmal an unpassenden Stellen geklatscht. Josef Neckermanns Pferde lernten auf diese Art, sich nicht ablenken zu lassen und die „Turniergeräusche" als etwas Gewohntes anzunehmen.

Bei einem verspielten Pferd muß man mit der Methode wohl noch weiter gehen. Laden Sie es am Wochenende doch einmal ein und fahren Sie in die Reithalle des Nachbarstalls und spielen Sie dort Turnier! Bringen Sie sich Publikum mit, bitten Sie um ein paar Ablenkungen und steigen Sie, auch wenn es Ihnen albern vorkommt, selbst in Frack und Zylinder. Für Ihr Pferd soll's eben aussehen wie ein ganz normaler Turnierbesuch. Geritten wird dann auch die ganz normale Turnieraufgabe und wenn es da anfängt, frech zu werden, haben Sie die Möglichkeit, dem etwas entgegen zu setzen. Sie kennen Ihr Pferd und wissen, was das sein kann. Bei manchen reicht es schon, sich energisch in den Sattel zu setzen und eine Lektion zu verlangen, die es beherrscht, die aber höchste Aufmerksamkeit erfordert. Das Pferd, an dieser Stelle der Dressuraufgabe darauf überhaupt nicht gefaßt, muß sich neu konzentrieren und wird vom „Blödeln" abgelenkt. Zudem wird die Sache dadurch wieder spannend: Wenn das Pferd nicht weiß, was als nächstes kommen wird, muß es auf alles vorbereitet sein und sich folglich mehr konzentrieren. Es langweilt sich weniger und hat darum auch weniger Reiz, Blödsinn zu machen.

Stalldrang

Einen ganz anderen Hintergrund als das „Gucken" hat üblicherweise der Stalldrang, wobei man hier zwei Arten grundsätzlich unterscheiden muß. Die erste erlebte ich mit dem „dicken Schimmel", von dem schon vorher einmal die Rede war. Der dicke Schimmel war ein ausgesprochen fauler Vertreter seiner Art. Eigentlich hat ihn außer Fressen nie etwas sonderlich interessiert und sein Bewegungsdrang hielt sich daher auch in Grenzen. Es kam vor, daß ihm ein Ausritt schlichtweg zu dumm und zu anstrengend wurde. Saß dann ein schwacher Reiter (wie z. B. ich) drauf, drehte der Schimmel einfach um und marschierte konsequent und unbeirrbar heimwärts. Er regte sich dabei nicht auf, er ging nicht durch, zu viel mehr als einem gemütlichen Schaukeltrab war er dann auch nicht aufgelegt. Aber wenn man ihn daran hindern wollte, seine Richtung einzuhalten, konnte er etwas böse werden und sich wehren und bei einer solchen Aktion hat er mich einmal im Gelände „verloren" und kam dann eben ohne mich in den Stall.

Sollten Sie einen Vertreter dieser Stalldrang-Art haben: Herzliches Beileid! Dazu fällt mir nämlich auch sehr wenig ein außer vielleicht das Ausnützen seines Dauerhungers. Wenn Sie ihm beibringen können, daß irgendwann, am von Ihnen gewählten „Drehpunkt" für den Ausritt, etwas besonders Gutes, Schmackhaftes seiner harrt, haben Sie eine gute Chance, daß er seinen Drang, wieder nach Hause zu kommen, etwas aufschiebt.

Für problematischer und gefährlicher halte ich die andere Art von Stalldrang, die ich einmal bei einer jungen Stute erlebt und erlitten habe. Sie war ein sehr ängstliches Mädchen, das mir schon beim Losreiten durch Scheuen und Zittern zeigte, daß ihr meine Ausrittidee ausgesprochen suspekt erschien. Als wir dann auch noch im Gelände diversen Dingen wie z. B. Mähdreschern, Modellflugzeugen und lauten Spaziergängern begegneten, war es um sie geschehen. Sie sah überhaupt keinen Grund mehr, sich alleine solchen Gefährlichkeiten auszusetzen und ging durch – in wilder Panik floh sie nach Hause, in ihren vertrauten, gewohnten Stall, in dem sie sich geborgen fühlte. Sie war dabei weder aufzuhalten noch zu bremsen. Meine Einwirkungen hatten keine Chance mehr, ihre Panik stand weit über dem, was sie zum Thema „Gerittenwerden" gelernt hatte. Darum hatte ich bei diesem Parforceritt auch wirklich Angst, mir war nämlich klar, daß sie in ihrer Panik weder auf sich noch auf mich achten würde, daß sie weder die vielbefahrene Schnellstraße noch eine Schotterstraße bremsen würde und ich erinnerte mich voll Schrecken an ein anderes Stütchen mit solchem Stalldrang, das dereinst auf dem glatten Hof des Gestüts so ausgerutscht war, daß sie sich alle vier Beine ruiniert hatte.

Stalldrang mit dieser Auswirkung hat fast immer etwas mit „Panik" zu tun, mit der Angst vor dem Unbekannten, das außerhalb der gewohnten Umgebung lauern könnte und ist daher aus der Psyche des Pferdes gut zu verstehen. Meist sind ihm Pferde ausgesetzt, die von Natur aus nicht gerade mit einem strotzenden Selbstbewußtsein ausgestattet sind. Sie sind hellwach und aufmerksam, weil sie dauernd in Furcht leben und weil sie sich alleine ausgesprochen unwohl fühlen.

Doch mit dem Stalldrang haben wir ein Problem, das immer auch mit der Reiterpsyche zusammenhängt. Dazu möchte ich Ihnen erst einmal die Geschichte vom „Schlauen Hans" erzählen.

Sie ist heute Lehrbeispiel der Verhaltensforscher und zeigt deutlich, wie sich das Zusammenspiel zwischen Mensch und Tier auswirken kann. Ereignet hat sich diese Geschichte im Berlin der Jahrhundertwende. Der Freiherr von Osten, ein großer Pferdefreund, wollte den Beweis führen, daß seine Lieblingstiere viel intelligenter sind als man ihnen im allgemeinen zutraut und bildete darum seinen schwarzen Hengst Hans aus. Hans lernte rechnen. Der Freiherr stellte ihm eine Aufgabe und Hans rechnete sie im Kopf aus, um so dann mit den Hufen das Ergebnis bekannt zu geben: Ein Klopfen mit dem rechten Vorderhuf bedeutete eine Einerstelle, ein Klopfen mit dem linken Vorderhuf bedeutete eine Zehnerstelle.

Noch begabtere Nachfolger fand der Schlaue Hans in den Elberfelder Pferden, von denen der Human- und Tierpsychologe D. Katz berichtet: „Die Elberfelder Pferde vermochten im Kopf zwei-, drei- und mehrstellige Wurzeln zu ziehen wie etwa Wurzel aus 1681, Wurzel aus 5476, 3. Wurzel aus 69677,8. Sie konnten auch arithmetische Ausdrücke von mehr oder weniger komplizierter Form berechnen, wie etwa Wurzel aus 144 mal Wurzel aus 64 durch Wurzel aus 9 und (Wurzel aus 1681 – Wurzel aus 49) mal (Wurzel aus 81 minus Wurzel aus 36). Aber die einfache Feststellung, daß den Pferden die Lösung von Aufgaben dieses Typus im Kopf gelang, gibt an und für sich von der intellektuellen Leistung, die dahinter steckt, noch keine zutreffende Feststellung. Diese erhält man erst, wenn man in Erwägung zieht, in welcher Zeit die Pferde zu solchen Rechenkünstlern erzogen worden sind."

Ihre Unterrichtszeit betrug nämlich nur ein halbes Jahr bei täglich etwa anderthalb Stunden. Katz wollte das an einem Analogiefall bewertet wissen: Wenn man einmal annimmt, daß ein junger Mensch, der durch irgendwelche Umstände überhaupt keine Erziehung bekommen hat und dadurch Analphabet geblieben ist, in einem fremden Land, dessen Sprache er nicht kennt, einen genialen Lehrer bekommt und von dem 1 1/2 Stunden am Tag unterrichtet wird - wie weit wird er dann in einem halben Jahr gekommen sein?

Heini Hediger in seinem „Tiere verstehen" schreibt dazu weiter: „Wer hält es für denkbar, daß dieser Analphabet nach vierzehn Tagen die elementaren Rechenoperationen und nach fünf Monaten das Wurzelziehen beherrschen würde?"

Sie glauben, ich wolle Sie auf den Arm nehmen? Nein, ich habe diesen Abschnitt nicht am 1. April geschrieben. Lesen Sie weiter, was Heini Hediger zu den Elberfelder Pferden zu berichten hat: „Diese theoretische Darstellung des Psychologen Katz muß aber noch wesentlich schärfer beurteilt werden. Denn – so meint Katz weiter – wir haben dem Schüler wenigstens zugestanden, daß er normalerweise seine eigene Muttersprache beherrscht und demzufolge überhaupt etwas von der Tauglichkeit sprachlicher Mittel für Denkoperationen weiß. Die Pferde aber kamen völlig unvorbereitet, ohne die geringste Vorstellung davon haben zu können, welches denn überhaupt die Funktion der Laute war, die auf sie eindrangen, zum Unterricht. Ihre Vorbedingungen waren also in kaum vorstellbarem Ausmaße ungünstiger als die unseres Analphabeten. Wir müßten den Fall so konstruieren, daß unser Analphabet bis dahin in solcher Isolierung herangewachsen wäre, daß menschliche Sprache in verständlicher Weise nie an ihn herangekommen und er infolgedessen auch selbst nicht zum Sprechen gekommen wäre. Ich kann mir schwer eine menschliche Intelligenz denken, der es gelingen würde, unter derartigen Umständen das Leistungsniveau der Elberfelder Pferde zu erreichen."

Bitte, das hat ein seriöser, anerkannter Wissenschaftler geschrieben! Sie glauben's nicht? Lesen Sie weiter: „Die Leistungen der Pferde waren zu hoch, als daß sie auf echtes Lernen und Denken hätten zurückgeführt werden können. Diesen Überlegungen von Katz, die am Schreibtisch entstanden sind, einfach der Vernunft folgend, muß wohl zugestimmt werden. Es sind nur zwei Folgerungen möglich: Entweder sind die Pferde Wesen von einer dem Menschen weit überlegenen Intelligenz, oder ihre erstaunlichen Leistungen müssen sich auf andere Weise erklären lassen. Nun besitzen Pferde, Hunde und andere Tiere eine gewisse Intelligenz und oft eine beträchtliche Lernfähigkeit; aber von einer die menschliche himmelhoch überragenden Super-Intelligenz ist während der Jahrtausende, seit denen Menschen mit Pferden zu tun haben, nichts aufgefallen."

Also muß es einen anderen Grund haben. Betrug war in beiden Fällen, sowohl beim schlauen Hans wie auch bei den Elberfelder Pferden auszuschließen. Der schlaue Hans führte seine Rechenleistungen nämlich auch noch dann vor, wenn Herr von Osten als seine „Bezugsperson" gar nicht anwesend war.

Die Wissenschaftler standen vor einem Rätsel, bis ihnen etwas auffiel: Des schlauen Hans' Rechenkünste versagten immer dann, wenn keiner der Anwesenden das Ergebnis der Rechenoperation wußte! Damit war man auf der Spur des Phänomens. Hans hatte der menschlichen Intelligenz wirklich etwas voraus: Seine ungeheure Beobachtungsgabe. Durch Experimente wurde nämlich festgestellt, daß die anwesenden Menschen unweigerlich eine winzig kleine „Entspannungs-Bewegung" machten, wenn Hans das richtige Ergebnis geklopft hatte. Das Bewegungs-Sehmoment der Pferde ist bekanntlich kürzer als das der Menschen und damit hatte Hans diese winzigen Gesten erkannt und richtig umgesetzt: Sobald sie kamen, hörte er auf zu klopfen. Als dann schließlich keiner der Anwesenden eine solche Bewegung mehr machen konnte, weil ja keiner das richtige Ergebnis wußte, fehlte Hans sein „Stopzeichen" und er klopfte weiter.

Inzwischen nimmt man allerdings an, daß es nicht nur mit dem „Sehen" zu tun hat, sondern daß speziell bei Pferden eine ganze Reihe von Faktoren mitspielt, deren Einbeziehung ins Pferdeverhalten aus der Entwicklungsgeschichte heraus logisch zu begründen ist. Wilhelm Blendinger schrieb darüber: „Das Gefühlsleben des Pferdes ist durch Suggestion außerordentlich beeinflußbar. Dies hängt naturgemäß mit seinem Wesen als Gruppentier zusammen. Da ihm die begriffliche Sprache fehlt, muß es fühlen, was in der Herde vor sich geht, ob andere eine Gefahr wittern, ob im tosenden Galopp der großen Menge eine Rechts- oder Linkswendung oder ein plötzliches Halten erfolgen wird. Diese gewaltige Sprache des suggestiven Gefühls, die sich der menschlichen Erkenntnis und der Beschreibung entzieht, weil sie eben nichts mit bewußtem Denken zu tun hat, können wir, da uns frei galoppierende Pferdeherden kaum mehr zugänglich sind, am besten an Vogelschwärmen, zum Beispiel an Tauben, beobachten. Wie von unsichtbaren Fäden gezogen, wogen sie gleichzeitig in der Luft hin und her, auf und nieder, fliegen gleichzeitig hoch oder gehen gemeinsam zu Boden. Im menschlichen Bereich ist die Gefühlssprache von der begrifflichen Wortsprache weitgehend verdrängt worden. Nur zwischen Tanzenden kann man noch die wortlose, gefühlsmässige Übereinstimmung der vorzunehmenden Bewegung beobachten. Vermutlich ist wirklich ein wogender Vogelschwarm, eine galoppierende Pferdeherde mit Tanzenden vergleichbar. Für den Tänzer ist es unbegreiflich, wie seine Partnerin in Bruchteilen von Sekunden fühlt, welcher Schritt dem vorausgegangenen folgen wird. Wenn er sie fragt, ist sie selbst nicht in der Lage, es zu erklären. Ähnliche Gefühlsbeziehungen wie zwischen Tanzenden können sich auch zwischen Reiter und Pferd entwickeln."

Um es nun mit Faust zu sagen: „Das war des Pudels Kern!" Die Gefühlsbeziehung zwischen Pferd und Reiter, basierend auf der ganz besonderen Sensibilität des Herdentiers Pferd, ist wahrscheinlich auch die Ursache so mancher „Untugend". Damit sind wir wieder am Stalldrang. Er beruht auf Angst vor dem Unbekannten und auf einem Mangel an Geborgenheit. Gerade ängstliche Pferde hängen sich in ihren Gefühlen sehr an den Reiter. Strahlt er nicht absolute Sicherheit aus, fühlt sich das Pferd, zusätzlich zu seiner sowieso vorhandenen Ängstlichkeit, noch mehr verunsichert. Und damit schließt sich oft genug ein Teufelskreis: Der Reiter, wie ich damals auf einer „tickenden Bombe" sitzend, bekommt selbst Angst vor dem Panikanfall seines Pferdes, wird unruhig und nervös, das Pferd nimmt seine Signale wie eine „Warnung" auf, wird in seiner Unsicherheit noch bestärkt und sieht schließlich nur noch den einen Ausweg: Nix wie weg, nach Hause in den vertrauten Stall, in die Geborgenheit unter vertrauten Gefährten. Der Fluchtinstinkt wird ausgelöst und nun ist das Pferd durch nichts mehr zu halten.

Oft genug reagiert dann auch noch der Reiter mit Angst und eigener Verunsicherung – in solchen Fällen kann man sich richtig „aneinander hochziehen". Diese Eskalation ist für das Pferd dann in jedem Fall eine schlechte Erfahrung, die es in seiner Angst bestätigt. Nehmen Sie wieder meine kleine Stute: Als sie am Durchgehen war, bekam ich Angst und versuchte sie zu bremsen, wir kämpften miteinander. Ihr Vertrauen in mich war zu diesem Zeitpunkt schon auf dem Nullpunkt, als ich nun auch noch das, was ihr der Überlebenstrieb eingab, aufzuhalten versuchte, war ich für sie als führende Autorität vollends unten durch. Wäre es ein Wunder, wenn sie sich diese Negativlektion „gemerkt" hätte und beim nächsten Ausritt noch weniger bereit gewesen wäre, sich mit mir in unbekanntes Gebiet zu trauen?

Es ist, wie schon gesagt, ein Teufelskreis. Ihn zu durchbrechen ist gar nicht so einfach, weil wir Menschen ja auch nicht nur verstandsgesteuert sind. Ich kann mir hundertmal selbst sagen: „Ganz ruhig bleiben!", wenn unter mir ein Pferd zu buckeln beginnt. Leider bin ich so und so oft gestürzt und leider hat's mehrfach böse wehgetan. Mein „Überlebenstrieb" löst bei buckelnden Pferden offensichtlich auch schon einen kräftigen Adrenalinstoß aus, der mich dann nervös und panisch macht. Ich bin daher nicht unbedingt die Reiterin, die ein ängstliches Pferd beruhigen kann.

Ich hatte allerdings immer einen Vorteil: Mein eigenes Pferd, die alte Stute, der ich vollkommen vertraue. Ihr Selbstbewußtsein ist fest gegründet, sie ist souverän und durch fast nichts aus der Ruhe zu bringen. Für mich war sie immer das, was man eine „Lebensversicherung" nennt und ich weiß, daß sie weder mich noch sich gefährden würde. Meine Kur nach negativen, mich verunsichernden Erfahrungen mit Pferden war immer „Solo mit Lala". Ich ritt mit ihr aus, lernte dabei, mich wieder zu entspannen und selbst ruhig zu bleiben und gewann das Vertrauen in mich und die Pferde wieder zurück. Die kleinen Angsthasen, mit denen ich so Probleme gehabt habe, überließ ich unterdessen gerne sehr erfahrenen, sensiblen Reitern, die ihnen durch ihre Ruhe wieder Vertrauen geben konnten.

Bei Stalldrang gibt es aber noch ein bewährtes Rezept: Gesellschaft! Ein Pferd wie das meine neben einem ängstlichen Pferd kann wahre Wunder bewirken! Dabei denke ich an einen Ausritt, den ich auf einer anderen alten Stute erlitten habe. Es ging um die Taufe des Babys eines Reiterkameraden und wir waren als ganze Truppe vom Heimatgestüt in den Ort aufgebrochen. Nachdem unsere Reiterfreunde mit dem Täufling aus der Kirche, vor der wir auf sie warteten, gekommen waren, begleiteten wir sie zum Lokal, in dem gefeiert werden sollte. Ich saß auf der damals 22jährigen Schimmelstute Hirola, von der nicht nur ich wußte, daß sie eigentlich eine tiefsitzende Abneigung gegen Autos hat. Weil ich auch nicht gerade zu den Mutigen, Ruhigen gehöre, hatte ich die anderen gebeten, Hirola und mich auf dem Weg immer schön mitten im Pulk zu behalten. Doch dann kam die Eisenbahnbrücke: Unten ratterten Züge, oben neben uns hupten Autos, kreischten Bremsen, jubelten Passanten und da war's um einige unserer jungen Pferde restlos geschehen! Der eine begann zu steigen, ein anderer marschierte rückwärts, aus der geordneten Abteilung wurde ein einziges Chaos mit buckelnden, nervösen, drängelnden, verrückt spielenden Pferden. Ich schielte neben mir auf die Leitplanke und stellte mir vor, wie sich der Kontakt mit dieser auf die Pferdebeine auswirken würde und wünschte mich dabei ganz weit weg. Ich wartete jeden Moment darauf, daß meine Hirola sich der allgemeinen Spinnerei anschließen würde. Doch sie dachte nicht daran. Angesichts der durchgedrehten Youngsters muß Hirola wohl sowas wie „Mama wird's schon richten!" aus ihrer langen Zuchtstutenerfahrung eingefallen sein. Sie setzte sich in Trab und zog in ruhigen und regelmässigen Tritten über die Brücke, gefolgt von den jungen Pferden, die in ihr wohl die „Autorität" erkannten. Schon die Art, wie sie antrat, beruhigte mich – ich spürte, daß die Gefahr gebannt war und war ihr in diesem Moment so dankbar, daß ich ihr erleichtert und schon wesentlich entspannt sogar den Hals klopfen konnte. Sie nahm's wohl als Bestätigung und so kamen wir alle ruhig und heil nach Hause.

Ich bin sicher, daß wir ohne die erfahrene, ruhige Hirola nicht so gut davon gekommen wären und die Geschichte bewies wieder einmal, wie sehr gerade junge Pferde sich von älteren beruhigen lassen.

Beim Stalldrang kommt dann noch etwas anderes dazu: Das erfahrene, ältere Pferd ist ja der „Gefährte", an den sich der Angsthase anlehnt. Bei aufkommender Panik steht er nun vor einer Entscheidung: Wenn er sich alleine auf den gefährlichen Heimweg macht, muß er sich von der beruhigenden Nähe des Gefährten lösen. Viele Angsthasen sind dazu zu

ängstlich und bleiben darum, wenn auch zitternd und zagend, draußen und unterdrücken damit ihren Stalldrang.
Ist das erst einmal erreicht, kommt es darauf an, diese Stimmung zu konservieren. Lassen Sie auf dem Heimweg nie eine Jagerei zu! Versuchen Sie als Reiter, Ihr Pferd ruhig zu halten, ihm durch konsequentes Beruhigen beizubringen: „In den Stall wird Schritt geritten!" und loben Sie es, wenn es sich beruhigen läßt. Und wenn die große Panik erst einmal besiegt ist, dann lohnt es sich, auch einmal auf den letzten Metern abzusteigen und das Pferd zu führen, dabei mit ihm zu reden, ihm vielleicht einen vorbereiteten Lekkerbissen zu geben und es immer wieder für sein „Durchhalten" zu loben. Bescheren Sie Ihrem Angsthasen immer wieder „Erfolgserlebnisse", denn die stärken ja auch das Selbstbewußtsein. Früher oder später wird er begreifen, daß „draußen" gar nicht so gefährlich ist, daß es sogar Spaß machen kann, mit dem Reiter durch die Natur zu bummeln und daß er sehr viel Zuneigung bekommt, wenn er sich auf Sie und Ihre Ausreitwünsche einläßt.

Scheuen

Eigentlich könnte man das Thema „Stalldrang" mit dem Scheuen in einem Rutsch abhandeln, denn die Grundursachen gleichen sich weitgehend. Beides überfällt ängstliche Pferde, beides hängt oft mit Unsicherheiten des Reiters zusammen und beides kann in dieser Verbindung eskalieren. Trotzdem möchte ich ein bißchen tiefer auf die Gründe und Ursachen für das Scheuen eingehen.
Doch vorab eines: Ich möchte Scheuen nicht unbedingt als „Untugend" bezeichnen. Denn grundsätzlich kann jedes Pferd scheuen und ein Scheuen weist darauf hin, daß das Pferd wach und seelisch gesund ist. Ein Pferd, das grundsätzlich nie scheut, würde mich eher mißtrauisch machen, denn bei ihm ist nicht auszuschließen, daß es schon lange innerlich gekündigt hat und aus einer totalen Resignation heraus das Interesse an der Umwelt verloren hat. Ein derart auf Funktion reduziertes Pferd mag zwar „bequem" sein, aber für mich hat es jeden Reiz verloren. Reiten ist ja nicht bloße Technik (sonst bräuchte man kein Pferd dazu, sondern könnte sich auch auf eine Maschine setzen), sondern das Zusammenspiel zwischen zwei Wesen, Harmonie zwischen zwei Willen. Daher möchte ich nie ein „willenloses" Pferd reiten und daher möchte ich gar nicht, daß meines je den Punkt erreicht, an dem es nichts mehr zum Scheuen bringen kann.
Doch es gibt Unterschiede zwischen Scheuen und Scheuen. Wenn meine alte Dame einmal im Galopp um eine Ecke biegt, einen ihr unbekannten Stein in seltsamer Form erblickt und darum einen kleinen Hopser macht, dann aber weitermarschiert, ist das bestimmt nichts, was ich als „Problem" erkennen und behandeln müßte. Mit einer gewissen Brutalität gesagt: Wenn ich als Reiter nicht fähig bin, einen solchen „Hopser" auszusitzen, dann sollte ich mich sofort zurück an die Longe in der Hand eines guten Reitlehrers begeben.
Anders ist das, wenn jede Kleinigkeit zum Drama werden kann, wenn das Pferd wegen jedem Wind im Busch steigt, buckelt, rückwärts geht oder durchgehen will. Dann ist da ein Problem und dann muß man dagegen angehen – schon um die damit verbundene Verletzungsgefahr in

den Griff zu bekommen. Eine leider viel zu oft praktizierte Methode ist: Zuhause bleiben! Mancher traut sich auf seinem eigenen Pferd nicht ins Gelände und begründet das damit: „Der regt sich immer so auf und dreht fast durch!" Darum also die gewohnte, vertraute Reithalle ... und somit Langeweile pur und die Gefahr, daß das Pferd vor lauter Langeweile innerlich kündigt. Das kann es also bestimmt nicht sein. Durch Bewegung in der Halle ist noch nie aus einem ängstlichen, unsicheren Pferd ein sicheres, fröhliches Geländepferd geworden.

Ebenso wenig hilft es, alle möglichen „Scheustellen" im Gelände zu umgehen. Wozu mir nun mein allererster Ausritt einfällt. Er fand an einem schönen Sonntagnachmittag in Begleitung eines erfahrenen Reiters und seinem ebenso erfahrenen Pferd statt und ich saß dabei auf der kleinen Schimmelstute Chamissa. Wir kannten uns schon von den Reitstunden und in denen hatte ich die Kleine als ziemlich faul in Erinnerung. So wenig ich das in den Reitstunden mochte, so angenehm fand ich es doch für meinen ersten Ausritt. Ich verließ mich nämlich darauf, daß Chamissa viel zu faul für irgendeinen Blödsinn sein würde.

Mein Glaube hielt bis zu einem kleinen Wiesenstück, auf dem eine Gruppe junger Männer Modellflugzeuge ausprobierte. Die kleinen Biester surrten, rasselten, piepsten, eines besaß gar die Frechheit, direkt an Chamissas Ohren vorbei zur Landung anzusetzen, ein anderes startete vor ihren Füßen und da war es um die Ruhe der Dame geschehen. Sie erschrak und ging erst einmal rückwärts, wobei sie Kontakt mit dem Elektrodraht der hinter der Wiese liegenden Kuhweide bekam. Der elektrische Schlag gab ihr den Rest, sie stieg und startete durch. Zu meinem eigenen Erstaunen war ich immer noch im Sattel und landete noch nicht einmal im Dreck, als sie in Schräglage um die nächste Ecke in den Wald bog. Dort aber siegte dann wieder ihre Faulheit über den Schrecken, sie blieb stehen und schaute mißtrauisch nach unseren Gefährten. Ich konnte mich wieder beruhigen und hatte eine erste Lektion zum Scheuen bekommen: Modellflugzeuge müssen nicht sein. Deswegen habe ich dann sehr lange diese Ecke gemieden. Ich mußte das nicht noch einmal haben. Doch eines Tages, ich war schon mit meinem Pferd verbandelt, war mir dann doch einmal wieder danach, die Aussicht ins Tal zu genießen. Vorsichtig fragte ich nach, ob die Meine denn auch so schreckhaft bei Modellfliegern sei. „Nein, die schockt so leicht nichts!" wurde mir gesagt und so zog ich wohlgemut los. Es kam, wie es wohl kommen mußte: Es war Sonntagnachmittag und schönes Wetter, auf der Wiese waren wieder die Modellflugfans. Ich sah sie schon von weitem und dachte: „Au Backe!" Unweigerlich nahm ich die Zügel kurz, setzte mich richtig fest in den Sattel, schob die Bügel noch einmal dahin, wo sie hingehören und bekam prompt den Effekt: Meine angeblich „schocksichere" Stute sah die Modellflieger und sagte: „Ne, muß nicht sein!" Sie ging durch und wieder hatte ich das Glück im Sattel zu bleiben und mit einer ziemlichen Wut auf den, der mir erzählt hatte, daß ihr das gar nichts macht, nach Hause zu kommen. Doch da versicherte er mir glaubhaft, daß er x-mal da oben vorbeigeritten sei und sie unter ihm nie auch nur gemuckt habe. Sie habe vielleicht mal interessiert hingeguckt, aber sich davon nicht im mindesten irritieren lassen. „Mir ist sie aber durchgegangen!"

klagte ich. „Wenn du sie nervös machst, ist das kein Wunder!" war die prompte Antwort.
Das war es gewesen! Die Modellflugzeuge hätten sie nicht geschockt – sie schockte mein „Anschnallen". Ich hatte sie regelrecht „geweckt" und auf die „Gefahr" aufmerksam gemacht! Meinem Verhalten entnahm sie: „Da muß irgendwas sein, auf das man sehr aufpassen muß!" Ich vermute, daß es mir nicht schwergefallen wäre, ihr eine regelrechte Furcht vor diesen Schwirrdingern beizubringen. Stattdessen habe ich uns (speziell mich in diesem Fall) daran gewöhnt: Das nächste Mal ließ ich mich von einem erfahrenen Reiter auf einem erfahrenen Pferd begleiten und erzählte mir selbst schon lange vor dem Miniflughafen: „Sie regt sich nicht auf, ihr macht das überhaupt nichts, ergo brauchst du auch keine Angst zu haben!" Irgendwie ist es mir mit dieser Autosuggestion gelungen, die eigene Unsicherheit in den Griff zu bekommen, wir kamen ohne irgendein Problem an den kleinen Flugzeugen vorbei und seitdem ist mein „Komplex" gelöst: Ich weiß, daß sie es nicht aufregend findet, also rege ich mich nicht mehr darüber auf.
Seit wir uns auf dieser Vertrauensbasis gefunden haben, behaupte ich stolz von uns, daß wir „überall" durchkommen. Ich fürchte mich nicht mehr vor Mähdreschern, Autos, Bussen, pferdeunkundigen Spaziergängern, Kühen, habe mittlerweile selbst den Kontakt mit ungarischen Graurindern auf der Pußta überstanden, bin auf einem Pferd über eine nicht gerade vertrauenerweckende Bohlenbrücke neben einem tosenden Wasserfall gekommen und werde mit jedem Ausritt, auf dem nichts passiert, zunehmend sicherer. Inzwischen traue ich mir sogar schon zu, auf einem ängstlichen Pferd allzu große Panik vermeiden zu können.
Dennoch beneide ich manchmal eine Freundin, die viele der jungen Pferde des Gestütes eingeritten hat. Ich habe sie mit meiner Stute oft auf „Erstausritten" begleitet und dabei erlebt, wie sie mit dem Scheuen der „Babys" fertig wurde. Es konnte noch soviel Schreck und Buckeln kommen: Sie blieb entspannt, sie redete beruhigend mit ihrem Pferd und sie nahm jeden Buckler mit einem fröhlichen Kommentar: „Guck, der lebt!" Wenn eines ihrer Pferde irgendwo absolut nicht weiter wollte, blieb sie geduldig, schickte mich voraus, ließ ihrem Pferd Zeit, sich an die Situation zu gewöhnen, sich alles anzuschauen, notfalls auch zu beschnüffeln und schließlich doch weiter zu marschieren. Von ihr habe ich vor allen Dingen gelernt, Scheuen nie zu bestrafen. Denn jedes Scheuen ist schon ein kleines „Mißtrauensvotum" an den Reiter. Er ist es, der es nicht geschafft hat, seinem Pferd das Gefühl der Sicherheit zu vermitteln – wird es dafür auch noch von ihm bestraft, entspringt dem sicher kein Vertrauenszuwachs.
Dafür habe ich mit meiner Freundin erlebt, wieviel „Selbstbewußtsein" aus gemeinsam bestandenen Gefahren erwachsen kann. Eines Tages ritt sie einen gerade 3 1/2jährigen Wallach, der sehr ängstlich war. Wir kamen am Nachbargrundstück vorbei, wo der Hofhund an der Kette tobte. Der Kleine bekam natürlich Angst – verständlich, sind doch Hunde in seinem Instinktprogramm als „Feind" gespeichert. Von angebundenen und daher ungefährlichen Hunden konnte er ja nichts wissen. Er regte sich auf, wollte rückwärts durchgehen, drehte sich auf der Stelle und meine Freundin hatte alle Hände voll

zu tun, ihn zu beruhigen. Schließlich ließ er sich dann aber von meiner Stute doch vorbeiziehen. Mit gerecktem Kragen, gespitzten Ohren, fluchtbereit, in jeder Faser gespannt, ging er hinter ihr drein, fast meinte man, die Steine von seinem Herzen poltern zu hören, als wir endlich aus der Gefahrenzone waren.

Doch danach war er richtig „stolz" auf sich! Er ging schwungvoll mit gespitzten Ohren vorwärts, er fand sich offensichtlich großartig, hatte er sich doch an dem gefährlichen Feind vorbei getraut! Das nächste Mal, als wir wieder an diese Stelle kamen, half ihm sein neues Selbstbewußtsein schon weiter und mit jedem Mal, wo sich eine Gefahr als gar nicht so bedrohlich und als zu bestehend herausstellte, wuchs dieses Selbstvertrauen und das Gefühl: „Wenn mein Reiter meint, daß wir da durchkommen, ist es auch zu schaffen!"

Damit wären wir bei etwas, was ich an vielen Militarypferden immer wieder fasziniert beobachte. Wenn ich eine Strecke abgehe, sind es die Tiefsprünge, die mich am meisten beeindrucken. Nicht nur, weil ich mich zu Pferd bei solchen Sprüngen immer ausgesprochen unbehaglich gefühlt habe, sondern vor allem, weil ich weiß, wieviel Vertrauen gerade diese Sprünge vom Pferd verlangen. In Luhmühlen stand einer, der mir stets besonders interessant schien: Das Pferd erreichte ihn über einen kleinen Anstieg, sah dann vor sich eine Mauer und dahinter: Nichts. Hinter der Mauer geht es nämlich steil bergab, die Landestelle liegt ca. 150 cm tiefer und ist für das Pferd in dem Moment, in dem es abspringen muß, nicht einzusehen.

Seien Sie ehrlich: Würden Sie als Pferd einfach springen? Ohne zu wissen, was unten kommt? Es könnte ja knallharter Boden sein! Oder grundloser Morast! Ich könnte es mir wahrscheinlich verkneifen. Trotzdem war dieser Sprung keineswegs die „Stolperstelle" im Luhmühlener Cross. Er wurde selten verweigert und an ihm gab es, soweit ich weiß, auch keine Stürze. Doch er diente manchem „Tierschützer" als Argument gegen die Military: In der durchaus richtigen Annahme, daß eigentlich kein Pferd blindlings zuspringt, sagten sie, daß wohl Furcht dahinter stecken müsse, wenn sie es doch täten.

Die Beweisführung klingt zwar auf den ersten Blick logisch, hat aber einen entscheidenden Haken: Buschreiter müssen zwar über einen gewissen Mut verfügen, aber potentielle Selbstmörder habe ich in diesen Reihen eigentlich recht selten getroffen. Stellen Sie sich ein Pferd vor, das über einen solchen Sprung aus purer Angst vor der Strafe geht! Es würde sich in jedem Fall verkrampfen und das würde die Landung sehr gefährlich machen! Denn gerade bei Tiefsprüngen muß sich das Pferd locker „fliegen" lassen, um unten so anzukommen, daß es ohne Überschlag weitergaloppieren kann! Lockersein und Angsthaben geht nie in einem. Ein Geländereiter, der sein Pferd mit Gewalt über einen solchen Sprung scheuchen würde, müßte nicht nur befürchten, daß sich das Pferd bei der Landung wehtut, sondern dazu würde er auch in der Gefahr leben, bei einem eventuellen Sturz über den Kopf zu gehen und unter dem stürzenden Pferd begraben zu werden!

Steht man nun einmal während des Wettbewerbs an solch einem Sprung, kann man dann auch sehen, daß die meisten Pferde ohne Zögern springen und locker

Vertrauen ist die Basis zwischen Geländereitern und ihren Pferden. Hier zeigt Madjar v. Meissen xx unter Dr. Konstantin Graf v. Wengersky, wie man sich „fliegen" läßt.

landen. Sie haben nämlich Vertrauen zu ihren Reitern. Aus dem Training wissen sie: „Der da oben verlangt nichts, was wir nicht schaffen. Ich brauche keine Angst zu haben, es wird schon gutgehen!" Man kann aber auch gerade bei den Militaryreitern an den Tiefsprüngen oft beobachten, daß sie in der Landephase nur eine Hand am Zügel haben. Die andere balanciert aus und lobt noch in der Landephase! Ebenso geht's dann am Wasser: Einsprung, Durchmarsch, Aussprung und dabei loben, denn immerhin ist es ja ein Vertrauensbeweis des Pferdes, ohne Zögern zu springen!

So wird Vertrauen und Motivation aufgebaut und so kommt man zu einem sicheren Geländepferd.

15

Wasserscheu

Eben war schon vom Wassereinsprung die Rede und dazu paßt eine Geschichte, die der ehemalige Militaryreiter Horst Karsten erzählte. Er hatte im Winter einen Neuen ins Training bekommen: Eldorado, frisch aus Irland nach Deutschland importiert. Eldorado war ein begabtes Vielseitigkeitspferd, aber er zeigte sich etwas wasserscheu, was ja für seine Disziplin verheerend ist. An einem kalten Wintermorgen beschloß Horst Karsten, Eldorado an Wasser zu gewöhnen und ritt mit ihm an einen kleinen Stausee in der Nähe seines Stalls. Eldorado sollte ein bißchen im See plantschen, eben die Hufe befeuchten, ein bißchen durch's Wasser traben, mehr wäre nicht verlangt gewesen. Doch er wollte nicht und so beschloß Horst Karsten, einmal mit der Gerte nachzuhelfen. Was er allerdings nicht wußte: Eldorado hatte vor ihm irgendwann einmal sehr schlechte Erfahrungen mit der Gerte gemacht. Jedenfalls erschrak er, machte einen Riesensatz und war im Wasser – bis zum Hals, denn der Baggersee, an dem die Szene stattfand, hatte nur einen schmalen, flachen Rand, hinter dem es sofort tief abfiel. Eldorado hatte sich mit seinem Hopser in tiefes Gewässer begeben und mußte nun mit samt seinem erschrockenen Reiter paddeln.
Sie können sich vorstellen, daß ein Bad an einem kalten Wintertag nicht gerade das ist, wonach ein Pferd sich sehnt. Eldorado jedenfalls erschrak noch mehr, wollte nichts wie raus aus dem eiskalten Wasser, hatte aber das Pech, es an einer Stelle zu versuchen, an der der Grund so schlüpfrig war, daß er nicht daran hochkommen konnte. Seine Panik verstärkte sich, beim Strampeln hängte er sich zudem noch in den Zügel ein und der entsetzte Horst Karsten mußte zuschauen, wie sein Pferd auch noch weiter in den See hineingeriet! Es blieb ihm nichts anderes übrig, als hinterher zu schwimmen, dem armen Wallach im eiskalten Wasser Sattel und Zaumzeug abzunehmen und ihn wieder an den Rand zu manövrieren. Wie ihm dabei zumute war, kann man sich leicht vorstellen. Ebenso kann man sich vorstellen, wie kalt ihm und Eldorado war, als sie es schließlich doch geschafft hatten, wieder an Land zu krabbeln!
Sie kamen zwar ohne Erkältung davon, aber für Horst Karsten war schon klar, daß Eldorados Sympathie für Wasser dadurch nicht gerade gesteigert wurde. So bemühte er sich, das Vertrauen seines Pferdes anderweitig zu gewinnen, was ihm offensichtlich auch ganz gut gelang, denn als er ein paar Wochen nach dieser Szene zu einem Kurs ins Warendorfer Bundesleistungszentrum kam, hatte er Eldorado immerhin schon so weit, daß er sich wieder traute, in ein Wasser einzuspringen.
Genau das wurde ihm dann zum zweiten Mal zum Verhängnis: Er sprang schwungvoll ins Wasser, aber in das hatten spielende Kinder ein paar Hindernisstangen gerollt. Eldorado landete darauf, sie rutschten weg, ihm zog es die Beine weg und er stürzte, bekam dabei den Kopf unter Wasser und mußte sich sehr mühen, wieder auf die Beine zu kommen.
Dr. Bernd Springorum, damals Bundestrainer und als solcher Zeuge der Szene, sagte: „Ich dachte, den könnten wir als Buschpferd danach endgültig abschrei-

In voller Fahrt durchs Wasser – hier zeigt Horst Karstens Tochter Imke auf ihrem Pony Hero, wie es gemacht wird.

ben! Der geht nie mehr ins Wasser!" Denn schließlich war Eldorado ja nicht dumm und nach diesen Erfahrungen hätte er sich sagen müssen: „Wasser ist gefährlich, da muß ich nicht rein!"
Es spricht für Horst Karstens Qualitäten als Reiter, daß er es trotzdem geschafft hat, aus Eldorado ein erfolgreiches Vielseitigkeitspferd zu machen und ihn durch viele Wasserstellen und -sprünge zu reiten! Denn dahinter stand schließlich ein Vertrauen, das so groß war, daß es sogar die Negativerfahrungen verkraftete.
Für den Umgang mit Wasser ist das aber auch dringend erforderlich! Wasserstellen sind für jedes Pferd ein Grund, sehr wach und aufmerksam zu sein! Am Wasser könnte sich ja zu leicht ein gefährlicher Feind aufhalten, der nur darauf wartet, bis ein durstiges Pferd ihm unaufmerksam in die Pranken läuft! Außerdem sieht man bei den meisten Teichen den Untergrund nicht – und wer sagt dem Pferd, das darin keine Schlammlöcher sind, in denen es einsinken kann? Wer schützt es davor, im Wasser auszurutschen und sich ein Bein zu brechen, was in der Natur den sicheren Tod bedeutet? Andererseits ist Wasser etwas Schönes – man kann die Beine darin kühlen, an heißen Tagen plantschen, man kann es trinken und damit spielen. Meine Stute z. B. liebt Wasser. Vor ihr und ihrer Plantschfreude ist keine Pfütze sicher, der Bach an der Koppel ist ihre größte Freude und manchen heißen Sommertag hat sie schon halb im Bach verbracht. Sie schwimmt sogar ausgesprochen gerne und genießt es, wenn wir einmal an den Baggersee kommen.
Angst vor Wasser muß also nicht sein – es ist wie immer eine Frage des Vertrauens und des Selbstbewußtseins, ob ein Pferd Wasser mag oder nicht. Beides kann durch „Gewöhnung" gefördert werden.
Bei den Militaryreitern werden die jungen Pferde meist mit Führpferden an Wasser gewöhnt. Eines links, eines rechts und dann einmal durch eine flache, garantiert ungefährliche Wasserstelle – bei sehr vielen Pferden klappt das auf Anhieb, andere zögern, wollen gebeten und überredet werden. Ein kleiner, auffordernder Klaps mit der Gerte kann da nicht schaden, er kann oft der letzte Impuls zu einem Schritt sein, der ins Naß führt und zur Feststellung, daß das gar nicht unangenehm ist. Aber es sollte wirklich bei einem kleinen Klaps bleiben! Wenn der nicht hilft, heißt es, sich mit Geduld zu wappnen. Mit Führpferd hilft es oft, wenn dieses sich schon einmal ins Wasser stellt und plantscht. Dann fühlt sich der Wasserscheue oft genug schon ausreichend überredet, hinterher zu marschieren. Wird er dafür dann gelobt, ist es wieder eine positive Erfahrung mehr, um die Wasserscheu zu besiegen. Ohne Führpferd: Bleiben Sie ruhig, reden Sie mit Ihrem Pferd, klopfen Sie ihm den Hals. Fordern Sie es dann wieder auf, nach vorne ins Wasser zu gehen. Wenn es nicht will, wieder beruhigen, klopfen, wieder auffordern. Das Spielchen kann eine ganze Weile dauern, aber in den meisten Fällen siegt der, der mehr Ausdauer hat – und das sollte eigentlich immer der Reiter sein. Nehmen Sie sich darum solche Aktionen nur vor, wenn Sie viel Zeit haben!
Manchmal kann auch eine vertraute Person zu (gummibeschuhtem) Fuß helfen. Wenn sie sich vor das Pferd ins Wasser stellt und es mit Leckerbissen lockt, läßt sich so manches Pferd auf den Bach oder Teich ein.

Wasser kann auch Spaß machen, wie dieses Westernpferd beim Plantschen zeigt.

Schmiedeprobleme

Wenn ich Sie jetzt bei einem Pferdekauf zu beraten hätte, würde ich sagen: „Achten Sie darauf, daß in der Anzeige ‚schmiedefromm' steht!" Denn komischerweise scheinen immer gerade die Pferde, die die größten Hufprobleme haben, auch die zu sein, die beim Schmied das größte Theater machen. Ich denke da an einen, der schon rückwärts steigend über den Hof hüpfte, wenn er nur den Geruch von verbranntem Horn, der nun einmal mit dem Schmiedbesuch einhergeht, in die Nase bekam! Irgendwann einmal muß er ganz schlechte Erfahrungen mit dem Beschlagen gemacht haben.

Doch am deutlichsten, wenn ich an Schmiedeprobleme denke, steht mir Janczar vor Augen und seine Geschichte ist schön genug, erzählt zu werden. Sie beginnt mit einem deutschen Polenbesucher: Dem Maler Klaus Philipp, der Pferde nicht nur beeindruckend aufs Papier bringt, sondern außerdem eine „professionelle" Reitervergangenheit als Chef der berittenen Polizei in Stuttgart aufzuweisen hat. Seine Liebe und sein Herz gehören der Military und so hatte auch sein Polenbesuch etwas damit zu tun: Klaus Philipp unterstützte die Mannschaft der deutschen Journalisten auf einer Pressemilitary. Doch sein Pferd hatte sich beim Verladen verletzt und so bekam er von dem Gestüt, auf dem die Reiter zu Gast waren, einen Fuchs geliehen: Janczar. Ein

eigentlich eher unscheinbarer Typ – hübsch, aber nicht umwerfend. Klaus Philipp ritt ihn und war begeistert, denn er entdeckte in dem kleinen Polen ein großes Kämpferherz. Spontan beschloß er, ihn zu kaufen und nach Deutschland mitzunehmen.
So landete Janczar im Philipp-Stall. Verschreckt und verschüchtert sei er gewesen, erzählt Klaus Philipps Lebensgefährtin von seinen ersten Wochen in Deutschland. Und schon bald hätten sie gemerkt, daß er alles andere als „schmiedefromm“ sei. Janczar habe beim Schmied jedesmal einen mittleren Tobsuchtsanfall bekommen. Er habe es innerhalb von fünf Minuten geschafft, sich selbst, den Schmied und sämtliche Helfer zu Schweißausbrüchen zu bringen und nach jedem Schmiedbesuch mit Janczar sei ihnen danach gewesen, eine Kerze als Dank für aller Überleben zu stiften.
Vor allem habe man ganz schnell festgestellt, daß das „Hänschen“, wie der Pole mittlerweile genannt wurde, offensichtlich schlechte Erfahrungen mit Männern und Geschrei gemacht hatte. Darauf habe er besonders reagiert. Weil er aber wirklich ein talentiertes Buschpferd ist, beschloß Klaus Philipp, ihn der jungen Militaryreiterin Imke Karsten zur Verfügung zu stellen. „Hänschen“ zog also noch einmal um und aus Hänschen, dem verschreckten Polen, wurde ein Hans im Glück. Denn es „paßte“ und so gewannen die beiden schon in ihrer ersten Saison alles, was sie gewinnen konnten.
Gleichzeitig brachte Hänschen aber manchen Schmied dazu, Imkes Vater Horst Karsten, der einmal der erfolgreichste deutsche Buschreiter war und heute ein erfolgreicher Trainer ist, sehr skeptisch zu betrachten. Denn wann immer Hänschen einmal zum Schmied mußte, erschien vorher Vater Karsten, um den Schmied „einzunorden“. Der bekam gesagt, daß er mit äußerster Ruhe und Geduld vorzugehen habe, daß er auf keinen Fall in Hänschens Nähe brüllen dürfe und daß er sich viel Zeit lassen müsse. Mancher Schmied, so erzählt Horst Karsten, habe ihn angeschaut, wie wenn er hätte sagen wollen: „Jetzt hat der Karsten durchgedreht! Anstatt dieses Vieh zu erziehen, macht er noch Sperenzchen!“ Doch die Sperenzchen lohnen sich, denn seit sie gemacht werden, ist das große Janczar-Schmied-Drama in mindestens vier Akten auf einen relativ kurzen, wenig aufregenden Akt zusammengeschmolzen. Solange Imke neben ihm steht, beruhigend mit ihm spricht, solange er ihre Nähe spürt, fühlt Hänschen sich offensichtlich geborgen und solange sieht er keinen Grund, den Schmied als potentiellen Hänschen-Mörder anzugreifen.
Vermutlich hat das Hänschen nämlich etwas erlebt, was leider auch immer wieder in deutschen Ställen passiert: Er hat sich einmal (wahrscheinlich schon als ganz junges Pferd) beim Schmied gewehrt. Weil aber weder der Schmied noch der Pfleger Zeit hatten, ihm mit Geduld und Ruhe zu begegnen, bekam er wohl beim nächsten Mal gleich die Nasenbremse angelegt. Eine Nasenbremse besteht aus einem Holzstück mit einer Schlinge aus stabiler Schnur. Die Pferdenase wird in die Schlinge gelegt und mittels des Holzes wird zugedreht. Dann steht jedes Pferd, weil der damit ausgelöste Schmerz alles andere übertönt. Aber Sie können sich sicher vorstellen, daß es danach nicht besser vom Schmied und vom Beschlagen denkt! Im Gegenteil! Die Nasenbremse sollte immer die allerletzte Maßnahme im

Das „Hänschen" und Imke Karsten auf dem Weg zu einem weiteren Sieg.

äußersten Notfall sein, denn sie wird jedes psychische Problem beim Pferd verstärken, weil sie zum Problem noch die Assoziation „Schmerz" hinzufügt.
Die Assoziation „Leckerli-Lob" ist sicher bedeutend hilfreicher. Und gerade an Janczars Geschichte zeigt sich ja, daß auch Schmiedeprobleme eine Frage des Vertrauens sind. Aber auch eine der Erziehung! Bei Janczar muß man leider davon ausgehen, daß er einmal wirklich schlechte Erfahrungen gemacht hat. Die meisten jungen Pferde haben nämlich noch keine allzu große Angst vor dem Schmied. Es ist ihnen nicht immer angenehm, sie sind skeptisch, aber wenn ihre Premiere mit Ruhe, Geduld und gutem Zureden gestaltet wird, begreifen sie meist ganz rasch, daß Schmied nichts Schlimmes ist und bleiben mit zunehmender Routine ganz ruhig.
Eines scheint mir auf jeden Fall wichtig: Nehmen Sie selbst sich die Zeit! Sie sollten die Bezugsperson Ihres Pferdes sein, der Mensch, dem es vertraut und dessen Nähe ihm Sicherheit vermittelt. Zeigen Sie ihm immer wieder: „Wenn ich da bin, geschieht dir nichts Böses!" Bleiben Sie auch dann dabei, wenn Sie nicht selbst aufhalten können und wollen (ich kann's auch nicht – schon nach einem Huf melden sich bei mir sämtliche Bandschei-

ben), denn dann können Sie immer noch mit Ihrem Pferd reden, ihm ab und zu einen Leckerbissen verabreichen und ihm das Gefühl geben, nicht von Ihnen ausgesetzt worden zu sein.

Kopfscheu

Ich wundere mich manchmal, mit welcher Geduld sich manche unserer Schulpferde die Tappigkeiten unserer Reitkinder gefallen lassen! Da werden die Ohren regelrecht unter die Kopfstücke „geknüllt“, da werden eiskalte Trensen in warme Pferdemäuler gezwungen und dabei gegen die Zähne gedrückt, daß mir dabei schon die Weisheitszähne jubeln, da werden Riemen zugeknallt und wieder aufgemacht – also, wenn ich Pferd wäre, würde ich mich weigern, als Lernobjekt für's Aufzäumen zu dienen! Unsere braven Schulpferde tun's nicht, denn sie sind glücklicherweise nicht kopfscheu.
Was vielleicht daran liegt, daß sie als junge Pferde das Auftrensen nicht so unangenehm erlebt haben. Während ihrer winterlichen Einreitphase bekamen sie ihre Gebisse vorgewärmt (wie das geht? Ganz einfach: Wenn Sie in den Stall kommen, holen Sie zuerst das Zaumzeug, hängen sich selbst die Zügel um den Hals und stecken die Trense in die Hosentasche. Bis Sie geputzt haben, ist das Gebißstück angewärmt). Verschnallt wurde vorher, so daß es ohne große Verrenkungen am Pferd gehen konnte. Und bei manchen, denen die ganze Sache mehr als suspekt war, kam mit der Trense immer ein Stückchen Zucker. So wurde Kopfscheu erst einmal vermieden
Dieselben Methoden funktionieren aber auch, wenn ein Pferd schon kopfscheu ist! Allerdings braucht es da noch mehr Geduld und Vorlauf. Es gibt welche, die nicht erst beim Auftrensen verrückt spielen, sondern schon lange davor – wenn man sie nur am Kopf anfassen will. Hier sollte man erst einmal ganz genau hinschauen: Eventuell kann es nämlich daran liegen, daß irgend etwas an diesem Kopf schmerzt! Eine Ohrentzündung, ein vereiterter Zahn können Gründe sein, sich nicht anfassen lassen zu wollen – verständliche Gründe, wie ich finde. Beobachten Sie Ihr Pferd genau, wie es in seiner Kopfscheuheit reagiert und wenn Sie dabei den Verdacht bekommen, daß etwas nicht in Ordnung sein könnte, rufen Sie den Tierarzt.
Können Sie aber mit dessen Hilfe ausschließen, daß Krankheit der Grund für die Kopfscheu ist, dann ist Ihre Geduld gefordert. Nehmen Sie sich am besten gleich einen Strohballen mit und setzen Sie sich in die Box zu Ihrem Pferd, ein paar Äpfel oder Karotten in der Tasche. Bieten Sie dem Pferd einen Apfel an – nicht aufdrängen, nur anbieten. Es wird kommen und sich den Apfel holen. Bei einem extrem kopfscheuen Pferd sollten Sie sich am Anfang darauf beschränken, ihm den Apfel zu geben und mit ihm zu reden. Wenn es auf diese Art ein paarmal erlebt hat, daß Sie ja gar nichts von ihm wollen, wird es sich ruhig annähern. Dann ist es an der Zeit, die andere Hand für eine sanfte Berührung einzusetzen. Streichen Sie ihm einmal über die Nase, ohne dabei festzuhalten. Seien Sie nicht geschockt, wenn Ihr Pferd sofort den Kopf wegzieht! Manche haben eben ganz schlechte Erfahrungen und denen entgegenzuwirken, ist immer eine Frage der Zeit.
Probieren Sie es immer wieder und nehmen Sie sich täglich etwas Zeit. Sie wer-

den bald merken, daß Ihr Pferd bereit ist, sich immer mehr gefallen zu lassen. Es verbindet nämlich nun Ihre Besuche und Ihr Kopfstreicheln mit den guten Dingen, die es dabei zu fressen bekommt. Sie können dann auch die Reihenfolge umdrehen: Erst anfassen lassen und dann Apfel bekommen. Der Aufwand lohnt sich in jedem Fall, denn meist kann man auch das kopfscheueste Pferd auf diese Art von seinem Problem kurieren.

Sattelzwang

Mußten Sie schon einmal mit einer Blase am Fuß marschieren? Mit hat mein Pferd einmal ausführlich zu diesem Vergnügen verholfen, als es mich im Gelände absetzte und gen Heimat galoppierte, während ich mit meinen neuen Reitstiefeln als Fußgänger hinterherlaufen durfte. Es war schlimm! Bis ich nach Hause kam, war die Blase offen und ich hatte Tränen in den Augen. So ungefähr, wahrscheinlich sogar noch ein bißchen schlimmer, stelle ich mir Satteldruck vor. Ein nicht ganz passender Sattel, eine Falte in der Decke, ein zu lockerer Gurt – und schon kann es passiert sein. Den meisten Pferden passiert es im Laufe ihres Lebens und manche haben dann Sattelzwang.

Eines möchte ich hier wieder an den Anfang stellen: Sattelzwang kann auch gesundheitliche Ursachen haben. Ein nicht abgeheilter Satteldruck, ein eingekapseltes Hämatom im Rücken, Probleme an den Rückenwirbeln. Solche Probleme muß natürlich der Tierarzt lösen und bevor Sie sich an die „psychische Auflösung" machen, sollten Sie immer erst abklären, daß das Pferd gesundheitlich ganz in Ordnung ist.

Sattelzwang ist nach Ausschluß der gesundheitlichen Probleme wieder einmal die Verbindung von „negativer Erfahrung" und einer „Instinktprogrammierung": Überlebenstrieb. Haben Sie schon einmal in einem Tierfilm gesehen, wie Raubkatzen ihre Beutetiere reißen? Bei Löwinnen geht es so: Die eine springt dem Zebra oder der Gazelle an die Gurgel, die andere auf den Rücken. Getötet wird entweder durch einen Biß von unten in die Halsschlagader oder von oben durch einen Biß in die Halswirbelsäule, die dann zwischen den starken Kiefern des Raubtieres knackt. Für ein Pferd, dessen Instinkte noch normal funktionieren, kann es also eigentlich nichts Schlimmeres geben als etwas im Nacken sitzen zu haben – und genau dahin packen wir den Sattel! Kein Wunder, daß manche jungen Pferde sich mit der Kraft der Verzweiflung dagegen wehren, daß sie durch Buckeln und Bocken versuchen, das Ding abzuschütteln. Ebenso würden sie sich gegen eine Raubkatze wehren, die sich dort niedergelassen hat.

Ich weiß, daß es schon fast langweilig ist, aber es stimmt eben auch hier: Es braucht sehr viel Vertrauen in den Menschen, sich nicht gegen einen Sattel zu wehren!

Vertrauen kann man aber erarbeiten. Am jungen Pferd geht es natürlich am einfachsten. Es hat noch keine negative Prägung, ihm kann man bei den ersten Aufsattelversuchen mit Geduld und Liebe klarmachen, daß das alles gar nicht so schlimm ist. Bei erwachsenen Pferden mit Sattelzwang wird es etwas schwieriger. Bei denen muß man sich manchmal erst vom Sattel verabschieden und wieder mit einer leichten Decke und dem Deckengurt anfangen. An den ersten Tagen reicht es schon, die Decke locker auf den

Pferderücken zu legen und das Pferd damit zu führen, bis es sich an das Gefühl, etwas im Rücken zu haben, gewöhnt hat. Es kann durchaus sein, daß ein Pferd mit Sattelzwang die Decke abschüttelt. Das macht nichts, kann im Gegenteil sogar ganz gut sein. Denn wenn es merkt, daß dieses Ding es nicht einzwängt, wird es sich schon wohler fühlen. Doch das Ding muß dann eben wiederkommen – kaum unten, liegt es bereits wieder auf dem Rücken. Auch hier siegt, wer den längeren Atem hat!

Wenn das Pferd sich die Decke gefallen läßt, sollten Sie einmal einen Deckengurt locker darüber ziehen. Dann können Sie auch schon wieder vorsichtig anfangen, den Rücken etwas zu belasten. Legen Sie beide Hände fest auf die Decke, gewöhnen Sie Ihr Pferd wie einst beim Einreiten an Gewicht. Läßt es sich all das ruhig gefallen, ist wieder der Sattel dran: Auflegen, Gurt nur so weit festziehen, daß der Sattel nicht herunterfallen kann, Pferd führen, dabei den Sattel mit einer Hand festhalten, damit er nicht verrutschen kann. Sobald das Pferd sich etwas entspannt hat, können Sie den Gurt etwas mehr schließen. Dann wieder führen, bis Sie wieder etwas schließen können. Schließlich sollte er so zu sein, daß Sie aufsteigen können.

An dieser Stelle plädiere ich nun energisch gegen unser deutsches „Heldentum", das verlangt, daß sich jeder Reiter ohne Fremdhilfe in den Sattel schwingt und grinst, wenn einer das Bänkchen oder einen Stein zu Hilfe nimmt. Sehr oft sieht es nämlich so aus, daß die Alleinaufsteiger jede Menge Schwung holen, dem Pferd dabei kräftig in den Bauch treten, beim Aufsteigen die Stiefelspitze in die Kruppe bohren und sich dann erleichtert, daß sie's mal wieder geschafft haben, in den Sattel plumpsen lassen. Würde es Ihnen gefallen, wenn Ihnen jemand einen 70 kg Rucksack ins Kreuz fallen lassen würde? Wahrscheinlich würden Sie sich beim nächsten Mal auch wehren!

Gerade bei Pferden mit Sattelzwang kommt es sehr darauf an, wie der Reiter aufsitzt. Darum: Benützen Sie einen Stein, ein Mäuerchen, eine Bank und lassen Sie sich vorsichtig, wie auf einem rohen Ei, im Sattel nieder! Reden Sie dabei beruhigend mit Ihrem Pferd, loben Sie es für das Stillstehen und lassen Sie ihm erst einen Moment Zeit, sich an das Gewicht zu gewöhnen, bevor Sie losziehen.

Und: Vergessen Sie das Nachsatteln nicht! Ein rutschender Sattel gibt bekanntlich Satteldruck. Also: Ein paar Runden (oder Meter, wenn Sie im Gelände sind) Schritt, dann kommen die Zügel in die linke Hand, das rechte Bein geht (im Bügel! Das verhindert erstens, daß Sie im Notfall erst danach angeln müssen und vermeidet zweitens, daß er dem Pferd an den Bauch schlägt) nach vorne vor den Sattel, mit der freien Hand wird nachgegurtet. Bei Pferden mit Sattelzwang sollte beim ersten Nachgurten auch nicht bis ins letzte Loch „zugeknallt" werden. Gehen Sie lieber noch ein bißchen Schritt, bis sich das Pferd vollends entspannt hat und gurten Sie dann noch einmal nach!

Kleben

Man gönnt seinem Pferd ja die Gesellschaft anderer Pferde, man weiß auch, wie wichtig die ist, aber manchmal möchte man alleine ausreiten oder auf einem Ausritt eigene Wege gehen. Doch manche Pferde „kleben", d.h. sie wollen sich auf keinen Fall von den anderen Pferden trennen. Sie wehren sich gegen den Reiter und seine Anweisungen, sie gehen rückwärts, seitwärts, steigen, buckeln und schreien, sie sind schweißgebadet vor Angst und Aufregung und liefern bei jedem Versuch, ein Solo mit ihnen zu veranstalten, eine Szene.

Das „Warum" ist für Sie, wenn Sie bis hierhin gelesen haben, eigentlich keine große Frage mehr. Hinter Kleben steckt Unsicherheit und Mangel an Selbstvertrauen, aber auch Mangel am Vertrauen zum Reiter. In den Gründen liegen auch die Lösungen. Bedenken Sie dabei aber zu allererst, daß Kleben eigentlich eine überlebensnotwendige Eigenschaft ist! Ein Pferd in freier Natur kann nicht alleine überleben, es ist auf den Schutz der Herde angewiesen. Es reagiert auf ihr Verschwinden wie ein Menschenbaby, dessen Mutter es alleine gelassen hat: Man kann ihm noch so oft erklären, daß Mami ja gleich wiederkommt. Zunächst einmal begreift es das nicht, sieht nur den „Verlust", der ihm ungeheuer bedrohlich erscheint und brüllt mit aller Kraft dagegen an. Würden Sie ein schreiendes, verängstigtes Baby bestrafen? Wahrscheinlich nicht. Ebenso wenig sollten Sie ein klebendes Pferd bestrafen. Es tut nur, was ihm sein Instinkt befiehlt.

Kleber müssen beigebracht bekommen, daß ihnen auch ohne die vertraute Gesellschaft anderer Pferde nichts geschehen kann. Sie müssen lernen, den Reiter als genügend „Herde" zu betrachten, um sich in seiner Nähe sicher und gelassen zu fühlen. Der Weg dahin ist wie immer einer, der Geduld und Gelassenheit erfordert. Den Anfang macht man am besten mit mehreren Begleitern zu Pferde. Reiten Sie im großen Trupp ins Gelände. An einer Abzweigung geht die große Gruppe nach der einen Seite, Sie bitten einen oder zwei Reiter, mit Ihnen zur anderen abzubiegen. Wahrscheinlich wird sich Ihr Kleber auch darüber aufregen, aber durch die Nähe der Begleiter doch bereit sein, sich von der großen Gruppe zu trennen. Am Anfang sollte es nur für kurze Zeit sein – wenn er sich wegreiten ließ und die anderen für einen Moment aus der Sicht verloren hat, können Sie wieder den Anschluß an die große Gruppe suchen und ihm damit zeigen: „Du kommst ja wieder zurück zu deinen Freunden! Sie gehen nicht endgültig verloren!" Ebenso wie das Menschenbaby mit der Zeit lernt, daß Mami ja nicht endgültig verloren geht, sondern immer wiederkommt, lernt auf diese Art auch das unsichere Pferd, daß es sich auf Sie verlassen kann, daß Sie es immer wieder wohlbehalten in den Schutz der Gemeinschaft zurückbringen werden.

Pullen und Durchgehen

Nein, es sind nicht die besonders temperamentvollen, bewegungsfreudigen Pferde, die im Gelände durchgehen! Pullen bzw. Durchgehen ist kein Zeichen von Bewegungsfreude, sondern fast immer eines von Panik! Pferde sind bekanntlich Fluchttiere, die sich unangenehmen, bedrohlichen Situationen durch Flucht im höchsten Tempo entziehen.

Pullen erlebt man besonders oft im Jagdfeld – ein Pferd ist plötzlich nicht mehr zu halten, stürmt blindwütig los und rennt, bis es nicht mehr kann. Die Empfehlungen an den Reiter in dieser Notsituation sind klar und altbekannt: Versuchen Sie, Volten zu reiten! Werfen Sie den einen Zügel weg, ziehen Sie den anderen mit Kraft zu sich und zwingen Sie das Pferd damit in eine Kurve, versuchen Sie dann, daraus eine Volte zu machen und den Kreis immer enger werden zu lassen, bis sich das Pferd beruhigt hat. Damit haben Sie erst einmal eine Chance, daß die panische Flucht Ihres Pferdes weder im Straßengraben noch auf der Straße in der Kollision mit einem Auto endet, aber Sie haben das Grundproblem noch nicht gelöst. Dazu müssen Sie nämlich überlegen, was das Pferd eigentlich in die Flucht getrieben hat. Auf der Jagd ist das oft die allgemeine Unruhe. Das Pferd steckt in einer „Herde", die sich im Galopp bewegt. Galopp ist nun mal nicht die normale Gangart, sondern die, die zur Flucht gebraucht wird. Kommt dazu vielleicht auch noch ein aufgeregter Reiter, ist der Fluchtimpuls komplett und das Pferd stürmt los. Auch hier liegt in der Ruhe die Kraft. Suchen Sie schon vorab im Jagdfeld ruhige Gesellschaft! Fragen Sie einmal die Jagdkameraden, wer auf einem absoluten Verlaßpferd, das garantiert die Nerven behält, sitzt und hängen Sie sich dort an, bemühen Sie sich selbst, ruhig zu reiten und Ihrem Pferd diese Ruhe immer wieder durch Ansprache und Klopfen am Hals zu vermitteln. Lassen Sie sich nicht auf „wilde Jagd" ein! Ihr Pferd muß erst lernen, sich nicht aufzuregen und kontrollierbar zu bleiben.

Dasselbe gilt, wenn Ihr Pferd im Gelände zum Durchgehen neigt. Überlegen Sie zuerst, wann und wie es passiert. Oft ist etwas Bestimmtes daran schuld – so erlebte ich einmal einen jungen Hengst, der immer an einer bestimmten Stelle im Wald, an der ich gar nichts sehen konnte, abging wie eine Rakete. Als ich bei denen, die ihn sonst ritten, nachfragte, stellte sich heraus, daß dem Kleinen auf seinem ersten Ausritt an dieser Stelle überraschend ein wild kläffender Hund aus dem Gebüsch entgegengesprungen war. Er hatte sich natürlich erschrocken und weil Hund sowieso unter „Feindbild" gespeichert war, hatte er sein Heil in der Flucht gesucht. Als gescheites Pferd hatte er sich die Stelle gemerkt und beim nächsten Mal schon vor Auftreten des Hundes die Flucht angetreten. Ihm halfen dann drei Versuche mit einem erfahrenen Führpferd. Als er sah, daß der Gefährte an der Stelle ohne Mucken vorbeiging, tänzelte er aufgeregt hinter ihm drein. Alle Sinne waren gespannt, eine Kleinigkeit hätte ausgereicht, ihn wieder zum Durchgehen zu bringen. Doch die Kleinigkeit blieb aus, statt dessen wurde ihm gut zugeredet und er wurde gelobt, worauf sich sein „Hunde-Gebüsch-Komplex" löste.

Koppen

Eine der schlimmsten Untugenden ist das Koppen. Es gilt als Gewährsmangel, weil es auf Dauer zu Schäden führt, die das Pferd als Reittier unbrauchbar machen. Beim Koppen unterscheidet man drei Formen, die von den Tierärzten Launer, Mill und Richter in ihrem Buch „Krankheiten der Reitpferde" so beschrieben werden: „Das Krippensetzen (Aufsetzen) tritt am häufigsten auf. Dabei wird die lippenseitige Kante der Schneidezähne des Oberkiefers auf den Krippenrand oder andere feste Gegenstände gestellt und der Kopf zur Anpassung der Halsbeuger gegen den Widerstand gepreßt, wobei ein rülpsender Ton hörbar wird. Durch dauernde Wiederholung dieses Vorganges werden die Zahnkanten schräg abgeschliffen. Bei geschlossenen Kiefern sieht man am vor-

Pferde und Hunde – eine nicht immer glückliche Verbindung, denn der Hund ist eigentlich als „Feindbild“ beim Pferd gespeichert.

deren, lippenseitigen Rand der Kaufläche einen dreieckigen Defekt an Zangen und den Mittelzähnen. Nach jahrelangem Koppen können die Oberkieferschneidezähne bis auf Stummel, die im Zahnfleisch stecken, abgewetzt werden. Stets beobachtet man zugleich eine Verstärkung der unteren Halsmuskulatur.

- Beim Freikoppen (Luftkoppen) setzen die Pferde das Gebiß nicht auf. Der Kopperton wird bei Abbeugung des Kopfes gegen die Brust unter eigentümlichen Lippenbewegungen hörbar. Anschließend richten sie meist den Kopf wieder ruckartig auf.
- Das Luftschnappen (Windschnappen) ist nicht identisch mit Freikoppen, sondern bildet eine besondere Form, bei der ohne Aufsetzen mit oder ohne Kopperton Luft abgeschluckt wird.“

Bei allen drei Formen kommt es zu einer verstärkten Ausbildung der unteren

Halsmuskulatur, die beim Reiten erhebliche Probleme bereiten kann. Außerdem neigen Kopper zu Verdauungsstörungen und sind schwer in guten Ernährungszustand zu bringen.
Die Tierärzte wissen über die Ursachen: „Über die Ursachen des Koppens besteht noch keine einheitliche Meinung. In den meisten Fällen entwickelt sich die Untugend bei jungen Pferden häufig spontan, wenn sie nicht genügend beschäftigt werden. Bekannt ist auch, daß viele Pferde das Koppen durch Nachahmung erlernen." Bewegungsmangel und Langeweile hat auch der Hippologe Wilhelm Blendinger als Ursache vermutet.
Als Behandlung wird oft ein Kopperriemen empfohlen, der eng um die obere Halsgegend gelegt das Herabziehen des Kehlkopfes verhindern soll. Außerdem können Kopper operiert werden. Das hilft sicher, ist aber meiner Ansicht nach nur ein Abstellen des Symptoms, ohne die eigentlichen Ursachen anzugreifen.
Ich kenne (glücklicherweise) nur wenige Kopper, aber bei einem davon scheint mir Bewegungsmangel als Grund sehr deutlich erkennbar. Bei ihm handelte es sich nämlich um ein sehr bewegungsfreudiges Vielseitigkeitspferd. Das Koppen begann er, als er wegen einer Verletzung wochenlang stehen mußte und sich wahrscheinlich fürchterlich langweilte. Es wurde besser, als er in einer Außenbox landete und es hörte fast ganz auf, als er wieder ins Training genommen wurde und in seiner Freizeit mit anderen Pferden auf der Koppel war. Er koppte nämlich nur in der Box!
Leider sind nicht alle Kopper durch solche Maßnahmen zu „heilen". Sehr oft haben sie sich so „eingekoppt", daß sie auch auf der Koppel nicht mehr davon lassen können. Wenn es soweit ist, hilft wahrscheinlich nur noch die Operation, doch anschließend sollte eben Ursachenbekämpfung betrieben werden, also ausreichende Bewegung und Koppelgang.

Weben

Weben ist eine sogenannte „Bewegungsstereotypie", über die Launer, Mill und Richter schreiben: „Als Bewegungsstereotypien werden relativ starr festgelegte und häufig wiederholte Bewegungsabläufe bezeichnet, die ohne ersichtlichen Funktionszusammenhang bestehen.
Beim Pferd fällt darunter das „Leineweben" und die „Manegebewegung". Beim Leineweben oder Weben wiegen die Pferde den Vorderkörper mit gespreizten Vorderbeinen hin und her. Unter Manegebewegung versteht man eine kreisförmige Bewegung in der Box. Beides tritt vornehmlich bei leichten Reit- und Wagenpferden auf (...)"
Weben belastet die Beine – die ständig wiederholte Bewegung führt zu einer Abnutzung, die auf die Dauer den Gebrauchswert des Pferdes sehr mindern kann.
In dem Satz, daß Weben vorwiegend bei „leichten Reit- und Wagenpferden" auftritt, liegt auch fast schon die Begründung: Bewegungsmangel. Gerade die „leichten" Pferde haben meist einen ausgeprägten Bewegungsdrang, der durch Boxenhaltung eingeschränkt wird. Sie langweilen sich, sie können sich nicht austoben, die überschüssige Energie wird in Weben umgesetzt. Leider entsteht dieser Fehler sehr rasch – manchmal reichen ein, zwei Tage, in denen das Pferd nicht ausreichend bewegt wurde.

Den Tierärzten fällt zur Behandlung leider wenig Ermutigendes ein: „Ein sicheres Mittel zur Beseitigung von Bewegungsstereotypien gibt es nicht. Abhilfe versprechen am ehesten reichliche und häufige Bewegung oder ein Wechsel der Aufstallung. Eine zuweilen recht nützliche Maßnahme zur Beseitigung des Webens ist das Bemalen der Stirnwände des Standes oder der Boxenwände mit senkrechten Zebrastreifen. Die Tiere sollen durch das Hin- und Herschwanken der Streifen in der Bewegung so irritiert werden, daß sie die Untugend im Laufe der Zeit aufgeben. Besondere Anbindemethoden und Fesslungen erweisen sich meist als nutzlos."

Da kann man dann nur sagen: Vorbeugen! Vor allem in der eigenen Planung und Organisation. Jedem von uns kann es passieren, daß er einmal nicht dazu kommt, sein Pferd zu bewegen. Sei es, weil er verreisen muß, sei es, weil er Grippe hat. Gut ist es, wenn man dann im Stall anrufen und sagen kann: „Schickt mein Tier auf die Koppel, ich kann heute nicht kommen!" Dann ist wenigstens für etwas Bewegung und Unterhaltung gesorgt. Doch viele Ställe haben keine Koppeln. Darum sollten Sie sich immer einen Reiter für Notfälle „warmhalten", jemanden, den Sie kurzfristig anrufen und mit dem Bewegen Ihres Pferdes beauftragen können. Es muß ja nicht die großartige Dressurarbeit sein! Ein gemütlicher Ausritt reicht schon, wenn er eben lange genug dauert. Sie wissen niemanden? Dann schauen Sie sich einmal die Reitschüler in Ihrem Stall an! Viele der kleinen Mädchen sind glücklich, wenn Sie auf eines der Privatpferde dürfen! Was ihnen vielleicht noch an reiterlichem Können fehlt, ersetzen sie durch Engagement und Liebe zum Vierbeiner, dazu sind sie meist Leichtgewichte, die auf keinen Fall Schaden anrichten können. Fragen Sie doch einmal Ihren Reitlehrer! Denn auch der ist oft froh, wenn er einer seiner talentierten Schülerinnen ab und zu ein gut gerittenes Privatpferd bieten kann. Meines läuft z. B. seit vielen Jahren immer wieder in der Abteilung, weil ich wenig Zeit habe. Der Reitlehrer achtet darauf, daß die Stute an „liebe" Mädchen kommt, die sie mögen und gut behandeln und meist merke ich einen solchen Einsatz daran, daß am nächsten Tag ein gutgelaunter, bestens geputzter Schimmel im Stall steht. Sie wird von ihren Reitmädchen sogar meist besser geputzt als ich es täte. Ihres Pflegemädchens größte Seligkeit ist die Erlaubnis, ins Gelände zu gehen, wozu allerdings eine Tierhalterhaftpflichtversicherung, die auch ein Verleihen des Pferdes ermöglicht, Voraussetzung ist.

Auf jeden Fall schützt diese Form des „Verleihens" mein Pferd vor Langeweile und Bewegungsmangel mit allen Folgen.

Zum guten Schluß: Konditionstraining

Es hat nichts mit Psychologie und wenig mit Ethologie zu tun, erscheint mir aber dennoch sehr wichtig: Kondition! Denn daran fehlt es manchem Reiter und den meisten Freizeitpferden und bei den Pferden hat das oft üble Folgen. Denn auf einen dauernden Wechsel zwischen fast keiner und sehr viel Belastung ist der Körper eines Pferdes nicht ausgelegt. Dummerweise erleben sie aber oft genau das: Unter der Woche gerade mal ein Stündchen am Tag durch die Reithalle, aber am Wochenende ein langer, flotter Ausritt oder ein Turnier. Montags steht das Pferd dann in der Box und kann sich mit seinem Reiter wenigstens in einem harmonisch vereint fühlen: Im gemeinsamen Leiden am Muskelkater.

Der sei nicht so schlimm, meinen Sie? Einfach weitermachen? Am besten vergeht er durch Bewegung? Das ist leider ein weit verbreiteter Irrglaube. Er basiert auf der an und für sich richtigen Voraussetzung, daß Überanstrengung Übersäuerung der Muskeln bewirkt. Doch fangen wir jetzt einmal beim Anfang an: Was geschieht eigentlich in der „Chemiefabrik" Körper, wenn wir uns (bzw. unsere Pferde sich) in Bewegung setzen?

Wir brauchen Energie, und um die bereitzustellen braucht es Sauerstoff. Der wird nach dem Einatmen an das in den roten Blutkörperchen enthaltene Hämoglobin gebunden und über den Blutkreislauf in die Muskeln transportiert. Da laufen nun eine ganze Menge chemischer Prozesse ab, an ihrem Ende entsteht die chemische Verbindung Adenosintriphosphat (ATP), die Energielieferant für den Muskel ist. Bei ihrem Einsatz zerfällt sie, der Abfallstoff ist Kohlendioxyd, das dann über Ausatmen und den Blutkreislauf wieder „entsorgt" werden muß.

Der Nachteil an diesem Sauerstoff-Energiesystem ist allerdings, daß es einige Zeit braucht, bis auf diesem Weg ATP produziert wird. Für uns Menschen, aber auch für Pferde, mit denen wir in der Entwicklungsgeschichte die Notwendigkeit, ganz schnell ganz fit zu sein, gemeinsam haben, wäre das Sauerstoff-Energiesystem alleine nicht ausreichend. Weder wir Menschen noch ein Pferd können einmal tief durchatmen und dann abwarten, bis genug Energie da ist – in unser beider Urgeschichte gab es genug Situationen, die sofortiges Durchstarten erforderlich machten. Weswegen in unseren Muskeln eine gewisse Phosphor-Reserve gespeichert ist, die den Vorteil hat, ohne den langwierigen Weg über die Sauerstoff-Versorgung sehr schnell und viel ATP liefern zu können. Allerdings reicht diese Phosphor-Reserve nicht weit: Ein kleiner Sprint, ein Sprung, das Anheben eines schweren Gewichtes kann sie schon aufbrauchen.

Doch erstens ist sie nach einer Erholungsphase von wenigen Minuten wieder aufgefüllt und zweitens reicht die Zeit, in der sie Energie zur Verfügung stellt, bei einem einigermaßen trainierten Organismus aus, die Sauerstoff-Energieversorgung wirksam werden zu lassen. Man kann diese Phosphor-Reserve also als „Überbrückungshilfe“ bis zur Wirksamkeit der Dauerleistung ermöglichenden Sauerstoff-Energieversorgung sehen. Doch manchmal gibt es Situationen, in denen auch diese nicht mehr genügend ATP an den angestrengten Muskel abgeben kann. Für solche Fälle hat Mutter Natur uns noch mit einer „Notversorgung“ ausgestattet: Dem Lactat-Energiesystem. Wobei die Bezeichnung nicht ganz korrekt ist, denn Lactat, also Milchsäure, ist nicht der eigentliche „Energielieferant“ in diesem System, sondern das Abfallprodukt. Die Energien werden aus Eiweißreserven des Muskels gebildet – in dem Fall kann man also wirklich sagen: Es geht an die Substanz. Das System wirkt zwar sehr schnell und direkt, ist aber nicht sehr effizient. Es wird bei einem relativ hohen Einsatz von Substanz relativ wenig Energie produziert, dabei fallen aber sehr viele Rückstände an, deren Abbau sehr lange dauert. Und genau diese Rückstände sind es, die dann den Muskelkater auslösen. Die zurückbleibende Milchsäure hat die Muskeln übersäuert, sie wurden müde und konnten nicht mehr koordiniert arbeiten. Das allein täte wahrscheinlich noch nicht weh – den Schmerz, dieses Warnsignal des Körpers, lösen die Folgen aus: Das Lactat macht den Muskel „mürbe“, die Fasern verlieren an Elastizität. Macht man da weiter, reißen die Fasern – und das löst dann den Schmerz aus!

Darum ist „Weitermachen“ beim Muskelkater die schlechteste Idee überhaupt. Die kleinen Faserrisse brauchen nämlich erst einmal Zeit, wieder abzuheilen. Läßt man ihnen die nicht oder lacht man sich allzuoft einen Muskelkater an, kann man mit Folgeschäden rechnen: die vielen kleinen Vernarbungen, die durch die Faserrisse unvermeidlicherweise entstehen, machen den Muskel „dicker“ und unelastischer. Die Folge ist, daß er noch mehr Energie braucht, um optimal versorgt zu werden, folglich die Gefahr der Unterversorgung noch größer wird, der nächste Muskelkater also naheliegt und auf Dauer die Muskelbelastbarkeit erheblich herabgesetzt wird.

Was kann man also tun, um Muskelkater zu verhüten und die Energiesysteme optimal zu konditionieren? Die Hoffnung, die Phosphor-Reserven des Reiters mit diversen Energiedrinks und mineralienversetztem „Designer-Food“ auszubauen und einen größeren Sauerstoffdurchsatz zu erreichen, scheint zwar heute in manchem Kopf zu spuken, Sportmediziner sind davon allerdings nicht überzeugt. Denn dummerweise werden viele dieser Substanzen im direkten „Durchmarsch-System“ durch den Körper geschleust und nützen so gar nichts. Und der Rest, der hoffentlich verwertet wird, reicht wohl nicht aus, den Energiehaushalt wirklich befriedigend auszubauen.

Auch bei Pferden ist mit dem Füttern nicht der große Durchbruch zu erreichen. Dr. Bernd Springorum, ehemals Bundestrainer der deutschen Vielseitigkeitsreiter, schrieb in „Bemerkungen über das Konditionstraining der Vielseitigkeitspferde“ dazu: „Auch auf dem Gebiet der Fütterung gibt es heute Hunderte von Angeboten für Leistungspferde. Die Pferde fressen das, aber selten weiß der Reiter, warum. Gewinnt das Pferd, wird weitergefüttert, auch wenn es Gummibärchen sind. Dabei ist das Futter unserer Pferde die Basis, verbrauchte Energiereserven aufzufüllen und den Organismus auf größere Belastungen einzustellen. Die Fütterung des Vielseitigkeitspferdes verlangt keine Kunststücke. Ein gesundes, langfristig aufgebautes Pferd kommt mit dem Futtter der Väter gut zurecht." Das heißt: Heu, Hafer und gelegentlich Frischfutter. Auf „Designer-Food" fürs Pferd kann man nicht nur zur Entlastung des eigenen Geldbeutels, sondern auch zum Schutz vor Überfütterung verzichten.

Es bleibt also nur: Training. Ein sorgfältiges Auf- und Ausbauen des Sauerstoff-Energiesystems ist die einzige Möglichkeit, Muskelkater zu vermeiden. Aber nicht nur Muskelkater, sondern auch weitere, schlimmere Folgen von „zuviel und untrainiert". Darüber können Tierärzte ein Lied singen: Die vielen Sehnenverletzungen, die sie mit der Aussage „Der ist in ein Loch getreten oder gestolpert" zu sehen bekommen, sind nämlich oft auch Folge mangelnder Kondition. Die müde gewordenen, übersäuerten Muskeln koordinieren nicht mehr richtig, die Gefahr des Stolperns erhöht sich – jeder, der schon einmal an die Grenzen seiner Kondition gekommen ist, weiß, wie schwer es ihm gefallen ist, die Füße noch zu heben, wie oft er dabei gestolpert ist. Pferden ergeht es ebenso. Jede Bodenerhebung, über die sie normalerweise geradezu „schweben", wird bei Ermüdung zur Stolperfalle.

Wie denn nun aber Konditionstraining für Roß und Reiter? Manche halten's mit dem Spartaner-Prinzip: „Was uns nicht tötet, macht uns hart – gelobt sei, was hart macht." Das mag vielleicht für die Spartaner ganz gut gewesen sein – aber die hatten angeblich nicht gerade ein langes Leben. Für uns und unsere Pferde empfiehlt es sich im Interesse langfristiger Gesundheitsplanung, ruhig und geplant an die Sache heranzugehen, die Belastungen ganz langsam zu steigern und dabei darauf zu achten, daß Überanstrengung ausgeschlossen bleibt.

Fangen wir also einmal mit einem Pferd an, das z. B. nach einer Verletzung gestanden ist und nun gar keine Kondition mehr hat. Das sollte wieder in Gang kommen – am besten im Schritt. Geruhsames Spazierenreiten im Schritt, wenn das Gelände es anbietet, ein bißchen bergauf-bergab klettern – gerade so, daß das Pferd zum „Durchatmen" kommt. Der einfühlsame Reiter merkt, wieviel er seinem „anzuschiebenden" Vierbeiner zutrauen kann. Nach ein paar Tagen ruhiger Schrittarbeit ist dann der erste, kleine Trab drin – eine Minute oder zwei reichen vollkommen aus. In den nächsten Tagen und Wochen können die Trabbreprisen etwas ausgeweitet werden, wobei hier mehrere kurze auf jeden Fall besser sind als zwei, drei lange. Wer dabei auch gleich etwas für die Belastbarkeit der Pferdebeine tun will, wählt wechselnde Bodenverhältnisse: Buschreiter wie z. B. Claus Ehrhorn pflegen ihre Pferde im Frühling auch einmal auf harten Böden, d. h. Straßen und asphaltierten Wegen, zu traben, um die Widerstandsfähigkeit der Knorpel und Sehnen auszubauen. Aber auch hier natürlich: Mit Maß und Ziel!

Da ja in vielen Fällen die Kondition von Reiter und Pferd zusammenhängt, ist es kein Fehler, wenn der Reiter auf die Zeichen seines eigenen Körpers hört. Abgesehen davon, daß er selbst Überanstrengung vermeiden sollte, baut er ähnlich wie sein Pferd Kondition auf – wenn also der untrainierte Reiter total am Japsen ist, ist es sein Pferd wahrscheinlich auch und spätestens dann sollte man eine erhol-

same, längere Schrittpause einlegen. Zudem: Ein müde gewordener Reiter, der nach jedem Aufstehen beim Leichttraben dem Pferd wie ein Sack ins Kreuz fällt, weil ihm schon die Knie weich sind, fördert weder die Kondition noch die Motivation seines Pferdes.
Hier sollte man sich übrigens auch von keinem „Gruppenzwang" unter Druck setzen lassen. Ein auf dem zweiten Hufschlag Schritt reitendes Paar in der Reitstunde ist auf jeden Fall besser als zwei, die sich schwitzend und stöhnend dazwischen herumplagen.
Und wenn man beim Ausritt mit Freunden merkt, daß die eigene oder die Kondition des Pferdes nicht ausreicht, ihre Wege mitzugehen, dann kann man das gleich als Gelegenheit nützen, ein paar Minuten mit seinem Pferd alleine zu verbringen und seine Unabhängigkeit von der Gruppe zu schulen. Schließlich wollen wir ja auch keine „Kleber" erziehen. Und was eignet sich besser als ein herrlich federnder Waldweg, um wieder einmal Schulterherein oder Schenkelweichen über ein kurzes Stück zu trainieren? Dressurarbeit muß beileibe nicht immer auf dem Viereck stattfinden! Gerade junge Pferde sind oft williger, wenn sie die unbedingt notwendige Gymnastizierung durch Dressurarbeit nicht als sture „Bolzerei" auf dem Viereck erleben, sondern als immer wieder kurz eingeschobene Reprisen auf dem Ausritt.
Ist dann die Grundkondition wieder einigermaßen aufgebaut, kann die Galopparbeit stattfinden. Ich habe im Umgang mit einer älteren Zuchtstute gelernt, „Angebote" anzunehmen: Wenn das Gelände danach ist, fordere ich sie zu einem Galopp auf. Je nachdem, wie sie lustig und in Form ist, geht sie los. An einem Tag kann's sein, daß sie ganz gemütlich kantert und dann am Ende unseres Galoppweges von selbst in den Trab fällt und mir damit sagt: „Ich hab' für heute genug!" An anderen Tagen ist sie richtig gut drauf, dann düst sie los, buckelt dazwischen vor lauter Lebenslust, läßt sich von mir auch mit einer sanften Aufforderung noch schneller machen – doch sobald ich merke, daß sie zäh wird, lasse ich ihr wieder die Wahl über das Tempo. Das erfordert allerdings viel Vertrauen ins Pferd und das Wissen, daß man es in jeder Situation wieder einfangen kann und ist daher nur empfehlenswert, wenn man sein Pferd wirklich kennt. Denn Pferde sind ebenso unterschiedlich wie wir Menschen – meine Stute bewegt sich gerne, ohne dabei durchzudrehen.
Andere wiederum sind ein bißchen fauler und würden jede Gelegenheit zu bummeln sofort nützen, sie brauchen nachdrücklichere Aufforderungen und mehr Sensibilität vom Reiter für ihren Konditionsstand. Denn er muß genau beurteilen können, ob es ihre Faulheit ist, die sie nun langsamer werden läßt oder ob sie an der Grenze ihres Vermögens angekommen sind.
Patentrezepte für Konditionstraining gibt es nicht – jeder Reiter muß in sein Pferd hineinhören und ein Gefühl für seine Fitneß entwickeln. Aber ein Patentrezept zum Thema Kondition fällt mir ein: Wer immer ein bißchen mehr Kondition hat, als die Aufgabe, sei's nun ein Turnier, ein langer Ausritt oder eine Jagd, gerade erfordert, sichert sich und seinem Pferd langfristig die Gesundheit. Und wer weiß, daß Kondition zwar langsam aufgebaut, aber schnell wieder abgebaut ist, wird dafür sorgen, daß sein Pferd immer einigermaßen „fit" ist.

Literaturverzeichnis

David Anthony, Dimitri Y. Telegin, Dorcas Brown: „Die Anfänge des Reitens", Spektrum der Wissenschaft, Heidelberg Februar 1992

Wilhelm Blendinger: „Gesundheitspflege und erste Hilfe für das Pferd", Erich Hoffmann Verlag, Heidenheim 1974

– „Psychologie und Verhaltensweise des Pferdes", Paul Parey Verlag, Berlin-Hamburg 1980

Thomas Casper: „Einflußfaktoren auf die Fruchtbarkeit bei Zuchtstuten", Diplomarbeit, Fachhochschule Nürtingen, Wintersemester 1987/88

Vitus B. Dröscher: „Nestwärme – wie Tiere Familienprobleme lösen", ECON, Düsseldorf-Wien 1982

– „Sie töten und sie lieben sich – Naturgeschichte sozialen Verhaltens", Hoffmann und Campe, Hamburg 1974

– „Weiße Löwen müssen sterben – Spielregeln der Macht im Tierreich", Rasch und Röhring Verlag, Hamburg 1989

John C.Eccles: „Die Evolution des Gehirns – die Erschaffung des Selbst", Piper, München-Zürich 1989

Adrian Forsyth: „Die Sexualität in der Natur – vom Egoismus der Gene und ihren unfeinen Strategien", Deutscher Taschenbuchverlag, München 1991

Matthias Glaubrecht: „Duett für Frosch und Vogel – Neue Erkenntnisse der Evolution", ECON Verlag, Düsseldorf-Wien 1990

– „Wenn's dem Wal zu heiß wird – Neue Berichte aus dem Alltag der Tiere", Deutscher Taschenbuchverlag, München 1991

Donald R.Griffin: „Wie Tiere denken – ein Vorstoß ins Bewußtsein der Tiere", Deutscher Taschenbuchverlag, München 1990

Heini Hediger: „Tiere verstehen – Erkenntnisse eines Tierpsychologen", Deutscher Taschenbuchverlag, München 1984

Günter Karweina: „Der sechste Sinn der Tiere", Stern-Bücher im Verlag Gruner & Jahr, Hamburg 1982

Marthe Kiley-Worthington: „Pferdepsyche – Pferdeverhalten – Grundlagen für Reiter, Halter und Trainer", Müller Rüschlikon, Zürich 1989

Wolfgang Kresse: „Pferde halten und pflegen", Verlag Eugen Ulmer, Stuttgart 1989

Peter Lauer, Jürgen Mill, Wilfried Richter: „Krankheiten der Reitpferde", Verlag Eugen Ulmer, Stuttgart, 1990

Konrad Lorenz: „Hier bin ich – wo bist du? Ethologie der Graugans", Piper, München 1988

Hans Löwe, W. Hartwig, E. Bruns: „Pferdezucht", Verlag Eugen Ulmer, Stuttgart 1979

H. Pirkelmann (Hrsg.): Pferdehaltung. 2. Aufl. Verlag Eugen Ulmer, Stuttgart 1991.

Hans-Hinrich Sambraus: „Nutztierhaltung – Biologie, Verhalten, Leistung und Tierschutz", Verlag Eugen Ulmer, Stuttgart 1991

Bernd Springorum: „Hinweise zum Konditionstraining der Vielseitigkeits-Pferde", FN-Verlag der Deutschen Reiterlichen Vereinigung, Warendorf 1986

Wolfgang Wickler, Uta Seibt: „Das Prinzip Eigennutz – zur Evolution des sozialen Verhaltens", Piper, München 1991

Fachbegriffe

Achaltekkiner. Aus Rußland stammende Vollblutpferderasse, gilt als eine der Ausgangsrassen für das Engl. Vollblut.

Adaption (des Auges). Anpassung der Sinnesorgane an bestimmte Reizstärken. Die Adaptionsfähigkeit der Augen beruht auf einer Empfindlichkeitsänderung der Sinneszellen durch Erhöhung bzw. Senkung der Reizschwelle.

Animismus. Seelenglaube der Naturvölker. Danach sind alle Gegenstände, ob lebende oder tote, auch Gebrauchsgegenstände, „beseelt". Als „Animismus" gilt z.B. schon, wenn Autos „Namen" bekommen usw.

Antropomorphismus. Die „Vermenschlichung" von Tieren.

Behaviorismus. Bestimmter Zweig der Verhaltensforschung, der Ausdruck geht auf die Arbeit „Behavior" von J. B. Watson, erschienen 1914, zurück. Der Behaviorismus versteht unter Verhalten nur die Reaktions- und Funktionsweise lebender Organismen.

Chronobiologie. Der Zweig der Biologie, der sich u. a. mit Zeitsinn beschäftigt.

Devotion. Verehrung, Unterwürfigkeit.

Domestikation. Zähmung bzw. Züchtung, d. h. die Verwandlung eines wilden Tieres in ein Haustier, wobei durch die planvolle Züchtung im Lauf der Generationen Veränderungen am Erbgut vorgenommen werden können – so z.B. frühere Geschlechtsreife, bestimmte, von der Naturform abweichende Färbung, erhöhte Fleisch- bzw. Milchleistung. Die Domestikation beeinflußt aber auch Verhalten und Intelligenz – Untersuchungen weisen aus, daß viele Wildtiere über mehr Gehirnmasse als ihre „zahmen Vettern" verfügen. Das Pferd gilt – im Vergleich zu anderen Haustieren wie z.B. Schwein, Kuh und Hund – als relativ wenig domestiziert.

Effizienz. Wirtschaftlichkeit, Wirkungsgrad, oft im Sinne von „Leistungsfähigkeit" benutzt.

Equiden. Verdeutschung vom lateinischen „Equidae", Gattungsname der Pferde(artigen).

Evolutionstheorie. Auf Charles Darwin und J. B. de Lamarck zurückgehende Theorie von der Entwicklung des Lebens. Nach der Evolutionstheorie hat im Lauf der Erdentwicklung eine Entwicklung aller Arten aus einem Stamm stattgefunden, wobei für die Um- und Ausbildung verschiedener Arten z. B. „Umweltdruck", d.h. Selektion durch die Umweltbedingungen, verantwortlich gemacht wurde. Die Evolutionstheorie war in ihren Entstehungsjahren sehr umstritten – vorwiegend wegen der von Darwin zuerst geäußerten These, daß Mensch und Affe aus einem gemeinsamen Stamm entspringen. Heute gilt die Evolutionstheorie als weitgehend bewiesen.

Extremitäten. Äußere Körperteile, z.B. Arme, Beine, Flügel, Flossen.

Hippologie. Lehre rund ums Pferd.

Integration. Die Verbindung einer „Vielheit" zu einer Einheit bzw. das Wachstum einer Gesellschaft durch Einbeziehung neuer Mitglieder.

Inzesttabu. Inzest ist die geschlechtliche Fortpflanzung (Kreuzung) nahe verwandter Spezies (Menschen, Tiere, Pflanzen). Neben dem Vorteil der Verstärkung genetisch positiver Eigenschaften birgt Inzucht aber auch die Gefahr der sog. „Inzuchtdegeneration" durch verstärktes Auftreten negativer Faktoren. Bei Menschen vermuten Soziologen ein sog. „Inzesttabu", d.h. die Abneigung gegen geschlechtliche Kontakte mit nahen Verwandten. Ob ein solches Inzesttabu auch bei Tieren besteht, wird immer noch diskutiert.

Mash. Futtermischung aus Kleie, Leinsamen usw., die vor allem in Rennställen als zusätzliches Kraftfutter verabreicht wird.

Mutation. Eine Abänderung der Eigenschaften eines Individuums, die im Gegensatz zur „Modifikation" erblich ist. Mutationen treten spontan oder unter dem Einfluß bestimmter Faktoren (z.B. Strahlung!) auf und werden im Erbgut weitergegeben. Auf der Förderung der Weitergabe positiver Mutationen beruht die sinnvolle Zucht.

Pellets. Gepreßte Futterriegel in verschiedener Zusammensetzung.

Polygamie. Vielehe, Mehrehe – im Gegensatz zur Monogamie.

Population. Der vorhandene Bestand einer Art.

Reflektives Denken. Die Fähigkeit, Ereignisse aus der Vergangenheit oder die künftigen Konsequenzen bestimmter Vorgänge in das Denken einzubeziehen. Tieren wird reflektives Denken heute meist noch abgesprochen.

Rekonvaleszenz. Übergangsstadium zwischen Krankheit und endgültiger Gesundheit.

Ressourcen. Hilfsquelle, zur Verfügung stehende Mittel.

Selektion. Nach Darwin Auslese der am besten geeigneten Lebewesen im Kampf ums Dasein.

Sublimieren. Grundsätzlich: Einen Stoff vom festen in dampfförmigen Zustand verwandeln, ohne ihn dabei zu schmelzen, im übertragenen Sinne: verfeinern.

Suggestion. Beeinflussung des Willens unter Ausschaltung der Einsicht.

Synchronisation. Übereinstimmung erzielen, in diesem Fall: Bestimmte physiologische Vorgänge wie z.B. die Rosse, werden von den Stuten einer Herde zeitlich aufeinander abgestimmt.

Underdog. Das schwächste Tier in der Herde, von allen anderen „unterdrückt".

Xenophon. Griechischer Schriftsteller, * um 426 v. C., gest. 355 v. C., Sokratesschüler, schrieb die erste überkommene Reitlehre.

Bildnachweis

Schwarzweiß-Fotos

S. Arleth: Seite 104. W. Bernhart: Seite 34, 56. Photo Czerny: Seite 37, 38, 40, 45, 49, 59, 68, 69, 73, 74, 76, 77, 87, 93, 97, 121, 123, 129, 171, 172, 177, 183. W. Ernst: Seite 7. Ch. Hinrichs: Seite 19, 20, 42, 159, 175. R. Kazmeier: Seite16, 27, 28, 29, 30, 61. Mainbild E. Müller: Seite 2. Mainbild Schindler: Seite 135. E. Schöpal: Seite 133. B. Schultheiss: Seite 70. U. Stammel: Seite 65.

Farbfotos

W. Bernhart: Seiten 35 unten, 71 oben. J. Christen: Seite 72 oben, 72 unten, 90. Photo Czerny: Seite 35 oben. L. Lenz: Seite 53. Mainbild P. Kanicki: Seite 125. Mainbild E. Müller: Seite 54 oben. Mainbild Schindler: Seite 126 oben. Mainbild B. Ueberholz: Seite 89 oben. F. Nolting: Seite 107 unten. K. Paysan: Seite 71 unten. M. Rühl: Seite 107 oben. E. Schöpal: Seite 17, 18, 36 unten, 108, 143, 144 oben, 144 unten. J. Toffi: Seite 54 unten, 89 unten, 126 unten. G. Wolf: Seite 36 oben.

Zeichnungen von Siegfried Lokau.